四川大学哲学社会科学出版基金资助

中国符号学丛书 ◎ 丛书主编 陆正兰 胡易容

网络公共事件中的元语言
影响着社会话语权的建构
从符号学角度阐释网络公共事件
探究其解释生成背后的主导因素

符号与真相：
网络公共事件与元语言

Symbol and Truth:
Internet Public Events and Meta-language

王立慧 著

四川大学出版社
SICHUAN UNIVERSITY PRESS

图书在版编目（CIP）数据

符号与真相：网络公共事件与元语言 / 王立慧著
. — 成都：四川大学出版社，2022.6
（中国符号学丛书 / 陆正兰，胡易容主编）
ISBN 978-7-5690-5431-6

Ⅰ. ①符… Ⅱ. ①王… Ⅲ. ①符号学—应用—互联网络—舆论—研究 Ⅳ. ①G219

中国版本图书馆CIP数据核字（2022）第069819号

书　　名：	符号与真相：网络公共事件与元语言
	Fuhao yu Zhenxiang: Wangluo Gonggong Shijian yu Yuanyuyan
著　　者：	王立慧
丛 书 名：	中国符号学丛书
丛书主编：	陆正兰　胡易容

丛书策划：	侯宏虹　徐　燕
选题策划：	徐　燕
责任编辑：	张伊伊
责任校对：	陈　蓉
装帧设计：	墨创文化
责任印制：	王　炜

出版发行：	四川大学出版社有限责任公司
	地址：成都市一环路南一段24号（610065）
	电话：（028）85408311（发行部）、85400276（总编室）
	电子邮箱：scupress@vip.163.com
	网址：https://press.scu.edu.cn
印前制作：	四川胜翔数码印务设计有限公司
印刷装订：	郫县犀浦印刷厂

成品尺寸：	170 mm×240 mm
印　　张：	14
插　　页：	2
字　　数：	244千字

版　　次：	2022年6月 第1版
印　　次：	2022年6月 第1次印刷
定　　价：	66.00元

本社图书如有印装质量问题，请联系发行部调换

◆版权所有◆ ✦ 侵权必究

四川大学出版社
微信公众号

目 录

导 论 …………………………………………………………（1）

第一章　公共事件与网络公共事件……………………………（16）
　第一节　公共事件的历史沿革…………………………………（16）
　第二节　网络公共事件的概念与类型…………………………（20）
　本章小结…………………………………………………………（26）

第二章　元语言与网络公共事件中的话语权问题……………（27）
　第一节　元语言理论回溯………………………………………（27）
　第二节　网络公共事件中的话语权分析………………………（36）
　第三节　元语言控制下的话语权表达…………………………（50）
　本章小结…………………………………………………………（59）

第三章　网络公共事件分析的符号学路径……………………（60）
　第一节　网络公共事件传播的路径……………………………（60）
　第二节　网络公共事件的命名…………………………………（67）
　第三节　网络公共事件再现的主要方式………………………（80）
　本章小结…………………………………………………………（89）

第四章　网络公共事件中的元语言争夺………………………（90）
　第一节　元语言的深层运行机制………………………………（90）
　第二节　网络公共事件中的符号互动…………………………（103）

第三节　网络公共事件中元语言争夺的表现方式……………(123)
　　本章小结……………………………………………………(137)

第五章　网络公共事件中的媒介文本与元语言离散……………(138)
　　第一节　网络公共事件中的舆论现象………………………(138)
　　第二节　网络公共事件中伴随文本的解释压力……………(148)
　　第三节　媒介文本的解释漩涡与元语言集合的离散………(155)
　　本章小结……………………………………………………(163)

第六章　网络公共事件中的元语言与真相关系…………………(165)
　　第一节　媒介建构的现实与元语言关系……………………(165)
　　第二节　信息的选择与元语言关系…………………………(183)
　　第三节　"后真相"时代的真相观与元语言………………(193)
　　本章小结……………………………………………………(202)

结　语……………………………………………………………(204)

参考文献…………………………………………………………(209)

后　记……………………………………………………………(218)

导　论

一、当下性问题：互联网时代的符号误读

每个时代都会产生新的问题，探求新的答案，因此每个时代的历史都是独一无二的。历史由事件构成①，事件被媒介记载，媒介在整个符号表意过程中对符号文本的解读产生直接的影响，事件作为符号文本，也深深烙上了媒介的印记。人类历史社会最显著的特征之一就是重要的社会历史事件基本都要借助媒介来完成建构，记录历史的演变，塑造集体记忆。传播技术发展至今，互联网当仁不让，成为当代社会最重要的记载历史事件的媒介。

一定的社会发展阶段，总有其相应的传播科技、媒介制度、传播组织及信息生产能力，这些因素决定了传播活动的整体格局和面貌，这种传播状况反过来又会影响整个社会生活的基本状况，并成为推动社会发展的重要力量。②工具、技术及原基数推动了文化和社会发现传播与培育传播的新方式，并进而将其制度化。③1994年4月20日，中国获准正式接入国际互联网；1995年，一家名为"瀛海威"的网站的创立标志着互联网开始介入中国老百姓的生活；1997年11月，我国上网计算机数29.9万台，上网用户数62万④；迈入千禧年，继中国三大门户网站网易、搜狐、新浪宣布在纳斯达克挂牌上市后，2002年第二季度，率先宣布盈利的搜狐，宣告了互联网春天的来临。2021年是互

---

① 邱林川、陈韬文：《新媒体事件研究》，北京：中国人民大学出版社，2011年版，第2页。
② 郑智斌：《众妙之门：中国互联网事件研究》，北京：中国传媒大学出版社，2012年版，第6页。
③ 克劳斯·布鲁恩·延森：《媒介融合：网络传播、大众传播和人际传播的三重维度》，刘君译，上海：复旦大学出版社，2015年版，第90页。
④ 参见中国互联网络信息中心：《1997年～1999年互联网大事记》，2009年5月26日。

联网在中国全面发展的第二十四个年头，截至 2020 年 12 月，我国网民达 9.89 亿，占全球网民总数的五分之一，互联网普及率为 70.4%，网民通过手机接入互联网的比例高达 99.7%。① 伴随着网络在中国社会的普及和通信技术的迅猛发展，互联网已经成为人们日常生活中不可或缺的一部分，传播学集大成者威尔伯·施拉姆的"最后 7 分钟"理论对此做了最好的阐释。

互联网络在中国地区经过二十多年的发展，已具有一定规模，其公信力也有了明显提高，人们越来越倾向于在互联网上发表自己的意见，互联网为中国网民提供了参与公共事务讨论的重要平台，网络交往正在给中国社会带来变化，去中心化和交互性、平等性的交往方式使得各种观点在网络平台形成了"百家争鸣"的局面。互联网络开放的姿态让更多的人愿意参与公共事务的讨论，也让更多的人有了发声的意愿。于是人们更乐意在这个虚拟的公开场合去发表意见，表达观点。

现代性孕育着稳定，而现代化过程却滋生着动乱。② 处在转型关键时期的中国，社会各方利益诉求愈加多元化，由此引发的社会矛盾与社会冲突逐渐加剧，频发的公共事件触动着整个社会的神经细胞，甚至威胁到社会公共安全。网民规模的逐步扩大使得网民群体成为一股不可小觑的力量，通过参与公共事务表达，网民们正在成为参与、推动和改变历史的人。互联网正在并且已经改变了人们的工作方式和生活方式，同时也加速了中国社会的开放性发展。不同于传统媒介在信息传播速度方面相对滞后的劣势，互联网以其即时传播和易复制等绝对优势，占领了现代媒介传播信息的高地，跟进着当下发生的社会事件，对我们造成视觉冲击。网络将分散的观点和力量融合在一起，这种"化学聚变"式的能量成为推动中国社会前进的重要力量之一。

近几年，中国社会网络公共事件层出不穷，引起了全社会的关注，产生了巨大的社会影响。笔者针对该主题查阅了国内大量的网站、BBS 论坛以及各种贴吧，发现自 2000 年以来，关于社会公共事件的意见表达愈来愈公开化和网络化，贴吧和论坛首先成为事件的讨论地。但是社交媒体兴起后，微博及微信"朋友圈"成为舆论的"发生源头"。20 世纪 90 年代末，我国最具代表性

---

① 中国互联网络信息中心：《第 47 次中国互联网络发展状况统计报告》，2021 年 2 月，第 1 页。
② 塞缪尔·P. 亨廷顿：《变化社会中的政治秩序》，王冠华、刘伟等译，上海：上海人民出版社，2008 年版，第 31 页。

的网络抗议活动——抗议北约飞机轰炸我国驻南斯拉夫大使馆活动,成为网络公共事件的滥觞。此后的"北京蓝极速网吧事件""孙志刚事件""华南虎事件""南京彭宇案""唐慧案""杭州七十码事件""'表哥'杨达才事件"等,都在网络上引发了激烈的讨论。这些网络事件的内容涵盖面非常广泛,邱林川和陈韬文二位学者在《新媒体事件研究》中对所涉及的案例做出如下划分:"民族主义事件、权益抗争事件、道德隐私事件、公权滥用事件。"① 但是笔者认为,这并未穷尽所有事件种类,此外,对于事件本身的划分不是绝对的,同一事件可以在不同的类型中转变,关注的视角不同,解读出来的意义也就相去甚远。

吉登斯认为,"脱域"作为一种生产机制,是现代社会最严重的问题。互联网技术作为一种高效的生产动力机制②,在转换与重构中凸显社会问题和矛盾,重塑社会关系。阿尔文·托夫勒认为,谁掌握了信息、控制了网络,谁就拥有整个世界。互联网正在改变我们的社会,也正在改变我们的生存方式。我国网络公共事件自 2007 年以来,一直处于高发态势,2007 年被称为"网络公共事件元年",这些网络公共事件具有很强的互动性,线上的讨论与线下的社会行动结合起来,对中国现实社会产生影响。卡西尔说"人是符号的动物",即人能够利用符号创造文化,符号促进了人自我意识的形成,使得人类之间的交往能够顺利进行。互联网时代的社会维系与自我确认更是通过符号来完成的。

总体来说,国内对网络公共事件的研究几乎呈井喷态势,网络公共事件研究已然成为一个独立的研究领域。但是细看这些学术文章,基本都是一致的模式:"事件发生—事件过程—相关理论研究—如何应对",而网络公共事件中的元语言问题始终没有人涉及。网络公共事件充斥着符号和意义,因此不应仅仅对事件本身做出处置与回应,还要进行更高层次与更为深入的分析。社会本身就是一个充满意义和文化的客体,解释网络公共事件不仅涉及符号表达层面的能指与所指,更是一个有关意义和元语言控制的符号学问题。在所有相类似的研究中,"网络公共事件"的说法更趋于客观中立,因为这种说法既突出了事

---

① 邱林川、陈韬文:《新媒体事件研究》,北京:中国人民大学出版社,2011 年版,第 11—12 页。
② 操慧:《脱域:互联网时代的新闻生产》,《四川大学学报(哲学社会科学版)》,2012 (3),第 59 页。

件的再现方式，也显示出事件的"公共性"特质。甚至有学者直接指出，大多数的有关网络公共事件的研究流于表面，比较肤浅，根本原因就是缺少方法论的支撑。

鉴于此，本书将以网络公共事件中的元语言问题为研究对象，对网络公共事件这一主题用一种不同以往的视角进行探察，网络公共事件分析的符号学路径、网络公共事件中的话语权表达与元语言关系、网络公共事件中的元语言争夺、网络公共事件中的媒介文本与元语言离散、网络公共事件中的元语言与真相关系等都是本书所要探讨的主要问题。

二、既有研究的学术史考察

（一）关于网络公共事件的研究

国内学术界和业界近几年关于网络公共事件研究的论文专著不计其数，研究内容与研究角度大相径庭。根据笔者查阅到的内容资料来看，关于网络公共事件的研究在时间顺序上基本是沿"事件—公共事件—公共事件的网络表达—网络事件—网络公共事件"这一脉络展开的。目前有关网络公共事件的研究大都是从道德主义立场出发，追问事件的真假善恶和是非曲直，很多研究都是针对某一个或某一类相似的网络公共事件做具体的制度性分析与政策性分析。长此这般，关于网络公共事件的研究难免陷入瓶颈，不能有新的突破。

笔者依时间顺序大体梳理了网络公共事件的相关文献，国内关于"事件"的论述，最早出现在何新华1988年在《社会》杂志发表的《"五·一九"骚乱事件是怎样发生的？》一文中，文章从社会心理学角度剖析了1985年5月19日晚上发生在北京工人体育场的足球赛群体事件。这篇文章也是笔者在中国知网查阅到的最早关于群体事件的论述，整篇文章只是简单地对如何预防和制止群体偶发行为提出了一些看法，指出应当"掌握群众性场合中偶发性行为的特点，加强遵守球场规则的法制宣传"和"加强赛场的安全保卫工作"[①]，及时对个别观众进行心理疏导和制止，也许就可以避免骚乱的发生。

2000年，复旦大学新闻学院的张克旭与黄敏发表了《关注台海：网络媒体关于5·20事件报道的对比分析》一文，分析研究了作为新兴媒体的网络对

[①] 何新华：《"五·一九"骚乱事件是怎样发生的？》，《社会》，1988（9），第21页。

有关"5·20"事件的前后报道，研究对象包括传统媒体的网站（如人民日报网站）和新兴的门户网站（如新浪网），最后得出的观点是：在网络媒体报道的框架形成中，消息来源起到了非常重要的作用。① 同时也指出，各网站报道的新闻大都互相抄袭。文章对报道内容做了定量分析，对国内研究网络媒体的报道产生了积极的意义。

2000年在悉尼奥运会20公里竞走比赛中，一直默默无闻的选手王丽萍出人意料夺得冠军，而比赛结束后电视台在报道中对冠军没有任何镜头和采访，只是因为在比赛过程中那些先于王丽萍的选手都因犯规被罚下，夺冠后的王丽萍如同面临道德审判一般，丝毫不敢提及比赛相关事宜。令人意想不到的是，这一画面引起了国内观众的热议，约有六千多人参加了搜狐网发起的讨论。② 2001年《青年研究》杂志刊载了相关文章《网络讨论的社会学思考——"王丽萍事件"侧记》，这是国内比较早的研究公共事件网络讨论的文章。文章从社会学角度出发，着重从"网络帖子的社会学意义"和"网民群体价值观的特点"两个方面分析了网民行为，认为网民群体具有群体特征的典型性，网络论坛就是网民表现价值观的"晴雨表"③，最终提出要多关注网民和网络讨论，倾听网民呼声，了解网民思想。

2003年以后，伴随互联网技术在中国的稳定发展，以"网络事件"为主题的论文逐渐增多，关于"网络事件"本身的概念也众说纷纭。赵万里、王菲在《网络事件、网络话语与公共领域的重建》中认为网络事件"反映并重构社会现实……事件的传播受网络空间本身特点的影响……网络事件对社会现实的影响源自围绕网络事件形成的公共舆论"④。杨国斌则将网络事件等同于网络集体行动事件，他认为，作为新型的集体行动事件，网络事件既表现出传统的一面，也带有新的特点，这个新特点和互联网密切相关。⑤ 然而笔者以为，界定网络事件不能只是拘囿于首发网络的事件，而需要强调事件引爆于网络，通

---

① 张克旭、黄敏：《关注台海：网络媒体关于5·20事件报道的对比分析》，《新闻大学》，2000（4），第19页。
② 王旭：《网络讨论的社会学思考——"王丽萍事件"侧记》，《青年研究》，2001（2），第42页。
③ 王旭：《网络讨论的社会学思考——"王丽萍事件"侧记》，《青年研究》，2001（2），第45页。
④ 赵万里、王菲：《网络事件、网络话语与公共领域的重建》，《兰州大学学报（社会科学版）》，2009（5），第112页。
⑤ 杨国斌：《悲情与戏谑：网络事件中的情感动员》，《传播与社会学刊》，2009（9），第39—66页。

过网络的平台推动事件的发展，影响舆论。

2004年，徐乃龙发表了《群体性事件中网络媒体的负面影响及其对策》，认为要发挥传统媒体的影响来减轻群体报道中网络媒体的不良影响，并且要通过立法、监控等多种方式对公众进行引导，让他们正确看待群体事件，还要防止网络冲击给青少年和社会带来的危害。

"网络公共事件"的提出比"网络事件"在时间上要晚一点，很多研究者把二者等同来讨论，同样的事件在不同的文章中有不同的称谓。2007年后，对网络公共事件的研究开始呈现上升态势。明确提出"网络公共事件"这一说法的是李卓均和朱智红，2008年他们在《东南传播》上发表论文《从2007年网络公共事件看网络舆论的新变化》，文章回顾了2007年网络关注的重大公共事件，阐述了2007年国内网络舆论产生的新变化，但是文中未对"网络公共事件"这个概念做出明确的界定。

2008年之后，关于网络公共事件的各种研究蜂拥而起，研究重点与研究视角各有千秋。吴军2009年发表的《"虚拟"与"现实"的互动——网络公共事件的演变逻辑》一文最先讨论了网络公共事件的演变过程，并将其归纳成七个步骤，个人遭遇被网络曝光后，在短时间内就会发酵，舆论的发酵使得社会情绪开始在公众之间相互"传染"，从而形成对于该事件的"共同想象"。此时关于事件的初步认知与判断会让公众采取相应的社会行动，公共事件就此爆发。[1] 高抗认为"影响网络公共事件生成、演变的主要因素有个体事件、潜在参与者的心理状态、信息传播、群体心理机制政府部门的应对行为等"[2]。郝继明、刘桂兰则对"网络公共事件"做出了相对完整的概念界定，将其定义为"围绕社会中的某个时间产生，而在网络空间引起网民广泛讨论并进而形成强大网络舆论，影响党和政府决策或造成重大现实影响的公共事件"[3]。二位学者在《网络公共事件：特征、分类及基本性质》一文中对"网络公共事件"这个主题进行了比较完整的基础性研究，对网络公共事件的几大特征进行了详细

---

[1] 吴军：《"虚拟"与"现实"的互动——网络公共事件的演变逻辑》，《社会观察》，2009 (12)，第13页。

[2] 高抗：《试论网络集群行为的生成演变机理——以胡斌飙车案引发的网络公共事件为例》，《中共南京市委党校学报》，2011 (2)，第66—67页。

[3] 郝继明、刘桂兰：《网络公共事件：特征、分类及基本性质》，《中共南京市委党校学报》，2011 (2)，第65—66页。

的描述。芦何秋等学者发表的《新浪微博中的意见活跃群体研究——基于2011年上半年27件重大网络公共事件的数据分析》，用定量研究方法对2011年上半年发生的重大网络公共事件中微博上活跃的意见领袖群体做了数据分析，对意见领袖群体的群体特征、类型、话语策略进行了总结。①

根据中国知网提供的资料显示，2010—2012年，关于网络公共事件的研究多与公共危机事件和突发公共事件相关联。在这两年中，共发表了341篇与"网络公共事件"主题有关的文章，大部分都是围绕舆论引导策略、传播管理研究和如何建立应急信息模式展开的。

与其他学者观点不同的是，熊光清在《中国网络公共事件的演变逻辑——基于过程分析的视角》中认为网络只是传播信息的工具和渠道，在典型的网络公共事件中，主导事件演变的重要因素并非网络舆论。②此外，他还对网络公共事件发展的每一个阶段都做了详细的分析，认为网络公共事件的发展过程可以分为四个阶段，每一个阶段都呈现出不同的特征。2013年围绕网络公共事件展开的讨论非常多，如肖立新《网络公共事件舆论引导问题研究》、倪明胜《网络公共事件：研究维度、舆情生态与治理机制》等论文，从正负效应和应对机制等方面对网络公共事件做了研究。

在2013年发表的所有关于网络公共事件的论文中，笔者认为李红和董天策合撰的文章《试论网络公共事件中表达主体的修辞意图》视角非常独特，文章从符号修辞角度出发，评价了网络公共事件中各个主体的修辞行为和策略，指出"表达行为始终推动着修辞行为的展开，并根据各自不同的意图选择修辞策略，进行符号构建"③。这是国内第一篇从符号修辞学角度论述网络公共事件的文章。2015年李红出版了《网络公共事件：符号、对话与社会认同》一书，开辟了网络公共事件研究的符号学路径，把研究重点聚焦于事件主体及主体的符号操作行为，对网络公共事件本身和符号学研究都有着重大的意义。此外，谢新洲2014年出版的专著《舆论引擎：网络事件透视》选取了35例具有

---

① 芦何秋、郭浩、廖俊云、石慧、沈阳：《新浪微博中的意见活跃群体研究——基于2011年上半年27件重大网络公共事件的数据分析》，《新闻界》，2016（6），第153—156页。
② 熊光清：《中国网络公共事件的演变逻辑——基于过程分析的视角》，《社会科学》，2013（4），第4页。
③ 李红、董天策：《试论网络公共事件中表达主体的修辞意图》，《学术研究》，2013（7），第46页。

代表性的网络事件，对这些具体事件做了详细剖析，通过每一个具体的案例透视网络舆论的形成及影响。

根据中国知网的数据，2017 年是网络公共事件研究成果最多的一年，共有 155 篇相关论著，2015 年和 2016 年的相关文章分别是 99 篇和 101 篇。相比之下，2013 年以前的网络公共事件研究偏向微观化与单学科，2014 年以后的此类研究开始偏向中观与宏观，并出现了多学科联合研究。张飞、高苗苗、吴金红等发表的《公民网络表达、议题构建及社会意蕴研究——基于网络公共事件》针对"网络表达中出现的'利他'倾向、'利他'的网络表达动机、构建了怎样的议题和隐藏了怎样的社会意义"[①] 等方面进行了详尽的分析，文章最后依旧回到既定的主题"公民网络表达所彰显的意义越来越重要"[②]。李正良探究了大学生群体中人格特质对媒体信任和网络公共事件参与的影响，得出以下几个结论：

  1. 大学生群体对网络公共事件的参与分为围观式参与和互动式参与；2. 高外倾向性群体在网络公共事件互动式参与中居于主导；3. 高宜人性和神经质群体更倾向于围观事件；4. 宜人性和开放性对媒体信任度会产生影响；5. 性别和学科背景对大学生网络公共事件参与有显著影响。[③]

殷铬的《网络公共事件舆情失真问题及其治理》把研究视点投向网络公共事件舆情的失真与变异，把"事件的独特性与社会问题的普遍性、资讯泛滥与诉求堵塞、'体制性迟钝'与社会情绪的高度敏感"[④] 视为网络公共事件失真的主要原因，针对舆情失真，文中也提出了相应的治理策略。

在诸多关于网络公共事件的文章中，许鑫的研究比较全面。许鑫于 2016 年和 2017 年陆续发表论文《十年来网络公共事件研究的径路、视角和框架》《网络公共事件政府回应的现状、问题与策略——基于 2007—2014 年 102 个案

[①] 张飞、高苗苗、吴金红：《公民网络表达、议题构建及社会意蕴研究——基于网络公共事件》，《理论界》，2014 (5)，第 149 页。

[②] 张飞、高苗苗、吴金红：《公民网络表达、议题构建及社会意蕴研究——基于网络公共事件》，《理论界》，2014 (5)，第 149 页。

[③] 李正良、王君予：《人格特质如何影响媒体信任和网络公共事件参与》，《新闻界》，2016 (19)，第 37 页。

[④] 殷铬：《网络公共事件舆情失真问题及其治理》，《中州学刊》，2016 (9)，第 72 页。

例的实证分析》《网络公共事件的多维审视》等,对网络公共事件做了比较深入的研究,在微观和宏观结合的基础上,比较全面地梳理了网络公共事件所涉及的理论知识框架。特别是《国内外有关中国网络公共事件研究的比较——基于286篇研究文献的实证分析》一文,对国内外有关中国网络公共事件的研究进行量化分析,发现大陆与港台、国内与国外研究在文献数量、命名方式、研究议题、理论视角和研究范式方法等方面存在较大差异。[1]

董天策在《社交媒体与网络公共事件》("Social media and internet public events")一文中,通过57个典型案例探讨社交媒体在中国社会变化进程中发挥的作用,认为社交媒体不仅是网络动员的重要信息来源和手段,而且为民众提供了一个讨论网络公共事件的开放自由空间。董天策指出,社交媒体在社会的变革中既凸显了有益的一面,但也可能成为民族主义话语的滋生地。[2]

西方对于"媒介事件"的研究可以追溯到戴扬和卡茨的《媒介事件:历史的现场直播》,戴扬和卡茨所指的"媒介事件"确切来说应当是电视直播时代的重要"历史事件"[3]。如果说当年戴扬和卡茨的"媒介事件"只是特指电视直播事件的话,现在的媒介事件的范围或许已经超出边界。中文"网络公共事件"没有严格对应的英文词,类似的词语为"Civil Disorder on Internet"。笔者就论文主题分别输入"Internet public events/opinions""Internet events""network events""social events""collective action/behavior"等与"网络公共事件"(Internet public events)相比较,发现"网络公共舆论"(Internet public opinions)的出现频率较高;而关于"公共舆论"的研究,基本属于国外媒介管理研究重点。Bennett在专著 *The Scope of Public Opinion and Governance* 中阐述了公众舆论在公共领域的表现方式。他定义了舆论和治理的组成部分,对新的数据类型和传统舆论的替代品的出现做了概述。例如,谁将有机会获得舆论监督的结果,政府隐瞒或散布信息的动机是什么,良好的民意数据能起到什么样的治理作用,以及精英和公众对这些事情有什么样的偏好

---

[1] 许鑫:《国内外有关中国网络公共事件研究的比较——基于286篇研究文献的实证分析》,《新闻界》,2016(4),第61页。

[2] 董天策:Social media and internet public events,*Telematics & Informatics*,2016(6),第726—739页。

[3] 丹尼尔·戴扬、伊莱休·卡茨:《媒介事件:历史的现场直播》,麻争旗译,北京:北京广播学院出版社,2000年版,第1页。

等。该书简要介绍了这项工作的比较性质,其研究范围包括澳大利亚、加拿大、新西兰和英国。① Campbell、Greenauer、Macaluso 三位学者通过对 97 名学生的调查研究,评估了个人盲目看好互联网相关活动的趋势。②

一般来说,西方学者从网络媒介角度出发审视国内所谓的"网络公共事件"的研究并不多见,大多是关于网络群体事件的政治社会功能的论述。笔者认为,西方国家的利益表达方式与中国大相径庭,他们的表达方式比较直接与成熟,而且西方国家的大众媒体会对社会的公开性事件做议题引导,因此很难出现所谓的"网络公共事件"或者"网络群体事件",西方国家也并未把网络公共事件纳入研究重点。网络政治是西方学者研究的重点。桑斯坦在《网络共和国——网络社会中的民主问题》中认为公众论坛为社会带来了与消费主权相对应的政治主权。其实公共论坛的主要作用就是让人们在不经意间遇见一些信息。在较为早期的时候,大众可以在开放的街道和公园表达自己的主张,后来大众传媒接替了这个功能,人们在浏览报纸和看电视的时候会无意间看到一些意想不到的信息,可能会对此产生兴趣进而改变自己的观点和态度。③

另外,国外学者也偏向于把研究重点放在"群体行为"(collective behavior)领域。日本学者石田刚早在 1971 年对学生运动进行社会学分析时就已经把学生运动视为"群体行为"。西方学者对网络或者新媒介比较集中的研究,就是关于"阿拉伯之春"事件。Habibul Haque Khondker 提到,尽管新兴媒体同其他政治和社会因素一样,是该地区发生社会革命的因素之一,但其扮演了至关重要的角色。④

总体来说,国外较少发生网络公共事件,因此对发生在互联网上的事件关注比较少。相反国外涉及社会运动、民族冲突、抗争政治方面的研究比较普遍。不过近些年国外许多研究者把目光聚焦于亚洲的一些网络事件,站在他者

---

① Bennett S E. The Scope of Public Opinion and Governance, *Applying Public Opinion in Governance*, Springer International Publishing, 2017, p. 249.

② Campbell J, Greenauer N, Macaluso K, et al. *Unrealistic Optimism in Internet Events*, Computers in Human Behavior, 2007, p. 28.

③ 凯斯·桑斯坦:《网络共和国——网络社会中的民主问题》,黄维明译,上海:上海人民出版社,2003 年,第 17—25 页。

④ Habibul Haque Khondker. Role of the New Media in the Arab Spring, *Globalizations*, 2011, 8(5), pp. 675−679.

立场研究别国网络事件，大都是从政治角度和民主角度分析具体事件或行为。

（二）关于元语言的研究

国内关于元语言的研究基本上都是在语言学范围内展开的。国内以"元语言"为主题的文章最早见于1988年，90年代后"元语言"研究开始增多，2000年以后关注度持续升高。李葆嘉将元语言界定为"对象语言的解释性符号"[①]，并且指出"词汇元语言、释义元语言和语义元语言"是元语言在语言学中的三大类型。[②] 安华林在李葆嘉的研究基础上把语言学中的元语言功能分为语义分析、词典释义和交际解说，认为元语言的以上三种功能同样是研究元语言的三个层次。[③] 封宗信则认为元语言具有独立性，它已不再是逻辑学研究中的"工具语言"，而是"谈论语言"和"描写自然语言"的语言。[④]

萧兵的文章《再论张艺谋电影与人类元语言——〈红高粱〉、〈大红灯笼高高挂〉、〈菊豆〉的再阐释》把元语言研究置于人类学视域中；刘建则把元语言分析用于舞蹈审美，其论文从"发生学的视角探索了舞蹈身体'元'语言的形成与价值，归纳出其三个最主要特点：它是原初的和粗糙的，但却是不竭的和不断地由'自在'走向'自为'的；它是同质性的而非异质性的（即共性的而非个性的），但却是创造性的类本质动作；它不是纯粹的'美感符号'，但却是朴素的舞蹈本体"[⑤]。另外，刘建还指出"舞蹈身体元语言的作用主要还在于信息传递而非纯粹的审美"[⑥]。

把"元语言冲突"纳入研究领域的是赵毅衡，他在2009年发表的文章中率先提到了"元语言冲突"。他指出，"实际上表意过程的所有环节，都为阐释提供各种元语言因素，参与构筑阐释需要的元语言集合。可以把这些元语言因素大致上分成三类：（文本本身的）自携元语言、（社会文化的）语境元语言、

[①] 李葆嘉：《汉语元语言系统研究的理论建构及应用价值》，《南京师范大学学报（社会科学版）》，2002（4），第140—147页。

[②] 李葆嘉：《汉语元语言系统研究的理论建构及应用价值》，《南京师范大学学报（社会科学版）》，2002（4），第140—147页。

[③] 安华林：《元语言理论的形成和语言学的元语言观》，《内蒙古社会科学（汉文版）》，2005（1），第104—108页。

[④] 封宗信：《语言学的元语言及其研究现状》，《外语教学与研究》，2005（6），第403页。

[⑤] 刘建：《舞蹈身体元语言初探》，《北京舞蹈学院学报》，2008（1），第30页。

[⑥] 刘建：《舞蹈身体元语言初探》，《北京舞蹈学院学报》，2008（1），第32页。

(阐释主体的）能力元语言"①。元语言如果无法协同，其产生的意义就会形成冲突。在论文《意识形态：文化的元语言》中，赵毅衡把意识形态定义为"文化的（符号学式）元语言"②，并且用这个定义来解释意识形态研究的难题。

国外的元语言研究要早于国内。18世纪，西方学者对语言的起源与普遍性问题开始进行深入的研究，西方语言学理论和体系较为完善，呈现了向现代语言学发展的趋势。19世纪中期，历史比较语言学成为西方语言学主体，"语言的演变""历史的关系"等成为这个时期语言学的关键词。到了20世纪中期，以索绪尔结构主义为代表的普通语言学的理论思想得到很多西方学派的继承和发展，例如美国的描写主义语言学派、丹麦的哥本哈根学派、布拉格学派等。认知语言学、功能主义语言学和形式主义语言学等相继登场，都在结构主义的大框架内展开研究。

从罗素提出语言的分层到塔尔斯基正式区分"对象语言"和"元语言"，元语言研究涉及诸多领域，包括逻辑学、计算机、语言文学、哲学、教育学、临床医学和心理学等。20世纪30年代，奥格登（C. K. Ogden）和瑞恰慈（I. A. Richards）是元语言基础英语研究的代表，其研究帮助克服了各国交流时的语言障碍。迈克·韦斯特（Michael West）1953年出版的《英语通用词表》（*A General Service Lists of English Words*）被认为是词表研究的经典。另外，波兰语言学家安娜·威尔兹比卡（Anna Wierzbick）在20世纪70年代将自然语义元语言（Natural Semantic Metalanguage）作为自己研究的重点，然而该理论在国内未能引起普遍关注，在关于元语言的研究文献中，很少提及该理论及其研究成果。③

三、本书的理论起点与研究思路

从国内与国外研究现状看，对于网络公共事件的研究成果有很多，其中不乏经典论著，但是关于网络公共事件中的元语言问题研究尚属空白。探讨任何

---

① 赵毅衡、陆正兰：《元语言冲突与阐释漩涡》，《文艺研究》，2009（3），第5页。
② 赵毅衡：《意识形态：文化的元语言》，《江西师范大学学报（哲学社会科学版）》，2016（1），第79页。
③ 李炯英：《自然语义元语言理论的类型学研究取向》，《南京邮电大学学报（社会科学版）》，2012（4），第41—46页。

符号文本都要从符号开始，符号被认为是携带意义的感知①，符号化，"就是对感知进行意义解释，也是人对付经验的基本方式"②。在既有的网络公共事件研究中，道德层面的拷问多于对文化元语言竞争的认同；注重法律法规的策略应对，忽略元语言的层控；对于事件符号所指的信任超过事件的能指。因此笔者在本书中尽量避免重复的思考，用新的观点和视角研究网络公共事件。本书尝试对我国网络公共事件中的元语言问题做深入研究，希冀能够为传播学与符号学关于元语言的研究提供一个不与别人雷同的视野。

本书立足当前社会，以定性研究为主，从宏观和微观两个层面对网络公共事件进行符号学元语言角度的考察。同时，深入探究网络公共事件中的权力表达，综合运用传播学、符号学和社会学的理论框架与研究成果，将网络公共事件置于当代传播环境中予以批判性思考。具体涉及话语权与元语言关系辨析、网络公共事件中的解释漩涡和元语言控制下的网络公共事件表达等内容，力图从宏观角度进行理论上的深入研究，对照客观现实挖掘深层次含义，并在研究中取得创新。

综上所述，本书对"网络公共事件中的元语言问题研究"的思路如下：

第一，事件是如何成为公共事件的；网络公共事件是怎样产生的；与网络公共事件相关的定义有哪些；网络公共事件应当怎样划分。

第二，语言的分层源自哪里；语言是否分层；在元语言概念的行程中，经历了哪些变化；其适用范围产生了怎样的调整与突破；语言、话语、话语权与元语言之间是什么关系；话语符号权力与符号表意产生了怎样的变异性。

第三，关于网络公共事件分析的符号学路径有哪些，分别是如何分析的；网络公共事件的传播路径从传统媒体时代到社交媒体时代发生了怎样的改变；网络公共事件命名的理由和它的框填结构是怎样的；认知网络公共事件的方式有哪些；网络公共事件又是以哪些方式呈现出来的。

第四，网络公共事件中元语言的争夺是如何体现出来的；网络公共事件中的符号互动是怎样的；元语言如何控制话语权的表达。

第五，解释漩涡是否存在于网络公共事件；解释漩涡是怎么形成的；对网

---

① 赵毅衡：《符号学》，南京：南京大学出版社，2012年版，第27页。
② 赵毅衡：《符号学》，南京：南京大学出版社，2012年版，第33页。

络公共事件中的解释漩涡应当有怎样的解读。

第六，网络公共事件的真相与认同是不是元语言操控的结果；网络社会的"回声"与算法是否会成为真相被认知的阻碍。

本书正文分为六个部分，对以上问题展开详细论述，具体结构如下：

第一章 公共事件与网络公共事件；

第二章 元语言与网络公共事件中的话语权问题；

第三章 网络公共事件分析的符号学路径；

第四章 网络公共事件中的元语言争夺；

第五章 网络公共事件中的媒介文本与元语言离散；

第六章 网络公共事件中的元语言与真相关系。

中国网络公共事件是非常具有中国特色的实际问题，然而大多数的研究将重点集中在事件本身的分析上，要么是对单个事件的起因、发展、影响及对策展开分析论述，要么是对两起或几起类似的事件做对比分析研究。具体来说，现有的网络公共事件研究一般可归纳为"三部曲"：事件本身—现实问题—制度与规范。

网络公共事件是符号交流和建构的产物，其文本是一种开放性文本，微观层面的互动交叉着宏观层面的整合，充斥着符号交往与意义交流。本书力求转换一种研究范式，不简单套用西方的传播学理论，而是立足中国现实探讨符号学理论问题。从学科理论融合的角度来说，传播学与符号学的整合是一个值得期待的全新的学术方向。网络公共事件的元语言研究是网络公共事件一个新的研究面向，围绕"意义建构"这个核心议题，将传播各环节加以整合，在某种程度上能够克服传播学研究目前的瓶颈。本书从实际案例入手，保证研究的丰富性，在符号学方法论的指导下对网络公共事件进行理性的解读。

为了有效展开研究工作，本书的研究方法主要包括以下几种：一是文本分析。书中通过对网络公共事件中的评论与事件文本等的分析，归纳、提取和简化具有利用价值的一部分内容。二是文献研究法。通过对相关网络公共事件、符号学、元语言的文献资料的研究，分析现有的研究取得的成绩以及存在的问题，进而发现一些尚未完善的研究领域，为本书的研究工作奠定基础。三是个案分析法。网络公共事件是一系列个案的汇总，本书列举了近几年网络公共事件的真实案例，从不同角度说明网络公共事件与元语言之间的关系。为了使研究具有可靠性，需要对部分个案进行全面的深度剖析。四是比较分析法。书中对不同案例或同一案例的不同方面进行梳理，通过多重对比展示影响网络公共事件元语言的因素。

第一章 公共事件与网络公共事件

对中国数亿网民来说，互联网不只是包罗万象的"信息超市"，它最令人惊奇之处是每天都带来了从万里之遥到身边现实的、令人眼花缭乱的新鲜事件。① 网络公共事件是本书研究的核心概念之一，因此对网络公共事件进行回顾、梳理、界定与过程分析是本书的首要工作。

第一节 公共事件的历史沿革

一、公共性与公共事件

公共性问题由来已久，它是人类社会生活中的重要问题。严格说来，公共性概念在不同的历史发展阶段有不同的呈现方式与呈现形态，因此人们对"公共性"概念的理解也就各有不同，中西方的解释更是大相径庭。在西方，公共性作为一种现象可以追溯至古希腊城邦政治的生活模式，但是公共性作为一种概念的提出则始于近代。20世纪对公共性问题研究影响最大的当属哈贝马斯，哈贝马斯首先对"公共性"的词源进行了考察，指出"公共"（public）一词在英国17世纪中叶才开始使用②，17世纪末法语"publicite"被借用到英语中成为"publicity"，此时的"公共"第一次带上了"进行批判"的含义，批

---

① 郑智斌：《众妙之门：中国互联网事件研究》，北京：中国传媒大学出版社，2012年版，第2页。
② 刘建成：《哈贝马斯的公共性概念探析——从批判到整合》，《教学与研究》，2004（8），第20—24页。

判本身表现为"公众舆论",而公众范围内的公断,则具有"公共性"。① 在哈贝马斯的理论中,公共性是公共领域的核心概念,"公共性不仅体现在学界当中,而且也体现在所有善于运用理性者的公开使用过程当中"②。

哈贝马斯在1961年出版的著作《公共领域的结构转型》中给"公共领域"下了这样一个定义:"我们的社会生活的一个领域,像公共意见这样的事物能够在这个领域形成"③,是以,"当公共领域的参与者愿意并且能够对自己生活其中的共同体制度以及公共事务表达自己的意见时,所谓公共性就显现了出来"④。

继哈贝马斯之后,汤普森(J. Thompson)也提出了"公共性"的概念。汤普森的"公共性"与哈贝马斯不同,他发展了关于公共性的一种新的概念。汤普森认为哈贝马斯关于公共领域重新封建化的理解过于片面与消极,在他看来,"可见性"就是公共性,公共领域变成了一个可见空间,"可见性能将日常生活政治化,日常生活事件通过某种方式成为可见的或可观察的……所以我们就能明白为什么获得可见性能引发一系列群体运动事件"⑤,这一切都是由媒介化可见性决定的。我们从汤普森的分析中可知,他把媒介看作现代生活的核心,把公共性与可见性紧紧联系在一起,非常重视媒介(当时单指电视)在社会中所起的作用,大众传媒所创造的可见性或公共性重新构建了公私生活之间的界限,超出了国家机构的公共生活并且超越了共同在场的公共性。汤普森认为大众媒介改变了公共性的属性并提出了媒介化公共性(mediated publicness)的三个特点:第一,空间上的去在地化(non-localized space);第二,非对话性(non-dialogical);第三,是一个对各种符号形式表达的开放空

---

① 刘建成:《哈贝马斯的公共性概念探析——从批判到整合》,《教学与研究》,2004(8),第20—24页。
② 尤尔根·哈贝马斯:《公共领域的结构转型》,曹卫东等译,上海:学林出版社,1999年版,第123页。
③ 尤尔根·哈贝马斯:《公共领域的结构转型》,曹卫东等译,上海:学林出版社,1999年版,第125页。
④ 尤尔根·哈贝马斯:《公共领域的结构转型》,曹卫东等译,上海:学林出版社,1999年版,第252页。
⑤ John Brookshire Thompson. *The Media and Modernity: A Social Theory of The Media*, Cambridge: Polity Press, 1995, p.248.

间（open-ended space）。① 概括地说，汤普森不同意以法兰克福学派为代表的消极的技术观，他认为新的媒介技术能够重构公共性。

传统公共领域的三个形式在网络环境下消失了，公共领域脱离了和一个特定地点的结合，公共领域假定单一的特征被转换成不同公共空间的拼凑，公共领域和私人领域之间的界限越来越模糊。我们今天重新审视，公共性的概念又有了新的表征：其一，参与空间的公开性与参与者身份的广泛性，参与空间不再局限于上文中哈贝马斯所提到的咖啡馆、报纸、杂志等，网络的普及与智能化新媒介都降低了参与者的门槛，讨论公共事务不再是社会精英的特权；其二，公共性更具有批判性色彩，关于公共权力的行使把讨论变成行为；其三，公共性多伴随情感冲突，关于公共性的讨论带有强烈的感情色彩。

二、公共事件的历史溯源

《现代汉语词典》中将"事件"解释为"历史上或社会上发生的不平常的大事情"②。英文与其对应的单词为"event"，有四个方面的含义：发生、出现（occurrence）；一起值得注意的意外事件（a noteworthy happening）；偶然性（contingency）；体育节目中的比赛（a contest in a program of sports）。

公共事件是一个相对模糊的概念，它指向这样一种事实：引起社会的普遍关注，进而引发议论、引起社会波动。公共事件具有范围大、群体性的特征，并且在社会上造成重大影响。当一个事件经由媒体放大成为热点时，这个事件就变成了公共事件。网络公共事件的产生与发展不是孤立的过程，而是存在于新闻报道的发展史中。可以说，新闻是现代文明的产物。笔者在回顾了新闻史上的相关文献后认为，中国国内的公共事件始于晚清。

中国近代自鸦片战争以后开始创办报刊，这与西方传教士在中国进行的传教活动密不可分。天主教传教士早在16世纪中期就来到中国开始传教，两百多年后，也就是在18世纪末19世纪初，基督教新教的传教士也踏上中国的土地。早期传教士在华进行的传教活动就是单一的宗教传播，1815年创办于马六甲的《察世俗每月统计传》是世界上第一个针对华人出版的宗教性质报刊。

---

① 转引自邓力：《传媒研究中的公共性概念辨析》，《国际新闻界》，2011（9），第43页。
② 中国社会科学院语言研究所词典编辑室：《现代汉语词典》，北京：商务印书馆，1983年版，第1051页。

后来随着传教士对中国了解的加深，传教内容就开始多样化，天文、地理、数学、医学等都成为新的传教内容。

传教士创办报刊最初完全是出于传播教义的需要，因为在中国这样一个地域广、人口多的国家里，普及宗教知识的"一个更迅速的办法，就是出版书报"①。1840年鸦片战争至1894年甲午中日战争的这段时期是中国近代历史上酝酿新思想的一段时期。马克思指出："天朝帝国万世长存的迷信受到了致命的打击，野蛮的、闭关自守的、与文明世界隔绝的状态打破了，开始建立起联系。"②

美国商人美查于1872年在上海创办《申报》，该报的主笔均由中国人担任，办报目的就是营利。《申报》自创刊起就很重视对社会新闻的报道，几乎每天都会在头版发表一篇论说文，在新闻报道中坚持客观、求实的立场。《申报》发表了不少维护华人的言论，赢得了很多华人读者的信任。就在《申报》创刊的同年，上海发生了一起"杨月楼事件"，这起事件的发生进程与《申报》的创办和发展几乎同时，因此《申报》的报道对于杨月楼事件的最终解决发挥了很大的影响力。这也是近代官方舆论与民间舆论的首次抗衡，是中国近代史上第一件真正意义上的"公共事件"。杨月楼是19世纪70年代上海最为著名的京剧武生，韦阿宝为广东富商之女，二人因戏结缘，欲结百年之好。但是按照当时的社会身份，杨月楼属于"贱籍"，依据《大清律例》规定，二人分属良贱，因此不能通婚。二人私奔后，韦阿宝族叔韦氏向当时上海知县叶廷眷指控杨月楼"诱拐"，为了维护上海地方秩序，叶知县判定杨月楼有罪，并在"第一次审讯时对杨月楼和韦阿宝施以重刑"③。

"杨月楼事件"经过《申报》报道后随即引发民众关注，在对这起事件的态度上，民间舆论与官方舆论的观点相去甚远，对韦阿宝的支持和对杨月楼的同情是民间舆论的主流声音。根据王润泽的统计，在"杨月楼事件"中，《申报》成为民间舆论和官方舆论交锋的主阵地，"据不完全统计，《申报》围绕杨月楼案发表了将近30篇各类报道"④。从文献记载来看，尽管《申报》的立场

---

① 卿汝楫：《美国侵华史（第2卷）》，北京：生活·读书·新知三联书店，1956年版，第290页。
② 《马克思恩格斯选集（第二卷）》，北京：人民出版社，1972年版，第626页。
③ 王润泽：《官方与民间：晚清报刊舆论的首次抗争》，《社会科学战线》，2017（3），第126页。
④ 王润泽：《官方与民间：晚清报刊舆论的首次抗争》，《社会科学战线》，2017（3），第130页。

是同情杨月楼的,但是也刊发了不少关于"严惩杨月楼"的言论。《申报》作为舆论意见发表的平台,虽不完善,但已经显示出较为成熟的现代媒介理念。[1] 另外,作为大众媒体的《申报》对于"杨月楼事件"的连续报道与介入为当时民间舆论提供了一个公开发表意见的渠道,将分散的民间舆论聚合起来,使其发展为对抗官方舆论的重要力量。

1873年起,《申报》又开始了对"杨乃武案"长达三年的报道,该事件后来相继被改编成戏剧、电视剧和电影版的"杨乃武与小白菜"。《申报》对"杨乃武案"的多次翻案与复审表现出极大的失望,在整个案件的报道中,《申报》重视社会民众的参与,也将民间舆论作为报道的内容刊登出来。无论是"杨月楼事件"还是"杨乃武案",均体现出晚清时期报纸在推动公共事件发展方面所起的重要作用。

第二节 网络公共事件的概念与类型

一、媒介事件及相关概念

在解释本章主题之前我们要找出一些与"网络公共事件"一词相似的其他称谓。以概念出现的时间先后顺序为依据,笔者首先讨论的是布尔斯廷(Daniel J Boorstin)的"假事件"(pseudo-event)。1961年,美国历史学家布尔斯廷出版了 *The Images*,在这本书中他将"假事件"界定为刻意制造的事件,其目的是吸引他人注意或进行公共宣传。"假事件"最主要的特征为非自发性,"因为有人进行了策划、安排、煽动才发生"[2]。需要指出的是,布尔斯廷的"假事件"并非"虚假"或"虚构"的事件,"假事件"与施拉姆提出的"媒介事件"在本质上是相同的。施拉姆在《传播学概论》中则用 media event 来描述"主要是制造来供媒介做报道的事件"[3],他们二者所涉及的"媒介事件"与我们今天讨论的"媒介事件"有着很大的区别。

---

[1] 王润泽:《官方与民间:晚清报刊舆论的首次抗争》,《社会科学战线》,2017(3),第137页。
[2] 梅尔文·门彻:《新闻报道与写作》,展江等译,北京:华夏出版社,2004年版,第279页。
[3] 威尔伯·施拉姆、威廉·波特:《传播学概论》,陈亮、周立方等译,北京:新华出版社,1984年版,第271页。

"媒介事件"（media event）是讨论传播实践和理论研究无法避免的问题，这个从西方引进的概念在今天的中国也产生了诸多变化，梳理媒介事件的相关概念对阐释本书的关键概念大有裨益。20世纪末，丹尼尔·戴扬和伊莱休·卡茨合著的《媒介事件：历史的电视直播》引起了传播学者的关注，该书中作者将"媒介事件"视为一种特殊的电视事件进入人们的关注视野。媒介事件通常是经过策划、宣布和广告宣传，在某种意义上受众被"邀请"参加一种"仪式"的体验。正如辛格所说，我们可以把媒介事件称为"电视仪式"。仪式用充满象征意味的形式化行为，展示了我们当前社会生活的基本法则和意义。仪式具备盛大性、神圣性、庆典性和融合性，这些基本特点也是"媒介仪式"体现的主要特征，媒介起到了传递的作用，而仪式内涵才是文本的真正内容。媒介事件是仪式实践在当代社会的集中体现。戴扬和卡茨从1980年开始研究电视对重大历史事件的直播，因此"媒介事件"是"对电视的节日性收看，即是关于那些令国人乃至世界人屏息驻足的电视直播的历史事件"[①]。"媒介事件"的研究及阐述反映了20世纪80年代传播研究由功能主义研究转向文化研究，从重视"效果"研究到注重"用途"研究，研究重点发生了改变。

20世纪90年代起，我国新闻界开始探讨"新闻策划"，这个提法在当时产生了一些混乱。对于这些存在的问题，有学者指出应当把"新闻策划"一分为二，因为"新闻事件策划"与"新闻报道策划"是完全不同的两个概念。"新闻事件"是新闻的来源，而"新闻报道"就是人们所说的新闻。前者是客观存在的事实，后者是一种新闻实践活动，二者绝不可以混为一谈[②]。鉴于"新闻策划"引起太多的争议，赵振宇以"新闻传播策划"统称，并将其界定为"新闻报道的主体，遵循事物发展和新闻报道的基本规律，着眼现实，发觉已知，预测未来，制定和实施相应的政策和策略，以求最佳效果的创造性策划活动"[③]。

随着网络与新媒体的兴起，媒介事件的概念界定面临全新的挑战，其内涵也早已超出戴扬和卡茨的定义。邱林川在2006年提出"新媒体事件"。"新媒

[①] 丹尼尔·戴扬、伊莱休·卡茨：《媒介事件：历史的电视直播》，麻争旗译，北京：北京广播学院出版社，2000年版，第1页。

[②] 董天策：《"新闻策划"之我见》，《四川大学学报（哲学与社会科学版）》，1998（1），第95页。

[③] 赵振宇：《新闻传播策划导论》，武汉：华中科技大学出版社，2006年版，第6页。

体事件"与"媒介事件"的研究传统有相似之处，但是又区别于"媒介事件"中的"挑战""征服""加冕"三大类型。邱林川、陈韬文在《新媒体事件研究》中将"新媒体事件"等同于"网络事件"，在这种全新的事件中，传播形态更加多样化，除了电视，还加入了电脑网络和手机网络。笔者也在相关文献的查阅中发现，自1997年以后，国内学术界先后提出了十几种称谓，例如网络事件、群体（性）事件、网络舆情事件、网络热点事件等，尽管表述各有千秋，但是在这些不同的称呼下，所有的研究对象都十分相似，甚至相同。①

在提到的这些概念中，"网络群体性事件"是另外一个和"网络公共事件"具有高关联度的概念。在中国知网上，以"网络群体事件"为关键词，得到1425条搜索结果；以"网络公共事件"为关键词，得到1322条搜索结果。董天策指出，在目前国内的研究中，"网络群体事件"研究占据主导地位。② 笔者查阅发现，"网络群体事件"研究多与对抗冲突有关，"网络公共事件"研究多与突发事件有关。无论哪种主题的研究，最终落脚点都是维护社会的稳定，例如如何加强监管、如何做好防范、如何快速应对、如何引导处置，都是在危机管理的研究范式下进行的。

二、网络公共事件

概念是对事物特征的高度概括，研究者使用什么概念往往反映其研究立场和价值取向。③ 许鑫在其论文中指出，从相关文献看，使用"网络公共事件"的研究者多从公共领域、社会的角度去观照。④ 也就是说，很多论文虽然命名不同，但其实谈论的都是同一问题的几个方面。网络公共事件是本书所使用的概念，学界对于"网络公共事件"概念本身也是众说纷纭，对于"网络公共事件"的系统研究也不过近十年的时间。首先，网络公共事件应当指的是事件的

---

① 董天策：《从网络集群行为到网络集体行动——网络群体性事件及相关研究的学理》，《新闻与传播研究》，2016（2），第81页。
② 董天策等：《"媒介事件"的概念建构及其流变》，《新闻与传播研究》，2017（10），第103页。
③ 许鑫：《国内外有关中国网络公共事件研究的比较——基于286篇研究文献的实证分析》，《新闻界》，2016（8），第58页。
④ 许鑫：《国内外有关中国网络公共事件研究的比较——基于286篇研究文献的实证分析》，《新闻界》，2016（8），第60页。

公共性而非事件的公开性。① 公共性的概念与启蒙运动相关，起源于哈贝马斯的"公共领域"。作为媒介批评的理论支撑，"公共领域"在我国的传媒研究中格外盛行。另外，公共性连接了政治与民主之间的合法性，成为一种原则。也就是说，政府的合法性取决于民众是否通过理性的公共辩论从而信服公共政策的公正性。②

其次，网络公共事件与特定突发事件相关联。根据《中华人民共和国突发事件应对法》的相关规定，突发事件，是指突然发生、造成或者可能造成严重社会危害，需要采取应急处置措施以应对的自然灾害、事故灾难、公共卫生事件和社会安全事件。③ 突发事件的大规模传播途径一般都是通过网络传播实现，这是由互联网自身特点所决定的。突发事件可能引起全社会讨论，讨论空间除了报纸、杂志、广播、电视这些传统媒介，更多的就是聚集于网络，进而形成强大的网络舆论，在某种程度上对政府决策造成影响。

再者，网络公共事件具有过程上的动态性与时间上的持续性。一般来说，任意一起网络公共事件都会经过这样几个阶段：事件的引发、发展、反复、消退。在一个持续的时间内，事件的每一次发酵都可能会产生一定范围的影响力。并且网络公共事件在动态演变的过程中会出现极大的不确定性，这就是为什么在网络公共事件中总会出现事情的"反转"。

通过以上我们不难看出，网络公共事件中有三个不可或缺的因素：互联网、公众参与、公开性事件。由此笔者把网络公共事件定义为：由特定社会事件引起的符号文本，在互联网内有大量公众围绕既定主题与目标参与讨论，形成一定舆论强度，并对社会产生重大影响的公共性事件。

今天的"网络公共事件"与当年戴扬、卡茨的"媒介事件"已经全然无关，网络公共事件是网络时代研究传媒与社会关系的重要突破口，其学理问题要比"新媒体事件"或"新媒介事件"的涉及范围更为广泛、复杂。

---

① 展江：《哈贝马斯的"公共领域"理论与传媒》，《中国青年政治学院院报》，2002 (2)，第123-128页。
② 邓力：《传媒研究中的公共性概念辨析》，《国际新闻界》，2011 (9)，第40页。
③ 中华人民共和国国务院：《中华人民共和国突发事件应对法》，2007年11月1日。

三、网络公共事件的类型

熊光清根据网络公共事件所指向的问题和所要达到的目的,将网络公共事件分为曝光型、泄愤型、抗争型、反思型和其他类型等几种。① 邱林川和陈韬文在对国内的网络事件进行仔细分析后对网络事件做了分类:"一是民族主义事件:这种事件的源头往往与国际冲突及外交事务有关;二是权益抗争事件:这里强调的不是内外有别,而是强弱之争,尤其是弱者争取和捍卫权益的过程;三是道德隐私事件:此类事件的核心特征是挑战公域和私域间的界限;四是公权滥用事件:主要指公权力的腐败,尤其是地方政府层面。"②

根据本书的研究目的,在参考了国内目前现有的对网络公共事件类型划分的基础上,笔者按照网络公共事件发生的目的性和倾向性,将网络公共事件分为这样几种类型:维权性事件、抗争性事件、曝光性事件、民族主义事件和其他类型事件。

维权性事件。该类事件指的是维护个人或者群体的合法权益的事件,占国内网络公共事件的大多数。这类事件具有较强的偶发性,以关注地方权益为主,带有某种程度的自发性。"魏则西事件""哈尔滨天价鱼事件""青岛天价虾事件""王娜娜事件""山东问题疫苗事件"等均属于此类事件。

抗争性事件。改革开放以来,中国社会现代化进程加快,取得的成就有目共睹。但是这一进程的加快也导致了利益分化和利益分配不均衡问题的产生,短时间内难以消除的社会矛盾导致了抗争性事件的不断"上演"。20 世纪 90 年代兴起的新情感主义认为集体行动是主客观条件共同作用的结果③,情感被认为是社会建构的结果。抗争性事件往往裹挟着情感因素,情感成为当代中国网络抗争行为中"弱者的武器",在社会结构的压力下,普通民众贫困、冲突、不公的社会遭遇所引起的负面情绪因为利益诉求渠道的不畅不断蓄积,成为普

---

① 熊光清:《中国网络公共事件的演变逻辑——基于过程分析的视角》,《社会科学》,2013 (4),第 4 页。

② 邱林川、陈韬文:《新媒体事件研究》,北京:中国人民大学出版社,2011 年版,第 10—12 页。

③ 余红、吴雨青、晏慧思:《网络抗争事件的情绪传播和引导——以山东辱母案为例》,《情报杂志》,2018 (5),第 117—122 页。

通民众库存的负性情感和集体记忆。①"于欢案""雷洋事件"等均属此类。

曝光性事件。熊光清认为曝光就是网友通过新闻跟帖、网络论坛、博客、微博等形式"曝""晒"腐败分子的腐败行为或者不良之徒的恶劣行径。② 笔者认为，现在曝光性网络公共事件主要信源为社交媒体，这种曝光经由"朋友圈"转发传播，引起社会关注。"严书记事件""罗尔事件""榆林孕妇跳楼自杀事件""携程亲子园事件""成都女司机被打事件"等均属此类。越来越多的事例证明，曝光性事件也是目前网络反腐的构成部分。

民族主义事件。本尼迪克特·安德森在《想象的共同体》一书中对民族主义的兴起做了如下分析：当作为人类的精神寄托——宗教开始瓦解之时，民族主义起到了填补人类精神空白的重要作用。罗志田的《民族主义与中国近代思想》围绕"民族主义"展开深度探讨，认为民族主义是冷战后对世界影响最大的力量。刘军宁明确表示民族主义是一种意识形态，他认为，"民族主义与其说是一种政治学说、意识形态，不如说是一种情绪，或者说是一种情绪化的意识形态，是影响过当今所有重要意识形态的意识形态"③。民族主义思潮在互联网时期的新的表现就是网络民族主义事件。"帝吧出征事件""家乐福事件"等都属于此类。

其他类型事件。中国网络环境比较复杂，许多私人领域的行为一旦被网络放大，就很有可能演变成网络公共事件，比如"范跑跑事件"。其中不乏博取眼球炒作的事件，如各类炫富、拜金事件等。也有以网络恶搞出名的事件，比如2006年的视频《一个馒头引发的血案》等。还有各类关于明星的私人事件，比如"王宝强离婚事件"等。

在此应当说明的是，不少网络公共事件在类型属性上具有重合性。例如在曝光性事件中，愤怒情绪和对立情绪的表达会比较明显，这就很可能与抗争性事件产生某种重合。除此之外，网络公共事件在发展和演变的过程中，在每一个阶段都可能会有不同的目的性与倾向性，因此单纯隶属某一种类型的网络公

---

① 余红、吴雨青、晏慧思：《网络抗争事件的情绪传播和引导——以山东辱母案为例》，《情报杂志》，2018（5），第117-122页。

② 熊光清：《中国网络公共事件的演变逻辑——基于过程分析的视角》，《社会科学》，2013（4），第4-15页。

③ 转引自闵大洪：《对中国网络民族主义的观察、分析——以中日、中韩关系为对象》，《中国网络传播研究》，2009（0），第131页。

共事件并不常见，大多数网络公共事件都是各种类型的"合体"，具有混合性。

就具体的网络公共事件来说，本书选取了近年受到广泛关注和争议的事件来作为具体的研究对象，包括"雷洋事件""魏则西事件""帝吧出征事件""罗尔事件""于欢案""严书记事件""王娜娜事件""女子酒店遇袭事件""江歌案""榆林孕妇跳楼自杀事件""哈尔滨天价鱼事件""携程亲子园事件""成都女司机被打事件""山东问题疫苗事件"等。这些事件的社会影响比较强烈，尤其在舆论发展过程中呈现出极端化的态势。

本章小结

本章主要梳理了网络公共事件的历史脉络，厘清了几个相关概念，提出了本书对于网络公共事件的界定，即由特定社会事件引起的符号文本，在互联网内有大量公众围绕既定主题与目标参与讨论，形成一定舆论强度，并对社会产生重大影响的公共性事件。对书中所涉及的网络公共事件做了分类，将网络公共事件分为五类，即维权性事件、抗争性事件、曝光性事件、民族主义事件和其他类型事件。同时指出，不少网络公共事件在类型属性上具有重合性。网络公共事件在发展和演变的过程中，在每一个阶段都可能会有不同的目的性与倾向性，单纯隶属某一种类型的网络公共事件并不常见，大多数网络公共事件都是各种类型的"合体"，具有混合性。

第二章　元语言与网络公共事件中的话语权问题

以"meta-"为前缀的词在西方哲学界和理论界被频繁使用。《牛津语言学词典》中对 meta 的解释："'meta'是用来构建和研究一个更高层面的抽象规则的前缀,这个前缀源于古希腊。"① "元"是一个颇具黏着力的概念,在数学、语言学、哲学、文学等方面都有广泛使用。西方关于"元"的概念最早可以追溯到古希腊时期亚里士多德的《形而上学》,意即"在物理学之后诸篇",这个名称拉丁化以后就是 metaphysics。② 日本学者井上哲次郎（Inoye Tetsujiro）根据《易经》中"形而上谓之道,形而下谓之器",把它翻译成"形而上学"。③ 在《形而上学》的第四卷中,亚里士多德第一次清楚而明确地告诉我们,有一门科学研究"作为存在的存在"（being as being）。西方学术界对于"meta"概念的使用与 20 世纪初期哲学的"语言学转向"有着很密切的联系。

第一节　元语言理论回溯

对于 metalanguage 的翻译,国内出现了一些争执。有些学者认为应该将其翻译为"后语言学",因为"meta"在希腊文中表示"……之后",含有结

---

① 转引自姜晖:《语言学中的 meta 术语及其相关性研究》,《外国语文》,2013（6）,第 100 页。
② 聂敏里:《西方思想的起源——古希腊哲学史论》,北京:中国人民大学出版社,2017 年版,第 166 页。
③ 聂敏里:《西方思想的起源——古希腊哲学史论》,北京:中国人民大学出版社,2017 年版,第 166 页。

束、总结的意思。① 但是现在学界大都译为"元语言",陈嘉印认为之所以会产生不同的译名,根本在于"认识上的混淆"②。鉴于此,笔者首先梳理一下元语言的理论渊源。

一、罗素及其分支类型论

语义悖论是逻辑史上最令人困惑的古老问题,罗素(B. A. W. Russell)的语言分层思想是其知识论的核心内容之一。他的类型论是数学原理的基础,也是为解决语义悖论而提出的一个极其重要的理论。"罗素分支类型论的基本思想是:把同类型的谓词分为不同的层次,层次较高的谓词或类不能与层次较低的谓词或类混淆起来,既不能把二者等同起来,也不能用层次较低的谓词或类描述层次较高的谓词或类。否则,会违反'恶性循环原则',形成'不合法的全体'。"③

悖论涉及的各种现象就是命题的函项。类型是指一个函项的意义域,一个意义域就是一个集合。罗素的类型论有两种,一种是简单类型论,一种是分支类型论。简单类型论是解决悖论的初步方案,其关键在于区分不同的逻辑类型。"类"就是罗素所说的"不合法的全体",即"命题函项的意义域"④。罗素又根据这个意义域对"个体""个体的类""个体的类的类"做了区分,指出"一个类和他的元素属于不同的类型"⑤。分层就是从个体出发,将简单对象作为变元值的函项。罗素的分支类型论是在吸收了"恶性循环原则"基础上形成的,其核心是"类型的分层"。在《数学原理》中,罗素将"恶性循环原则"解释为"凡牵涉到一个集合的全部分子者,它本身不能是该集合的一个分子";或者说"设某一集合有一个总体,如果它含有一些只能用这个总体来定义的分子,那么这个集合就没有总体"。⑥

罗素的分支类型论可以被看作语言分层的雏形,对塔尔斯基的语言层次理论有着深刻的影响。按照罗素的理论我们可以推知,语言中存在着不同的层

---

① 李子荣:《作为方法论原则的元语言理论》,哈尔滨:黑龙江人民出版社,2006年版,第3页。
② 陈嘉印:《语言哲学》,北京:北京大学出版社,2006年版,第59页。
③ 林琼:《浅析塔尔斯基的语言层次论》,《暨南学报(哲学社会科学)》,1994(3),第19页。
④ 张安民:《罗素类型论研究(一)》,《河南社会科学》,2005(2),第48页。
⑤ 张安民:《罗素类型论研究(一)》,《河南社会科学》,2005(2),第50页。
⑥ 转引自张安民:《罗素类型论研究(一)》,《河南社会科学》,2005(2),第50页。

级,语义悖论的产生就是因为混淆了这些层级。由此可见,罗素是最早提出语言分层思想的,他也明确表达了这种思想:"每一种语言,如维特根斯坦先生所说的,有一种结构,关于这种结构,在这种语言中一点都不能说,但是可以有另一种处理第一种语言结构的语言,这种语言本身有一种新的结构,并且语言的这种系列是可能没有止境的。"① 罗素的类型论对之后的哲学家们的影响在于,当他们试图解决各种问题时,都无法避免谈论到类型的区别。

二、塔尔斯基的元语言思想

20世纪20年代,德国数学家希尔伯特创造性地使用了一个新词"元数学"(metamathematics),此后,加前缀"meta-"(汉语译为"元")构成的新概念和新术语不断涌现②,"元语言"(metalanguage)的概念随之出现。元语言最早应用于数学和逻辑学领域,把它作为专门的概念还是来自现代逻辑学领域。1933年波兰逻辑学家塔尔斯基(Alfred Tarski)为解决"说谎者悖论问题"提出了"讨论客观世界之语言"和"对象语言之语言"的区分③,认为元语言是指称其他语言的符号的性质,元语言就是"对象语言之语言"。④ 从此以后,元语言成为一个专门的研究领域,开始融入哲学与逻辑学的研究中。

塔尔斯基在罗素分支类型论的基础上,将对象语言和元语言加以区别。他指出:"其中一种是'被讨论的语言',它是讨论的对象,我们所寻找的真理的定义也就是应用于这一语言的。另一种是我们用以'讨论'第一种语言的,具体地说,就是用于构造第一种语言的真理的定义的。"⑤ 依据塔尔斯基的观点,语言在用以讨论事物的时候,对象是事物,语言是工具;但是当讨论的对象是语言的时候,语言则既是对象,又是工具。前一种就是"对象语言",后一种就是"元语言"。

---

① 转引自林琼:《浅析塔尔斯基的语言层次论》,《暨南学报(哲学社会科学)》,1994(3),第19—25页。
② 安华林:《元语言理论的形成和语言学的元语言观》,《内蒙古社会科学(汉文版)》,2005(1),第104页。
③ 封宗信:《语言学的元语言及其研究现状》,《外语教学与研究》,2005(6),第5页。
④ 胡易容:《帕洛阿尔托学派及其"元传播"思想谱系:从神经控制论到符号语用论》,《国际新闻界》,2017(8),第39页。
⑤ A. 塔斯基、李振麟:《真理的语义概念与语义学基础》,《国外社会科学文摘》,1961(6),第1页。

塔尔斯基认为，如果不把对象语言和元语言加以区分，就会产生语义层次的混淆，进而出现语义悖论。于是，塔尔斯基提出了语言层次论的思想，他指出：

> 人们必须记得被分析的语言（对象语言）和在其中进行分析的那种语言（元语言）之间的分别。在这里，古典的例子就是波兰语讨论（例如）英语的文法法则。然而，如果我们用某些表达式所属于的那种语言来讨论这些表达式，那么，对象语言和元语言的分别也可以在（例如）关于意义、外延、真理等等的分析。因此，我们所涉及的是语言的不同层次和那种为语言的层次的或大或小"丰富性"所规定的层的等级。自然，这只是在形式化语言中才能以一个纯粹的形式出现。因为，形式化语言，是人们有意识地和有目的地创造出来以满足演绎科学需要的。在具有普遍性的自然语言中，不仅混淆了不同类型的表达方式，而且混淆了不同层次的语言层。这正是悖论产生的根源。如果我们正确区分对象语言和元语言，那么，元语言将是"较丰富"的，而对象语言也将是元语言的一部分。元语言除了包含对象语言的诸指号和诸表达式外，还将包含表示这些名称和一般的逻辑表达式之间的关系的名称。①

塔尔斯基的语言层次论具有重要的理论意义。首先，语言层次论解决了因为语言层次的混淆而产生的语义悖论。按照塔尔斯基语言层次论的相关概念，在"说谎者"悖论中就是一个关于对象语言的表达，至于"真假"的表述，就必须使用元语言表述。其次，语言层次论精确了形式化语言。林琼指出，对于任何一个语言层次而言，都存在一个更高的语言层次，形式化语言这种开放的语言体系不同于封闭的语言体系的显著特征是："真"和"假"是为不同的语言层次所定义的。② 除了上述两点，语言层次论的辩证性和逻辑性也对后来的语言研究产生了积极的影响。然而，语言层次论作为解释悖论的一种理论，也具有其局限性。其中最值得反思的一点就是：元语言是否具有统一的元语言？也就是说，语言的分层是否有一个终点？如果有，它就是一个封闭系统，这一点就跟塔尔斯基所谓的"开放的系统"形成了矛盾。如果没有终点，那么终究

---

① 转引自林琼：《浅析塔尔斯基的语言层次论》，《暨南学报（哲学社会科学）》，1994（3），第20页。
② 林琼：《浅析塔尔斯基的语言层次论》，《暨南学报（哲学社会科学）》，1994（3），第21页。

会有一个元语言无法定义和说明的问题。

经过上述分析我们可以得知,塔尔斯基将罗素的分支类型论进行了系统化的阐述后,得出了语言层次论的思想,罗素和塔尔斯基把以往语言表达中被模糊的环节都加以细化。稍有不同的是,罗素对谓词的区分只是涉及语形,而塔尔斯基的划分涉及语义,表现出了语言的层次性。

三、卡尔纳普的语形理论和波普尔的元语言观

卡尔纳普(Paul Rudolf Carnap)被视为逻辑语义学的创始人之一,他将语言分为两个层次——对象语言和语形语言。其著作《语言的逻辑句法》的出版恰逢逻辑实证主义兴盛时期。逻辑实证主义者认为世界并非哲学研究的对象,科学语言才应当是哲学研究的对象。哲学研究的首要任务是对科学语言进行逻辑的系统研究,他们"在哲学研究中把语言问题提到了首要地位,甚至把全部哲学问题都归结为逻辑-语言问题"[1]。

卡尔纳普的逻辑语义学主要包括三个方面的内容:语义系统 S_1、外延内涵方法、语言的语境。一个语义系统 S_1 包含两部分:对象语言和语义规则,并且这两部分只有在元语言中才能够被讨论。各类表达式的外延和内涵在语义系统 S_1 的支持下才能够得到形式化的刻画。卡尔纳普将语言的语境划分成三大类,即外延语境、内涵语境和信念句类型语境。卡尔纳普的语形语言的概念类似塔尔斯基所谓的元语言概念,但是语形语言的概念要比元语言的概念更窄一些。卡尔纳普没有区分语言运用中的层次性,将元语言与对象语言相混淆。

当代哲学家卡尔·波普尔(Karl Popper)非常赞同塔尔斯基的真理论,认为"对于充分丰富的语言来说,没有普遍的真理标准"[2]。他指出:"如果我们要谈论一个陈述对于一个事实的符合,我们就需要一种元语言,在这种元语言中,我们可以阐述有关陈述所论及的事实(或者断定的事实),此外,(通过对该陈述使用某种约定的或描述的名称)我们还能讨论有关陈述本身。"[3] 波

---

[1] 陈波:《逻辑哲学导论》,北京:中国人民大学出版社,1999年版,第4页。
[2] 卡尔·波普尔:《客观知识——一个进化论的研究》,舒炜光等译,上海:上海译文出版社,2001年版,第332页。
[3] 卡尔·波普尔:《无尽的探索——卡尔·波普尔自传》,邱仁宗译,南京:江苏人民出版社,2000年版,第52页。

普尔认为语言有四种功能——表感、信息、呼唤与论证,并且针对语言的层次,指出"每个较高级的功能不能离开所有较低级的功能而存在,而较低级的则可以离开较高级的而存在"①。

尽管在元语言问题上波普尔和卡尔纳普的观点不大一致,但波普尔对卡尔纳普构建语言系统的做法比较赞赏,他认为卡尔纳普的《语言的逻辑句法》让"波兰以西的哲学界"第一次接触以"元语言"分析语言的方法。②

四、其他人的元语言观

任何符号表意机制都无法离开元语言单独存在,元语言是所有符码的集合。在阐述元语言问题之前,需要厘清几个易混淆的概念。首先来说一下符码。伯恩斯坦认为符码"是阶级关系产生、分配、再制和合法化的独特沟通形式,主体在习得这些符码的历程中,分别对这些符码加以置位,上层阶级通过对符码进行编码来形塑意识形态,从而达到权力和意识的控制的目标"③。伯恩斯坦将符码定义为深藏在语言背后的社会原则,它涉及深层次意识形态问题和社会位置的安置机制,也同权力再制问题密切相关。④ 这一点与赵毅衡关于符码的解释不谋而合,赵毅衡把符码看作在符号表意中的一种控制文本意义植入与解释的规则。既然把符码看成一种解释规则,那么它必然不会单独出现,关于这一点,早在20世纪80年代初,霍尔(Stuart Hall)就已经做出了解释。

斯图尔特·霍尔在《电视讨论中的编码和译码》中认为,意义是通过概念和符号构成的再现(representation)⑤产生的,事物本身并没有意义。"未经加工的"历史事件在传播之前必须要变成一个"故事",然后再以话语符号传

---

① 卡尔·波普尔:《客观知识——一个进化论的研究》,舒炜光等译,上海:上海译文出版社,2001年版,第76页。
② 卡尔·波普尔:《猜想与反驳:科学知识的增长》,傅季重等译,杭州:中国美术学院出版社,2003年版,第345页。
③ 转引自谢小平:《符码、分类与架构:符码理论的主要思想及学术争辩》,《南昌大学学报(人文社会科学版)》,2011 (5),第149-154页。
④ 转引自谢小平:《符码、分类与架构:符码理论的主要思想及学术争辩》,《南昌大学学报(人文社会科学版)》,2011 (5),第149-154页。
⑤ 文化研究中的representation一词,中文翻译大都为"表征",笔者在本书中将其译为"再现"。

送，因此事件必须在电视试听范围之内符号化。① 霍尔自己也指出，世界上的任何事物，本身并无固定的、最终的意义。人类在长期的社会实践和社会生活中使事物具有意义。但是人类社会从一个文化时期过渡到另一个文化时期，事物的意义通常会发生变化。②

艾柯在《符号学理论》中这样表述符码：

> 它们系由有限状态的因素集合而成，这些因素又是由偶对方式构造并受某些组合规则制约……在社会科学界，这样的系统几乎总是能够得到承认和确立，从而揭示：这样一种系统怎么才能传达另一类系统的所有或若干成分，而后者在某种程度上又与前者相联系（反之亦然）。③

那也就意味着，符码问题更应当是一个社会文化问题，因为只有在构成形式和表意的相互关联之后，符码的功能才可能会得到社会或群体中成员的一致确认。符码提供了一整套解释符号的规则，使用者只能在相同文化语境下达成的"共识"中完成对符号文本的意义转换，这个文化语境就是"元语言"。把元语言比较明确地用于符号学领域中，始于雅柯布森。雅柯布森在1958年发表的《语言学与诗学》④ 一文中指出，在符号文本同时包含的六个因素中，若让其中的某个因素成为主导，就会导致与该因素相应的意义解释。⑤ 也就是说，对于意义的解释，符号从来都不是被动地接受，符号本身所带有的某种特性影响着解释的朝向。赵毅衡认为符码就是"在符号表意中，控制文本形成时意义植入的规则，控制解释时意义重建的规则"⑥。当符号侧重于符码时，就会出现"你知道我在说什么吗""你好好看一看"等类似表达，此时符号表意有着强烈的"元语言倾向"，即"符号应当如何解释自身"⑦。

故而，元语言和符码二者不能等同，因为符码是单个的存在，而元语言则是符码的集合。只要意义能够被传播，势必会有相应的元语言来提供与其相对

---

① 罗钢、刘象愚：《文化研究读本》，北京：中国社会科学出版社，2000年版，346页。
② Stuart Hall. *Representation: Cultural Representations and Signifying Practices*，SAGE Publications Ltd，p.61.
③ 翁贝托·艾柯：《符号学理论》，卢德平译，北京：中国人民大学出版社，1990年版，第43页。
④ 参见赵毅衡：《符号学文学论文集》，天津：百花文艺出版社，2004年版，第169—184页。
⑤ 转引自赵毅衡：《符号学》，南京：南京大学出版社，2012年版，第179页。
⑥ 赵毅衡：《符号学》，南京：南京大学出版社，2012年版，第223页。
⑦ 赵毅衡：《符号学》，南京：南京大学出版社，2012年版，第180页。

应的解释符码。元语言是理解任何文本不可或缺的因素,因此我们说,元语言是一个文本完成意义表达的关键。文本只有在解释中才有意义,元语言的目的,就是从文本中推出一个意义解释①,但这个意义解释绝不是唯一正确的意义解释。

符号表意有三条悖论:意义不在场,才需要符号;不存在没有意义的符号;任何理解都是理解。②

一个文本在该文本发出和传播的过程中,解释意义必然不在场,只有意义不在场,文本才会滑向解释,才会产生解释的必要。在解释之前,符号已经含有既定意义,元语言的集合在符号产生之前已经存在,此时的解释,只不过是临时选择适合当前解释活动的元语言集合来完成一次意义解释活动。同时,临时元语言集合由文本接收者的知识水平、认知状况、经验和情感等多方面构成,从而得出文本接收者所能解释出的一个意义,这就是"一千个读者心目中有一千个哈姆雷特",同样一则网络公共事件会引发公众截然不同的反应。

(社会文化的)语境元语言、(解释者的)能力元语言、(文本本身的)自携元语言是赵毅衡划分出的元语言的三种类型。③ 公共舆论从表面上看似乎是林林总总的意见表达,看似具有很大的偶然性,但是透过许多的偶然性展示出来的是事物的必然性和现象的本质,也就是说偶然性开辟了必然性所走的道路,本质通过偶然性表现出来,通过具体事件表达出来的网络舆论成为网络时代群体主体表达自身意志的现实形式。社会舆论本质是"社会公众对社会某些事件、现象或人们行为的评价和态度"④,体现了某一个群体的意志。网络公共事件中的元语言研究,就是以元语言问题作为研究切入点,重新审视网络公共事件及其他相关的社会因素,用符号学理论研究传播问题,将中国网络公共事件中的元语言问题作为具体分析的对象文本,对当下社会产生新的认知。

符号学中把元语言看作符码作为解释规则的形成方式。根据赵毅衡的解释,社会文化的语境元语言是元语言各组成因素中最主要的来源,它也可以被称作符用性元语言。本质上来讲,语境元语言表示的是文本与社会之间的诸种

---

① 赵毅衡:《符号学》,南京:南京大学出版社,2012年版,第228页。
② 赵毅衡:《符号学》,南京:南京大学出版社,2012年版,第46页。
③ 赵毅衡:《符号学》,南京:南京大学出版社,2012年版,第231页。
④ 陈新汉:《民众评价论》,上海:上海人民出版社,2004年版,第121页。

关系，它影响着文化对信息的处理方式。① 语境，即语言的使用环境，这个概念是波兰籍人类学家马里诺斯基为奥格登和瑞恰慈在1923年合著的《意义的意义》一书所作的补录中提出的。马里诺斯基认为话语是同环境紧紧联系在一起的，语言是一种行为方式而非思想信号。他把语境分为"情景语境"和"文化语境"，前者指交际过程中某话语在表达时所依赖的上下文，后者指某话语表达时所依赖的主客观因素和非语言符号。语境问题早在古希腊亚里士多德时期就已经论及，但直到20世纪才逐渐受到关注。在《哲学研究》中，维特根斯坦提到"无论是词语还是语句，其功能都不在于指称外部的对象和事实，而在于在生活场景中起作用"②。无论皮尔斯还是海德格尔，学者们之所以孜孜不倦地追问语境问题，其根本在于人类对其生存境遇和诠释的本质性诉求。③

解释者的能力元语言由三方面构成，首先是他的社会成长经历，其次是他的文化修养，最后是他的经验与记忆。能力元语言在网络公共事件中主要体现为文本接收者解读事件文本的能力，即接收者站在何种角度、以何种立场看待网络公共事件。符码在符号文本的传播过程之中对文本意义的植入规则进行控制，文本意义的生成依靠元语言，二者共同作用于符号文本的意义建构。

结构主义认为，世界不是由各种事物组成，而是由各种关系构成的。哈贝马斯认为人类最本质的特性就是社会性，他强调个体只有通过与他人的符号互动才能够作为主体凸显出来。哈贝马斯这种"主体间性"思想贯穿了他整个理论体系的方方面面。海德格尔所谈到的主体间性是"我"与他人之间生存上的联系，是"我"与他人的共同存在以及"我"与他人对统一客观对象的认同。④ 在哈贝马斯看来，人具有构造语言的能力，并且认为人类语言是主体间在生活世界交往的主要依靠，"这种构造符号的天赋或能力在语言方面产生的东西可以看作是更大的结构"⑤。在符号表意活动中，元语言必须参与其中完

---

① 赵毅衡：《符号学》，南京：南京大学出版社，2012年版，第232页。
② 陈嘉映：《语言哲学》，北京：北京大学出版社，2003年版，第55页。
③ 李海平：《语言哲学中意义的语境问题》，《北华大学学报（社会科学版）》，2006（4），第12—16页。
④ 马丁·海德格尔：《存在与时间》，陈嘉映、王庆节译，北京：生活·读书·新知三联书店，1987年版，第201页。
⑤ 特伦特·霍克斯：《结构主义和符号学》，瞿铁鹏译，上海：上海译文出版社，1987年版，第12页。

成对意义的阐释。其中，主体能力元语言是一个非常重要的因素，因为作为交往行为的主体"至少是两个以上的具有语言能力和行动能力的主体的内部活动"①。

文本自携元语言指导此文本该如何解释。② 自携元语言是最常见的元语言类型，任何意义活动必然可见自携元语言。在网络公共事件中，自携元语言的解释指向具有明显的暗示性，这种暗示会对信息接收者的解读产生误导。一些网络公共事件本身在元语言层面已经先入为主地带上了解释压力，例如"中国摄影金像奖再爆作假丑闻——又现'周老虎'？""南京宝马肇事案又现'七十码'""娱乐圈另一个'王宝强'！王自健遭前妻'骗财'，因抑郁暴瘦！"等，这些事件本身就已经携带了能指导解释的自携元语言。2007年的"华南虎事件"（又称"周老虎事件"）、2009年的"杭州七十码事件"和2017年的"王宝强离婚事件"均为当时的评论热点，这些事件产生的社会影响也引起了众多反思。这些事件本身已经被贴上了某一种标签，被符号化为一种"元符号"，当其他类似事件产生时，被冠以同样的原因，产生的解释压力不言而喻。

总之，元语言理论的提出使得语言学的发展又向前迈进了一步，元语言不仅是逻辑学家和语言学家必需的科学研究工具，它在日常语言中也扮演着极其重要的角色。③

第二节 网络公共事件中的话语权分析

皮尔斯将再现体（representation）、解释项（interpret-ant）和对象（object）视为符号的三元组合。其中"再现体"就相当于索绪尔提出的"能指"；客体和解释项则都指向了索绪尔所谓的"所指"。在符号的三元组合中，"解释项完全依靠接收者的解释努力"④。在网络公共事件的分析中，符号能指在数量方面的优势在于网民群体数量以及网络文本充分的互文性。另外，福柯

---

① 尤尔根·哈贝马斯：《交往行动理论（第1卷）》，洪佩郁等译，重庆：重庆出版社，1994年版，121页。
② 赵毅衡：《符号学》，南京：南京大学出版社，2012年版，第233页。
③ 罗曼·雅克布森：《雅克布森文集》，钱军、王力译，长沙：湖南教育出版社，2001年版，第280页。
④ 赵毅衡：《符号学》，南京：南京大学出版社，2012年版，第98页。

的思想、罗兰·巴尔特的神话理论思想和符号互动论思想为我们分析网络公共事件起到了理论支撑的作用。

一、话语及话语权分析

斯蒂文·李特约翰在《传播理论》中指出，话语是传播的产物，如果不涉及话语，那么对语言或者传播的讨论就是不完整的。① 人类对有关"话语"的认识历经了漫长的岁月，话语之所以具有权力是因为话语行为是社会运行准则的反映，如今更是成为不同学科和各个思想流派广泛使用的术语。话语具有哲学属性，话语是表达哲学思想的一种重要的形式。从柏拉图起，哲学思想都是通过话语的形式表达出来的。话语具有社会属性，因为"话语是由符号构成的，但是，话语所做的，不止是使用这些符号以确指事物"②。话语作为人与人之间交流和沟通的基本工具，与思想直接相对应，最早属于语言学范畴。从词源学来看，"话语"（discourse）来自法语和拉丁语词汇，在16世纪末、17世纪初，"话语"作为一种表达或一种言论的意思才得以形成。在《现代语言学词典》中，戴维·克里斯特尔对"话语"做了如下定义："从一般意义上讲，一段话语是语言学中具有前理论地位的一个行为单位，它是一些话段的集合、构成个别可识别的语言事件，例如一次会议，一个笑话等。"③

进行20世纪后，话语的概念突破了语言学的界限，被广泛应用于各个学科领域，它在衍生中形成了独有的概念理论。此时的话语具有了社会与历史的双重维度，抽象意义上的话语用以指称用词语表达的思想客体，例如哲学话语等，需要特别指出的是，这些思想客体有着特定的知识价值，具备实践功能。④ 后现代主义将话语看作重要的中介，认为人类建构起来的文明都是通过话语作为传递手段而完成的。后现代主义学者福柯从不同角度对"话语"进行

---

① 斯蒂文·李特约翰：《传播理论》，陈德民、叶晓辉译，北京：中国社会科学出版社，1999年版，第174页。
② 米歇尔·福柯：《知识考古学》，谢强、马月译，北京：生活·读书·新知三联书店，2003年版，第53页。
③ 戴维·克里斯特尔：《现代语言写词典》，沈家煊译，北京：商务印书馆，2000年版，第111页。
④ 刘学义：《话语权转移：转型时期媒体言论话语权实践的社会路径分析》，北京：中国传媒大学出版社，2008年版，第14页。

了探讨，他将"话语"看作权力，看作一种"实践－符号"概念。①

综上所述，话语不等同于语言符号，它是一种符号系统，用于表达意义、承载信息、建构意义。话语主体在传播与交流的行为中企图通过话语行为来获得话语地位，这背后隐藏着的是话语主体的认知与情感等主观因素。这时候就涉及话语权的问题。《现代汉语词典》中对"权"有五种解释："首先代表秤锤；第二意为权力，就是职责范围内的支配力量，也用来指政治上的力量；三是权利，与义务相对；四是有利的形势；五是权变，权益。"② 权力是人支配他人的意志和行动的力量，也是对事态发展结果的控制能力。③

话语权，即为了表达思想、进行言语交际而拥有说话机会的权利。④ 它在本质上其实是关于话语资源如何被享有和被分配的问题。罗兰·巴尔特深刻地指出全部的语言结构具有支配性的力量，话语强调的不是交流而是使人屈服。⑤ 谈及话语权，就不得不和福柯联系起来。福柯被视为"西方社会的一位空前绝后的知识分子"⑥，德勒兹把福柯誉为"当代最伟大的哲学家之一"。福柯的学术活动提出了三大类问题，即真理问题、权力问题和个人行为问题。⑦ 在此，我们先回顾一下福柯的话语权理论。福柯指出："话语意味着一个社会团体依据某些陈规将其意义传播于社会之中，以此确立其社会地位，并为其他团体所认识的过程。"⑧ 社会阶层的分化，导致话语资源不平衡局面的形成。

在福柯那里，话语通常指陈述的总体，他们可以隶属不同的领域，但他们却无论如何服从于共同的运行规则。这些规则不仅仅是语言的或形式的，它们还是复制历史上限定的某些划分（比如理性和无理性的大划分）：

---

① 王治柯：《福柯》，长沙：湖南教育出版社，1999年版，第182页。
② 中国社会科学院语言研究所词典编辑室：《现代汉语词典》，北京：商务印书馆，2005年版，第1130页。
③ 罗伯特·基欧汉、约瑟夫·奈：《权力与相互依赖——转变中的世界政治》，林茂辉、段胜武、张星萍译，北京：中国人民公安大学出版社，1992年版，第12页。
④ 郭继文：《从话语权视角谈和谐世界》，《前沿》，2009（10），第30－32页。
⑤ 罗兰·巴尔特：《符号学原理》，李幼蒸译，北京：生活·读书·新知三联书店，1988年版，第4页。
⑥ 阿兰·谢里登：《求真意志——米歇尔·福柯的心路历程》，尚志英、许林译，上海：上海人民出版社，1997年版，中文版序第3页。
⑦ 陈志刚：《现代性批判及其对话——马克思与韦伯、福柯、哈贝马斯等思想的比较》，北京：社会科学文献出版社，2012年版，第213页。
⑧ 王治柯：《福柯》，长沙：湖南教育出版社，1999年版，第159页。

某一时代特有的"话语秩序"就有规范和规则的功能，他运用组织现实的机制，并生产知识、战略和实践。①

话语与权力是不可分割的，福柯将"话语"看作掌握权力和施展权力的关键与工具，通过"话语"权力才得以实现。② 福柯所谓的话语是与现代社会文化制度相关的一种实践，而不是语言学中抽象的语句和话语结构。话语和话语权在福柯的理解中并不是固定的，而是可以在诸多领域中发生变化。他认为话语是间断的、偶然的和有形的特殊事件的联系。话语作为一种具有自身的连贯性和前后相继形式的实证性实践，既不同于线性的言语或书写，也不同于流变的意识。而话语实践不可能是一成不变的连续性过程，前后连贯与相继出现就意味着话语实践认可间断、断裂和转换等的存在。③

对福柯来说，话语是权力结构裹挟之下的文化体系。福柯对于权力的认识不同于以往的观点，主要集中在三个方面：首先，他把权力看成一种关系，这种看法受到法国哲学家、结构主义者阿尔都塞的影响。与马克思主义、法理主义都将权力看作物的观点相比，福柯更注重对事物结构、关系的考察。其次，他把权力比喻成一张去中心化的网。对比同时期研究者，福柯更注重对微观权力的强调和反对权力中心化。福柯从不把权力视为某种一致的、单一的、稳定的实体，他研究的是"权力关系"，包括权力关系出现的复杂历史条件，也涉及众多的效应。④ 在所有的权力关系中，福柯更加重视社会边缘与社会底层之间的权力关系，这与他的研究对象有着密切联系。福柯认为，个人既是权力网中的服从者，同时又是这张网的使用者，福柯没有把权力关系中的统治阶级与被统治阶级对立起来。再者，福柯认为权力是无主体的。在关于主体的问题上，福柯批判了现象学和存在主义，也不认同结构主义同后现代主义关于主体的观念。相较于以上学派，福柯毕生的理论研究只关注一个问题：主体如何在科学知识、强制实践和主体化这三个层面进入真相游戏之中。⑤ 福柯强调权力

---

① 朱迪特·勒薇尔：《福柯思想辞典》，潘培庆译，重庆：重庆大学出版社，2015年版，第40页。
② 王治柯：《福柯》，长沙：湖南教育出版社，1999年版，第183页。
③ 米歇尔·福柯：《知识考古学》，谢强、马月译，北京：生活·读书·新知三联书店，2003年版，第129页。
④ 朱迪特·勒薇尔：《福柯思想辞典》，潘培庆译，重庆：重庆大学出版社，2015年版，第121页。
⑤ 莫伟民：《主体的真相——福柯与主体哲学》，《中国社会科学》，2010（3），第51页。

的关键不在于权力被掌握在谁的手中,因为在权力关系的网络中,每一个人都具有双面性:既是权力的实施者,又是权力的实施对象。

> 福柯试图再现权力和知识在每一时代是如何交织在一起的:权力如何产生真理效应,或者相反,真理游戏如何把某种实践或某种话语变成权力的一种关键因素。①

特别需要指出的是,福柯在《知识考古学》这本著作中已经明确用"话语"来指代自己曾经描述和分析的知识及观念。那么究竟什么是话语?福柯对话语的理解有狭义和广义之分。按照哈贝马斯的说法,狭义的话语与"语言的形式"极为接近和类似;广义的话语需要涵盖"所有的社会文化生活,形式上的或范畴内的"②。话语在《知识考古学》中被定义为"隶属于同一的形成系统的陈述整体"③。福柯认为话语分析只有在与政治、文化、经济和社会等结构的相互关联中才有意义,"考古学"是福柯话语分析中前期考察和验证一个时代中的不同话语所揭示出的话语断裂形成史的重要方法。"考古学"并不只是对总体的范例描述,还要把不同的话语事件(局部知识)和权力相结合的机制横向切开。④

> 考古学一词既有起源的意思,即开始、起因、认识对象的出现意义,也有档案,即记录对象的含义。……提出知识对象的历史性问题,这实际上就是针对我们所隶属的现有话语体系和权力设置提问。⑤

福柯强调他所谓的话语完全不同于符号语言,他认为话语是"连接知识和权力的语言学回声"⑥。尽管话语由符号组成,但是其作用比用符号去指示某些物体要大得多。福柯认为,各种"话语"构成了人类的历史文化,因此"话语"是人类的一种重要活动。如何分析话语?福柯提出了三方面原则:质问求

---

① 朱迪特·勒薇尔:《福柯思想辞典》,潘培庆译,重庆:重庆大学出版社,2015年版,第122页。
② 杨春芳:《福柯话语理论的文化解读》,《安康学院学报》,2005(4),第48页。
③ 米歇尔·福柯:《知识考古学》,谢强、马月译,北京:生活·读书·新知三联书店,2003年版,第136页。
④ 朱迪特·勒薇尔:《福柯思想辞典》,潘培庆译,重庆:重庆大学出版社,2015年版,第8页。
⑤ 朱迪特·勒薇尔:《福柯思想辞典》,潘培庆译,重庆:重庆大学出版社,2015年版,第9页。
⑥ 朱迪特·勒薇尔:《福柯思想辞典》,潘培庆译,重庆:重庆大学出版社,2015年版,第41页。

真的意志、恢复话语作为一种事件的特征、剥夺能指的支配权。①

福柯在早期的著作中将话语本身的构成规则作为描述和探讨的重点，贯彻后结构主义语言规则，认为话语实践具有匿名性和历史性。他在《知识考古学》中指出话语不是自然形成的，而是某种建构的结果。此外，对人们发表言论或谈话时所持观点、立场的分析是话语理论的另一个重点。福柯有关话语理论的分析方法和研究重心，从 20 世纪 70 年代起发生了改变，由"知识考古学"转为"权力谱系学"，《话语的秩序》可以被视为此次转变的标志。自《话语的秩序》之后，福柯将现代社会中权力与话语之间的关系作为话语分析的重点，他进一步指出，在现代社会知识和权力存在着复杂的关系，它们之间相互浸透、相互渗入、彼此建构。话语的外部规则、内部规则和话语主体的使用规则共同构成了"控制、选择、组织和重新分配"的基本程序。

福柯权力理论的核心就是"权力"，知识的生产、话语的监控与传播无不围绕着权力展开。这样看来，话语是社会权力关系的产物。不同于早期的思想体系，福柯后期思想更突出强调权力对话语的支配性与决定性，实质上，这就是福柯着重论述的"权力建构"。《话语的秩序》中"真理"和"权力"是两大主题思想，"真理只是在特殊历史状况下被权力所认可的暂时的有用性东西而已"②。在权力的筛选下，社会冲突无法以语言的形式展现，权力剔除了话语中所包含的危险元素，只留下被权力认可的"正确"的东西，所以福柯认为权力是一种肯定性力量，话语不仅受到权力的控制，更是权力的产物。福柯从不把权力视为某种一致的、单一的、稳定的实体，他研究的是"权力关系"。

福柯和他的解构主义思想对话语的差异性分析给我们提供了一个全新的视角，对后来的研究者有很大的启迪和影响。但是福柯对于权利的分析也存在相当大的局限性。他在权力分析的过程中，试图避免权力作为中介统治的观念，更多地站在社会学立场上揭示话语。从实际出发，其实话语还是具有一定的独立性，并不完全如福柯所言只是权力的产物，话语也可以反过来制约和支配权力。实际上单从权力角度而言，福柯悬置了一个最根本的问题，那就是权力究竟由谁控制？他对统治权的淡化遮掩了现代社会权力控制的事实——权力被少

---

① 黄颂杰：《福柯的话语理论述略》，《南京社会科学》，1990（6），第 6 页。
② 马文·克拉达、格尔德·登波夫斯基：《福柯的迷宫》，朱毅译，北京：商务印书馆，2005 年版，第 220 页。

数人掌控。

在某种意义上可以说，通过话语的交流，人们形成某种"共识"，话语的交织构成了社会关系的网，掌握了话语权就是掌握了社会行为规则，掌握了构建社会现实的权力。马克·波斯特较为详细地分析了话语和权力之间的关系，他在《信息方式：后结构主义与社会语境》中指出，如果离开话语的生产、积累和流通，权力关系就不能建立、巩固和贯彻，也不能渗透到社会的有机体中构成社会机体，我们只有通过真理的生产才能行使权力。① 因此话语权就是掌控、支配话语行为的权力，它是元语言在具体社会行为中的体现。

二、网络话语权表达的阶层分析

话语权的争夺在任何历史时期都是焦点。处于不同社会阶层的人都需要通过"说话"来表达本阶层的立场与存在，通过话语参与社会资源分配，从而达到维护阶层利益的目的，成语"人微言轻"实质上表现的就是话语权的问题。当下，网络已经渗透到社会生活的各个方面，伴随着互联网如火如荼的发展，网络话语权已然打破传统媒介一统天下的格局，公共话语权依靠传统媒介来维持的模式也在逐渐变化，原有的社会话语权分配格局被改变。通过剖析当下我国各阶层的网络话语权结构，我们能够更加清楚地知道网络中的言论主体来自哪个阶层。

在此先就阶层固化做一下阐释。任何的社会形态，到达一定程度都会出现阶层固化。阶层固化是一种历史常态，其存在在一定程度上具有客观性，并不以人的意志为转移。导致我国社会转型期阶层固化的原因有很多种，家庭社会资本的不均等是主要因素。② 所谓阶层，就是指身处不同阶级的社会成员具有某种相同的特征而结成一定的社会集团。③ 阶层布局在某个社会内部形成某种特定的结构关系就是阶层结构。西方社会学史上最早提出分层理论的学者是马克斯·韦伯，权力、财产和名望是韦伯划分阶层边界时的依据。在我国，学者

---

① 马克·波斯特：《信息方式：后结构主义与社会语境》，范静哗译，北京：商务印书馆，2014年版，第120页。
② 王文龙：《社会资本、发展机会不均等与阶层固化》，《吉首大学学报（社会科学版）》，2010(4)，第75—79页。
③ 杨文伟：《转型期中国社会阶层固化探究》，中共中央党校博士学位论文，2014年，第6页。

们大都习惯沿用韦伯的社会分层理论进行社会分层研究。在中国社会发展的几十年中，社会阶层构成在改革开放后进行了重组与分化，在20世纪70年代末至90年代中期变动尤为明显，而20世纪90年代末至今，中国社会阶层流动速度明显放缓，"改革过程中利益分化加剧，推动边缘群体突破阶层临界，实现向上流动的力量明显弱化，'新身份社会'显现"①。

就目前而言，在国内使用最广泛的阶层划分标准出自陆学艺的《当代中国社会阶层研究报告》。陆学艺在该报告中将中国社会阶层划分为十级，如图2-1所示：

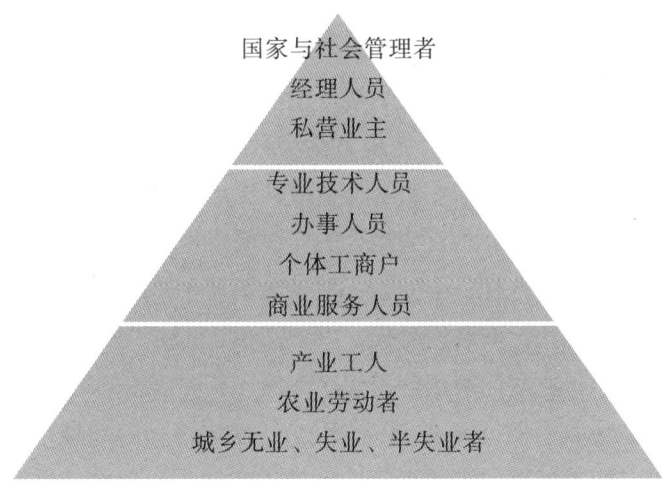

图2-1 社会阶层分布②

俞虹根据陆学艺的划分标准，将中国现阶段社会阶层划分成强势集团、中间阶层和弱势群体。③ 如果将社会分层图平面地展示出来，"弱势群体处在金字塔最底层，他们由产业工人、农业劳动者和无业、失业、半失业者组成，这个阶层的人拥有很少的或者没有社会资源；中间阶层由四类组成，他们占有一定的社会资源；强制集团处于顶端，由国家与社会管理者、经理人员和私营业主组成"④。

---

① 邓志强：《青年的阶层固化："二代"们的社会流动》，《中国青年研究》，2013（6），第7页。
② 陆学艺：《当代中国社会阶层研究报告》，北京：社会科学文献出版社，2002年版，第8页。
③ 俞红：《当代社会阶层变迁与电视传播价值取向》，《现代传播》，2002（6），第2页。
④ 俞红：《当代社会阶层变迁与电视传播价值取向》，《现代传播》，2002（6），第4页。

伴随中国社会的全方面发展，近年来学术界开始把目光聚焦于"阶层固化"，作为与社会流动相反的社会趋向，阶层固化成为社会矛盾频发的根源。学术界关于阶层固化的概念林林总总，无论何种概念，都会有一个明确的中心，那就是"社会向上流动受阻"。回顾社会阶层结构变迁我们会发现，处于动荡时期的社会，阶层结构不稳定且变动激烈，"朝为田舍郎，暮登天子堂"绝对是有可能的。等到了社会发展的稳定期，各方利益分配达成均衡，社会结构趋于稳定后，阶层结构变化节奏的"新陈代谢"就缓慢了。帕累托效应在当下中国社会已经逐渐消退，"马太效应"愈演愈烈，导致社会资源分配严重失衡，财富转移代际封闭性趋强，权力变相世袭现象日益严重，各种"二代"们的出现就是目前中国社会阶层固化的最直接表现，"父母的阶层地位决定了子女的阶层地位，社会阶层结构实现了接近原样的代际复制"①。

阶层固化在网络上最明显的表现就是"数字围墙"。回顾人类发展历史，我们发现，每一次传播媒介的变革都会造成社会结构的巨大变化。在中国，从甲骨文、印刷术到电子媒介，再到当今的互联网络，社会信息传播的成本越来越低，我们不得不思考这样一个问题：基于电子媒介形成的数字鸿沟是不是正在造成广泛的阶层固化。互联网时代，"数字鸿沟"被"数字围墙"取代，阶层固化成为必然。以互联网终端应用程序为例，获取信息的渠道因群体的不同出现分化，这就导致手机App的两类分化，一类瞄准一二线城市的中产阶级，另一类则瞄准三四线城市的普通青年；前者以"知乎"为例，后者以"快手"为代表。

1991年，荷兰社会学家狄杰克（Jan Van Dijk）在《网络社会》中首次提出了"网络社会"这个概念，他认为由各种不同网络交织而形成的网络社会能够影响包括个人、组织在内的社会走向与社会目标。五年之后，《网络社会的崛起》则彻底让"网络社会"这个说法普及开来。曼纽尔·卡斯特（Manuel Castells）不仅将网络社会视为一种全新的社会形态，也将其看作一种新的社会模式。② 社会成员的主观能动性在网络时代得到了极大的发挥。媒介技术的迅猛发展，各种终端应用的不断普及，社交软件的自由交流，足以让越来越多

---

① 顾俊：《阶层固化：中国社会面临的现实挑战》，《文汇报》，2011年4月11日，第14版。
② 曼纽尔·卡斯特：《网络社会的崛起》，夏铸九等译，北京：社会科学文献出版社，2003年版，第469页。

的普通人也能够同社会精英分子一道参与公共事务的决策与讨论。网络话语权的开放对现实社会产生了冲击，乐观地说，不同社会阶层在现实中行使话语权成为可能。

社会分层对于各种形态的社会而言是一个传统的问题，每个阶层都会为了维护本阶层的利益而进行斗争。话语权是社会资源顺利分配的保障。21世纪互联网的普及与壮大令更多的社会阶层开始接近并拥有话语权，互联网的开放性、互动性、迅捷性、虚拟性等特点能够为意见的自由表达提供良好的空间与平台，能够让社会公众以平等和相对自由的身份参与到社会各项公共事务中。与农业社会与工业社会相比较，网络社会最大的不同是对信息的占据代替了对土地和资本的占有。网络言论表达的自由化倾向是网络赋予社会各阶层的相对平等的"说话"权力，只要能够在技术支持下连接到网络，任何人均能够抛开现实社会中的身份与地位，在网络上畅所欲言。

段京肃依据媒介控制和使用情况对社会阶层做出如下划分："信息传播和网络媒介掌控中的强势阶层、有条件有能力接近和使用媒介的中间阶层、处在信息活动边缘的弱势阶层。"[①] 强势阶层在社会传播活动中拥有强势话语权和对媒介的控制权，是传播活动的中心，引领着社会舆论的方向。[②] 中间阶层主要依靠信息消费或符号消费来掌握传播资源与传播活动，从这个意义上来说，社会各强势集团都要争夺媒介使用的中间阶层，因为处于这个阶层的人是现代化社会阶层结构的主体。信息活动的弱势阶层不拥有或拥有较少传播资源，缺乏媒介接近权，他们缺少为自己所在群体发言的条件。

本书依据网络公共事件中参与者的表现，将网络社会的阶层划分为三类：掌控网络媒介的精英阶层、网络媒介使用阶层、网络媒介边缘阶层。

现实社会对精英阶层的划分是根据人们对生产资料（资本或者土地，就是经济权力）的占有、对权力的占有状况而定的，占有更多政治权力、经济权力的人，是一个社会的精英阶层。在网络社会中，这一点并未改变，只不过把对资本的占有变成了对信息资源的掌控。这一层人数相对较少，他们主要是信息的发布者。这部分人拥有较多的网络发言权，能够对网络公共事件及时跟进，

---

① 段京肃：《社会的阶层分化与媒介的控制权和使用权》，《厦门大学学报（哲学社会科学版）》，2004（1），第44—51页。

② 乔治·瑞泽尔：《后现代社会理论》，谢立中等译，北京：华夏出版社，2003年版，第131页。

对社会舆论产生影响。精英阶层维护着社会的主流意识形态,以他们认可的方式进行传播活动。

通俗来说,网络媒介使用阶层主要是指一般的网络用户,也就是网上经常提到的"吃瓜群众"。这部分人具有一定的网络应用技能,他们能够通过网络获取相关信息内容并用以传播交流。这部分人推动了网络公共事件的发展进程,对事件的发展走向或解决产生了影响。但是,由于网络传播的碎片性和浅表性,他们也容易受到虚假信息或不完整信息的影响,发表过激言论,干预网络公共事件的正常判断。

> 按照现代传播学的观点,对网络媒介使用阶层而言,传播过程中的受众并不是单纯的信息接受者,他们在积极地参与信息的传播过程,他们是积极的劳动者,是"媒介产品的共同创造者"。①

网络媒介的使用阶层是当代大众传播活动的制约者,就如施拉姆所言:"归根究底说来,媒体的格调是由阅听大众来决定的。在大众手里,他们握着一张王牌,问题在于他们愿不愿来参加牌局。"② 在现代大众传播活动中决定"媒体格调"的就是媒介的使用阶层。在互联网发展的二三十年内,普通大众通过网络了解外部世界,了解我们所处的社会环境。社交媒体的兴起更是为普通人提供了解构精英话语和专家权威的机会。中间阶层借助社交媒体平台显示出强大的话语能量,改变了与精英的对话格局与对话方式,这一部分人也正在成为参与创造历史的人。

最后一层是网络媒介使用的边缘阶层,是指在社会活动中无法发出声音的群体。③ 与网络媒介精英阶层和使用阶层相比,网络媒介使用的边缘阶层在网络传播活动中显得极为被动,他们缺乏发出信息与接收信息的渠道,是容易被忽略的群体。网络媒介使用的边缘阶层与现实社会中的弱势阶层基本重合,即网络媒介使用的边缘阶层与图2—1中处于最底层的构成群体基本一致,他们拥有的社会资源较为匮乏,信息接收渠道和反馈渠道较少。

---

① 文森特·莫斯可:《传播政治经济学》,胡正荣等译,北京:华夏出版社,2000年版,第145页。
② 文森特·莫斯可:《传播政治经济学》,胡正荣等译,北京:华夏出版社,2000年版,第304页。
③ 段京肃:《社会的阶层分化与媒介的控制权和使用权》,《厦门大学学报(哲学社会科学版)》,2004(1),第44—51页。

概而言之，现实社会的阶层分布与网络社会的阶层划分在某些地方会出现重合，该种重合基本上都发生在"弱势阶层"，这部分人在不占有现实社会资源的同时，也不拥有或较少拥有网络资源。

三、网络公共事件主体的话语权表达

主体是西方哲学最重要的概念之一。文艺复兴以降，主体性就一直是现代哲学的奠基石[①]，笛卡尔之后的西方哲学几乎都是围绕主体展开的，每一位哲学家对于主体都有自己的立场和见解，角度和定义各有不同。"主体"最早出现的时候，它与客体之间并没有明确的界限。亚里士多德将"主体"与"实体"等同，就是指某种属性、状态、活动的基础和承担者。马克思指出，"主体是人，客体是自然"[②]。

在对主体的相关讨论中，总是离不开"自我"与"身份"，自我的确定需在与他人、与社会的符号交流中开展[③]，确定自我的途径，便是身份。赵毅衡将"身份看作是与符号文本相关的一个人际角色或社会角色"[④]，任何符号在表意过程中，都会存在一个相应的身份，在具体的符号活动过程中，自我往往被身份代替，身份在交流中并非孤立存在，它必须获得对方的认可。比如一位女性，她面对父母的时候是女儿，面对孩子的时候是母亲，面对丈夫的时候是妻子，面对上级的时候是下属，面对好友的时候是闺蜜，等等。她的身份可以随时转换，但是所有身份的集合，也就是这位女性的自我，是稳定不变的。笔者无意在本书中探讨西方哲学中争论已久的"主体"问题，只是在相关网络公共事件中对符号行为的发送者做一些阐述。

李红在2015年出版的专著《网络公共事件：符号、对话与社会认同》中，将网络公共事件的符号主体总结为四个方面：当事人（各方）、网民、媒体、国家（隐含）。[⑤] 在以上四个主体中，国家主体是隐含性主体，媒体主体是中

[①] 弗莱德·R. 多迈尔：《主体性的黄昏》，万俊人译，桂林：广西师范大学出版社，2013年版，第1页。
[②] 《马克思恩格斯选集（第二卷）》，北京：人民出版社，2012年版，第88页。
[③] 赵毅衡：《符号学》，南京：南京大学出版社，2012年版，第340页。
[④] 赵毅衡：《符号学》，南京：南京大学出版社，2012年版，第341页。
[⑤] 李红：《网络公共事件：符号、对话与社会认同》，北京：中国社会科学出版社，2015年版，第33页。

介，是各方博弈的渠道，网民主体则具有"第三方地位"。总体来说，该观点比较全面地阐释了网络公共事件的主体，但笔者仍有几点疑惑：第一，把全部网民归于网络公共事件主体是否妥当？毕竟中国网民数量庞大，并非所有网民都会关注同样的事件。第二，把国家视为主体是否过于抽象？第三，媒体的提法是否过于笼统？德里达有这样一句话："如果主体意向没有使符号活跃起来，如果符号没有被主体赋予一种精神性，那就不会有表述的产生。"[①] 在具体的符号活动中，必然存在发送符号的主体与接收符号的主体。意图意义、文本意义和解释意义共同构成了一个完整的符号表意过程，相应地，一个完整的符号表意过程必须是由发送者、符号信息和接收者构成。发送者的意图意义是整个过程的起始；当符号发出后，它只具有文本携带意义，而解释意义尚不在场。[②] 但是如果符号发出后，符号文本没有意义，它也就没有理由被接收，不接收就意味着没有解释出意义的可能。[③] 由此，笔者认为应当把整个符号活动过程中的两个环节纳入网络公共事件主体的范畴，即发送者与接收者。

有主体就有客体。网络话语权的客体就是它所指向的对象，即引起社会讨论的话题。网络话语权的客体内容十分丰富，包含了社会生活的各个方面，既有国计民生和意识形态方面的重大议题，也有个人的兴趣爱好等个体层面的话题。更多时候，网络话语权客体还会涉及社会转型期的敏感问题，比如腐败问题、权力问题、阶层问题等。网络话语权客体也经常会因为网友的"力推"而呈现出"聚涌效应"，这个现象在社交媒体时期尤为突出，在2007年以后，几乎每年都有年度网络热点产生。

传播学中的"话语权"是用来分析传播者说话效果的，传播者的社会地位不同，其说话效果在社会中发挥的作用也是不可同日而语的。现代社会最有效的话语权是通过大众媒介来行使的，但是由于话语表达的意愿、渠道在不同阶层之间存在的差异比较大，所以社会声音的形成也会存在强弱差别。不同社会阶层在社会地位、资源占有等方面不可一概而论：拥有较多文化资源和经济资源的社会阶层就比较容易行使话语权，他们的声音往往会成为主流话语；而那

---

① 德里达：《声音与现象：胡塞尔现象学中的符号问题导论》，杜小真译，北京：商务印书馆，1999年版，第3页。
② 赵毅衡：《符号学》，南京：南京大学出版社，2012年版，第51页。
③ 赵毅衡：《符号学》，南京：南京大学出版社，2012年版，第51页。

些拥有较少甚至不拥有社会资源的阶层,在话语权的行使上就存在着困难和障碍,他们的声音容易被漠视和压制。

各阶层的话语表达在网络环境下相对自由、开放和多元。克莱·舍基在《未来是湿的:无组织的组织力量》中写道:

> 当我们改变了沟通的方式,也就改变了社会……我们自身与与生俱来的群体行动天分与我们的新工具在此相遇……我们已经能够看到这种影响——网页用来同世界沟通,短信和邮件在他的读者中传来传去。还有手机日已具备群发信息和图片的功能,而不仅仅是指向一个接收人……人类事物的革命是一件大事,现在我们拥有了能够灵活配合我们的社交能力的沟通工具,新工具带来了可替代的战略,以保证复杂性处于可控范围之内。如同我们期待的,当愿望很强烈而成本滑坡时,新的群体将对这个世界产生的影响正到处扩散。①

网民的阶层结构随着互联网的普及始终处于调整状态,根据《第43次中国互联网络发展状况统计报告》,截至2020年12月,我国网民规模达9.89亿,占全球网民总数的五分之一,互联网普及率为70.4%,网民通过手机接入互联网的比例高达99.7%。② 网民规模虽然一直保持增长,但城乡互联网差距从普及率、网民结构、网络应用三方面来看还是较大。根据《第43次中国互联网络发展状况统计报告》中的分析,我们可以得知:农村地区网络基础知识较为匮乏,农村与互联网相关的基础设施还较为薄弱。此外,该报告也指出农村网民的主要特征为"低学历、低年龄、低收入"。

本书在上一节中已经提及,中国社会阶层结构呈金字塔形,收入分配方面的差异和差异的加剧造成了目前中国的主要社会矛盾,同时,公共话语表达机制的不平衡促成了处在金字塔底端的群体被边缘化的情况。在前网络时代,网络话语权被牢牢掌握在"权力精英"的手中,广大公众只是作为普通受众而存在。网络时代,话语传播回归人际传播,话语权从"权力精英"手中散落开来,普通民众也具有了掌握话语权的可能性。网络话语权主体的分散性相对削

---

① 克莱·舍基:《未来是湿的:无组织的组织力量》,胡泳、沈满琳译,北京:中国人民大学出版社,2009年版,第12—14页。
② 中国互联网络信息中心:《第47次中国互联网络发展状况统计报告》,2021年2月,第1页。

弱了现实社会中的等级关系，消解了权威对社会的主导权，整个社会的话语权中心不再像从前那么明显。

第三节　元语言控制下的话语权表达

一、话语权与元语言的双轴关系

任何符号的表意活动都是在双轴关系中展开的。每一次解释并非使用一整套元语言系统，而是选取合适的元语言组成临时性的元语言集合来完成该次解释。语言学和符号学的学者们大都讨论的是元语言的分层控制，但对于同层次元语言则较少谈及。笔者在本章第一节已经提到，罗素就持有这样一种观点：元语言可以分成很多层，当每一层元语言的结构没有办法进行自我说明，但是可以变成对象语言时，依靠再上一层的元语言进行解释。[①] 前文对元语言的三种构成已经做了比较详细的论述，组合元语言就是来自这三者的任意"搭配"，"搭配"的结果就是对事件文本的解释。当然，要想说清楚如何解读网络公共事件，我们应该先交代一下"组合与聚合"的问题。

双轴的观念是由索绪尔首先提出的，任何文本都具有双轴关系的品质。索绪尔认为一切语言状态都是以关系为基础的，语言的组合和语言的聚合就是这种关系的两种表现。组合关系就是部分符号组合成一个有意义的"文本"[②]，即语言状态中的句段关系，也就是句子中的符号按照先后顺序所形成的相互关系。"聚合轴"被索绪尔称为"联系关系"，是"凭记忆而组合的"。索绪尔的术语比较晦涩，在20世纪的50年代左右，雅柯布森提出用"选择轴"代替"聚合轴"，含有"比较选择"的功能；用"结合轴"代替"组合轴"，它的功能为"邻接黏合"。依照雅柯布森的观点，"聚合轴的组成，是符号文本的每个成分背后所有可比较，从而有可能被选择，即有可能代替被选中的成分的各种成分"[③]。

这也就是说，聚合轴上每一个可供选择的因素都是作为隐藏成分隐匿于文

[①]　赵毅衡：《组合元语言与解释漩涡的普遍性》，《江西社会科学》，2017（8），第90页。
[②]　赵毅衡：《符号学》，南京：南京大学出版社，2012年版，第160页。
[③]　赵毅衡：《符号学》，南京：南京大学出版社，2012年版，第161页。

本背后的，虽不显露于文本，却是文本组成的方式。任何的符号表意活动，都是在双轴关系中展开的。"双轴显示"的例子举不胜举。在法国巴黎时装周或者米兰国际时装周上，所有品牌的选择，都是聚合与组合的共现。各类考试的录取名单、文人笔下的文章内容、出行线路的选择，等等，都是双轴共同作用的结果。若从"组合与聚合"的双轴关系角度来说，元语言是作为聚合成分呈现于双轴关系之中，以话语权的形式表现出来。诸如上文中提到的"我爸是李刚""杭州七十码事件""于欢案"等网络公共事件中，网络话语表达几乎呈现"一边倒"的局面，同情弱势群体和与特权阶层的对立情绪是隐藏在话语表达背后最重要的元语言。总之，话语权是组合性的，元语言是聚合性的，元语言通过话语权表现出来。

对符号文本的解释需要双轴操作。通过雅柯布森的"六因素论"我们可以得知：符号对意义的解释并非完全被动，符号推动着解释的方向。当表意过程侧重于发送者时，符号文本就会倾向于表现出"情绪性"。"魏则西事件"中，魏则西在"知乎"发表的原帖就表现出强烈的情绪性，因为这个符号表意过程中符号文本是倾向于发送者本人的。比如在网站发帖、在朋友圈更新"状态"，都有该种倾向。2018年5月四川"严书记事件"中的文本也带有明显的情绪性。该事件起源于社交媒体微信朋友圈，四川成都某幼儿园老师将对所在班级某位学生的吐槽误发至家长群，受到该同学母亲的威胁。一句"给我解释你对严书记的女儿说这话是什么意思"，以及要求幼儿园开除老师的跋扈言辞，引爆了舆情，也让网友们深挖细究，爆出诸多疑似贪腐信息。这起网络公共事件在一周左右的时间内水落石出，也足以让我们感叹社交媒体时代的舆论压力。笔者认为，以社交媒体为信源的网络公共事件一般都会在符号文本中带有情绪性，其表意过程也侧重于事件发布者。

符号表意侧重于媒介时，就表现出"交际性"的一面。就像中国人一般在打招呼的时候爱用"吃了吗"，这句话不大分时间、地点，只是一句客套话，用来提示对方，表示"我在跟你打招呼"。符号表现出"交际性"，其目的之一就是保持接触，网络公共事件之所以在一定时间内甚嚣尘上，就是因为事件在网络的作用下不断发酵，各大网站竞相转载，网络头条不断推送，似乎要把全社会的注意力与目光都吸引过来。"王娜娜事件"在2016年的2月闹得沸沸扬扬。当事人王娜娜在2003年高考结束后一直没有收到来自任何高校的录取通知书，她以为自己落榜所以外出打工。13年后，已过而立之年的王娜娜偶然得知当年自己并未落榜，而是被其他人冒名顶替读了大学。事件一经报道激起极大的舆论浪花，舆论矛头直指冒名顶替者，对其口诛笔伐。这起事件改变了两个年轻人的生活轨迹。2016年2月至3月，该事件反复出现在公众视野中，最终以12人受党纪政纪处分、3人移交司法机关为事件画上句号。2017年9月18日的后续报道称，曾被人冒名顶替上大学的王娜娜，接到了来自洛阳理工学院的录取通知书，她即将成为该校经济管理学院市场营销专业的学生。

当符号表意侧重于接收者时，符号会促使接收者做出某种反应，这就是符号表意的"意动性"。例如，每天傍晚时分听到熟悉的《新闻联播》片头曲，我们不用看表，就知道现在的时间是晚上7点整。又如手机铃声，有人喜欢在手机上对不同的联系人设置不同的铃声，当某个电话铃声响起，不用看手机就知道是谁的来电，进而决定自己要不要接这个电话。网络公共事件中符号的"意动性"最为极端的表现就是"人肉搜索"。2017年9月，IT男苏享茂之死成为社会热门话题，在这场舆论风暴中，苏享茂的前妻翟某成为众矢之的，屡被攻击。翟某的律师发表声明，不允许对翟某进行人肉搜索，否则会诉诸法律手段。客观来讲，尽管"人肉搜索"源自网民的主观意愿，但也折射了客观的社会问题。我国社会处在转型期，利益诉求主体多元化，公众的主体意识也出现了多元化倾向。由于社会经济发展速度远远快于制度的发展，在法律不断完善的过程中，道德的约束力不够，而"人肉搜索"似乎为人民提供了关于道德意见表达的渠道，社会成员通过这种渠道来消解社会发展中带来的不平衡感，因此"人肉搜索"中经常会出现"一呼百应"的热闹"场景"。

符号表意侧重于符码，例如古代题材影视剧中，钦差在颁布皇上圣旨的时候经常会说"奉天承运，皇帝诏曰"，这就表现出强烈的"元语言倾向"。符号表现出"元语言倾向"，就是因为符号的自携元语言能够指导信息线索该如何解释自身。关于这一点前文已经提到，这里不再赘述。

关于符号表意侧重对象时表现出的"指称性"，在此过程中符号明显以遗传某种明确意义为目的。[①]"所指优先"的符号表意就会表现出明显的"指称性"，因为此时符号的对象就是符号的意义所在，但是需要强调的是，符号表

[①] 赵毅衡：《符号学》，南京：南京大学出版社，2012年版，第180页。

意的"指称性"大多不会存在于网络公共事件文本中。"仁者见仁智者见智"，同样一则网络公共事件，不同的人解读角度不会完全一致，因此不会出现固定的和唯一的意义。

一个关于网络公共事件的符号文本在生成时，从聚合关系中进行选择组成组合轴，当文本完成后，聚合关系隐藏在文本背后，构成文本的深层结构。网络公共事件在传播过程中，文本经过多次演绎，聚合关系早已被隐藏起来。在事件发展的每一个阶段都会产生组合关系文本，在元语言的聚合关系操作过程中，话语权呈现不同表现状态。

赵毅衡把意识形态看作"文化的元语言"[①]，是基于这样一种文化的定义："文化是一个社会中所有与社会生活相关的符号活动的总集合。"[②] 意识形态是文化活动的评价体系，社会性评价活动，就是意识形态支持或反对文化中发生的意义解释。[③] 意识形态"不仅能控制或引导人的思想，也指挥着他们运用这些思想进行的社会实践，因为这些实践也是意义世界的一部分"[④]。

元语言和话语权，之前似乎从来没有人把这二者放在一起来比较研究，笔者却认为，想要透彻研究网络公共事件，就必须从元语言的角度来审视话语权的表达。每一则事件的背后，大家都在讨论话语权，在讨论话语权的归属、讨论谁在主导话语权、讨论话语权的方方面面的时候，可曾进一步想过，透过话语权我们能看到什么？元语言集合变动不居，我们所谓的话语权的表达，都是基于元语言基础上的一次又一次的文本解释。从 2007 年至今，发生的网络公共事件不胜枚举，所有关于事件的呈现与再现都是一场话语权争夺战，而元语言永远都为话语权"背书"。

网络公共事件的表达借助网络这个媒介，事件在网络平台的传播中总是简化"矛盾"、突出"悲情"，从个人遭遇转变为公共事件的过程就是网络公共事件形成的过程。在一般的网络公共事件传播研究中，研究者总是把目光聚焦于应对的措施与防范的机制，忽略了更深层的思考。表达意义的符号文本总是携带着特定的社会文化元语言，在共有的社会语境中将其作为一切活动行为的解

---

① 赵毅衡：《哲学符号学：意义世界的形成》，成都：四川大学出版社，2017年版，第310页。
② 赵毅衡：《文学符号学》，北京：中国文联出版公司，1990年版，第89页。
③ 赵毅衡：《符号学》，南京：南京大学出版社，2012年版，第240页。
④ 赵毅衡：《哲学符号学：意义世界的形成》，成都：四川大学出版社，2017年版，第312页。

释规则。社会关系和社会文化的规则与逻辑存在于这个空间之中，文本接收者能够按照规定逻辑对符号文本进行解释、获得意义，这就依赖接收者在"场域"中的文化"惯习"，即布尔迪厄所谓的"持久的可转移的秉性系统"①。所以，在网络公共事件的传播中，符号文本携带着特定的表意目的，传达出来的信息明显具有指示符号的功能，在此种功能的作用下社会关系得以沟通和交流，符号文本对参与网络公共事件讨论的公众关系进行了编码。通过分析我们得出，网络公共事件争论的背后原因就是元语言，通过对话的方式进行元语言的争夺。

元语言有多种表现形式，话语属于元语言。人类社会中，对话语或话语权的争夺，归根结底都是元语言的争夺。人类早期的权力和政治息息相关，亚里士多德以降，权力问题始终是政治学和社会学的关键问题。韦伯认为：

> "权力"就是在一种社会关系内部某个行动者将会处在一个能够不顾他人的反对去贯彻自身意志的地位上的概率，不管这种概率的基础是什么。②

从某种意义上来说，人类社会的发展史就是关于话语权建立、瓦解、重建的过程。现代社会话语权主要通过媒介得以实现，大众传播媒介基本上成了人们认识这个世界的唯一途径，真实的世界隐于传媒的背后。我们不能把网络话语权仅仅作为单独的个体加以研究，其中隐藏着的元语言因素才应当是问题的根本所在。

哈贝马斯借鉴了康德关于理性的三种划分思想，提出了"主观世界""客观世界""社会世界"的三个世界概念。在此基础上哈贝马斯又将人类行为划分为四种：工具性行为、规范行为、戏剧行为和交往行为。在这四种行为中，只有交往行为才能将"语言对客观世界的认知功能与在遵守社会规范中的协调功能以及在传达情感和展示自我中的表达功能统一起来"③。因此一个成功的

---

① 皮埃尔·布尔迪厄、华康德：《实践与反思——反思社会学导引》，李猛、李康译，北京：中央编译出版社，1998年版，第36页。
② 马克斯·韦伯：《经济与社会（第1卷）》，阎克文译，上海：上海人民出版社，2010年版，第147页。
③ 张雯雯：《哈贝马斯的交往行为理论与历史唯物主义》，北京：中国社会科学出版社，2016年版，第166页。

交往行为必须同时满足三个条件，即正当性、真实性和真诚性。尽管哈贝马斯坚持认为交流是以语言为中介进行的社会活动，然而在实际传播过程中，话语关系在权力上会产生不对等性。正是这种不对等的存在，才导致了话语权的存在。在媒体产生之前，人际传播是最主要的传播形式。人与人之间的口口相传形成了小型的"舆论场"，历史上各个时期的统治者也都格外关注这些小"舆论场"。大众媒体产生后，尤其进入网络时代后，话语表达开始以网络技术为支撑，大众话语权全面登场。

话语权可以被看作制定一个行动群体中行动规则的权力，这种权力同时也支配着群体行动。就当代社会而言，多元参与和交流互动打破了传统上单向输入的话语权模式。英国哲学家以赛亚·伯林也曾一针见血地指出：价值和文化是多元的、不可化约的；反思的形式也是多元的，任何反思在某种程度上都是有局限的，取决于作者的文化、传统、哲学流派、性别、种族、语言以及其他因素。①

传统媒介社会，"把关人"的职责就是加工、过滤和取舍传播内容，删除与主流意识形态不相符的信息，屏蔽主流价值观以外的声音，对"何时说""说什么""谁来说""如何去说"四大板块进行严格的管控。

> 作为一种意识形态实践的话语从权力关系的各种立场建立、培养、维护和改变世界……作为一种政治实践的话语，不仅仅是权力斗争的场所，而且也是权力斗争的一个至关重要的方面：话语实践利用了那些孕育了特殊的权力关系和意识形态的习俗，而这些习俗本身及它们得到表达的方式是斗争的焦点。②

如果将费尔克拉夫（Norman Fairclough）的观点用于网络，会发现，网络话语权力的形成有赖于网络表达主体"共识"的达成，它是现实中民众"声音"在网络空间中的投射和放大。网络空间此时作为一个权力斗争的场所，是

---

① Taylor Charles, Tully James, Weinstock, Daniel M.. *Philosophy in An Age of Pluralism—The Philosophy of Charles Taylor in Question*, Combridge University Press, 1994, p.14.

② 诺曼·费尔克拉夫：《话语与社会变迁》，殷晓蓉译，北京：华夏出版社，2003年版，第62页。

现代社会发展过程中的一个重要场域。① 以前人类生活在一个三维现实空间，网络的介入使人类感受到虚拟空间的影响。时至今日，在人类的生活中，网络与现实空间的关联愈发紧密，它的虚拟性正在逐渐减小，有时，现实空间甚至与网络虚拟空间出现了重合，网络空间已经不再是单纯的虚拟空间，我们能够在其中找到现实的影子。

国内对于网络话语权的研究是从2004年逐步开始的，目前学术界对网络话语权的研究已经覆盖了传播领域的许多方面，伴随着新的传播现象的出现，关于网络话语权的研究还在深入。网络话语权与现实社会话语权表现出的明显不同就是网络话语权有着自身特有的影响范畴和活动轨迹。以前有研究认为网络话语更多的是情感层面的宣泄，不会对现实社会造成太大影响。然而越来越多的事实证明现在网络话语的表达者不仅仅停留在情感的倾诉上，更多时候体现出共同意志，能够引起公共权力对问题的关注，相同或相似的话语通过网络放大，覆盖范围和覆盖力度也进一步扩大和增强，进而对现实社会产生舆论压力，推动问题的解决。

同民主一样，网络话语权也具有排他性，福柯指出：

> 为什么这个话语不可能成为另一个话语，它究竟在什么方面排斥其他话语，以及在其他话语之中同其他话语相比，它是怎样占据任何其他一种话语都无法占据的位置。②

网络话语具有权力效应，它能够在短时间内以"大众"的影响力对所指向的问题产生压力，解构传统媒体时代的信息舆论传播模式，消解传统媒体信息传播的领导地位。就如莱文森所言："因特网就是要把把关人砸烂。"③ 信息传播的权力归属已经由传统媒体转向社会公众，网民们在虚拟空间中的一言一语都成了接近真相的蛛丝马迹。马克思指出："人们为之奋斗的一切，都同他们

---

① 刘吉、金吾伦：《千年惊醒：信息化与知识经济》，北京：社会科学出版社，1998年版，第278页。

② 米歇尔·福柯：《知识考古学》，谢强译，北京：生活·读书·新知三联书店，2003年版，第28—29页。

③ 保罗·莱文森：《数字麦克卢汉——信息化新纪元指南》，何道宽译，北京：社会科学文献出版社，2001年版，第180页。

的利益有关。"① 与传统媒体单向的信息输出不同，互联网为社会公众提供了自由表达的平台与机会，也正是这样一个平台为转型时期的中国社会提供了一个社会矛盾的缓冲地带。

二、话语符号权力

当下，网络媒体成为现代社会发展进程中一股不可忽视的力量，用"媒介化"来概括媒介对社会产生的影响再合适不过。传统媒体时代，信息总会按照特定的渠道流动，"把关人"的个人意见对信息是否能够被传播十分重要，相较而言，公众只能被动地接受或接收各种来自"把关人"审阅后的信息内容。但是近几年中国国内发生的重大事件中，公众通过网络集中表达民意，引起社会和政府的关注，打破了原有的传播格局，推动了新的社会形态的构建。在"媒介化"功能的激励下，个人"说话"的意识逐渐觉醒，期盼在面对自己以外的世界时也能够发出属于自己的声音。当前社会对话语权的争夺尤为激烈，大家都在争夺有限的受众群体，共同制造话题和社会热点，甚至抢夺传统媒体的"话筒"，这看似是一场"庶民的胜利"，然而，当我们都把焦点对准"话语权"的时候，就已经忽视了控制话语权或者操纵话语权的因素，话语权背后看不见的、无形的"网"——元语言，才是话语权最终的指向。

谈到符号权力，先要大致阐述一下布尔迪厄的思想。从时间向度上来说，布尔迪厄的思想萌发于20世纪60年代初，结构主义逐步进入巅峰，索绪尔的结构主义语言观、列维－斯特劳斯的结构人类学和奥斯汀的语言观都对布尔迪厄的思想产生了深刻影响。在这种背景下布尔迪厄形成了自己的社会学语言观，他主张将语言研究放回到日常生活中，尤其注意到语言和权力之间的关系。他对结构主义语言观持质疑态度，因为他认为结构主义语言观没有将语言与实际应用相关联，成了一个自给自足的系统。② 西方哲学自20世纪以来出现语言学转向后，语言问题就成为众多人文社科领域的关注焦点。布尔迪厄直接批判了索绪尔结构主义语言学的语言本体观，认为这种观点将语言拘囿在一个预设的牢笼中。

---

① 《马克思恩格斯全集（第一卷）》，北京：人民出版社，1995年版，第187页。
② 皮埃尔·布尔迪厄、华康德：《实践与反思——反思社会学导引》，李猛、李康译，北京：中央编译出版社，1998年版，第188—189页。

布尔迪厄正是在对结构主义语言观的批判基础上提出了自己的重要论断，他认为"语言关系总是符号权力的关系"①。布尔迪厄吸收了维特根斯坦的语言观，但又超出维特根斯坦思想的范围。维特根斯坦前期的语言哲学思想偏向于抽象的逻辑分析，后期则将语言分析拉回日常生活领域。他将许多哲学问题归于日常生活的形而上，认为"是我们感到迷茫的混乱产生于语言像马达空转的时候，而不是他正常工作的时候"②。维特根斯坦对于哲学的巨大贡献就是提出了一个完全崭新的语言观——"语言游戏说"：

> 这种语言是为建筑师A和他的助手B之间交流而设。A正在用各种建筑石料进行建筑，这些石料有：方石、柱石、板石和橡石。B必须按照A所需要的顺序传递石料，为此目的他们使用了一种由"方石"、"柱石"、"板石"、"橡石"这些字词组成的语言。A喊出它们的名称，B传递石料，按照他学会的听到哪种声音就传递哪种石料的方式——把这个看做一套完整的朴素语言。③

这与奥斯汀的语言观有着很大的区别。"语言游戏说"没有把语句和语词看成是关于对象的表达，而是将其看作按照某种规则进行的使用活动。在这里，语言的教学不是作出说明，而是进行训练。④

关于语言的任何交流、运用与表达在布尔迪厄看来都必须依据语言表达者本人在现实社会中的位置去理解，比如受教育水平、自身所在阶层、性别等。语言没有阶级，语言的使用才有阶级，"就像一个农夫解释为什么他从未想到竞选他所在小镇的镇长时，他会说：'我不知道该怎么说呀！'"⑤布尔迪厄深入的语言经济学分析试图揭示语言与权力之间的共谋。不同于奥斯汀的语言观，布尔迪厄认为语言的效力不在于话语本身，而是来自语言的外部，他运用"符号权力"（symbolic power）来解释语言关系中的支配与被支配。将话语作为符号

---

① 皮埃尔·布尔迪厄、华康德：《实践与反思——反思社会学导引》，李猛、李康译，北京：中央编译出版社，1998年版，第188—189页。
② 王晓升：《后期维特根斯坦的哲学观》，北京：社会科学文献出版社，1999年版，第7页。
③ 路德维希·维特根斯坦：《哲学研究》，汤潮、范光棣译，北京：生活·读书·新知三联书店，1992年版，第2页。
④ 维特根斯坦：《哲学研究》，北京：商务印书馆，1996年版，第5页。
⑤ 皮埃尔·布尔迪厄、华康德：《实践与反思——反思社会学导引》，李猛、李康译，北京：中央编译出版社，1998年版，第194页。

权力是当代社会最直接的体现,与表达是一体的。在《语言与符号权力》一书中,布尔迪厄将分析的重点指向政治领域,指出政治同文化、艺术、宗教等一样,都不能缺少语言和符号权力,政治场域的形成伴随着自主化的进程,其成熟的标志就是科层结构和政党的出现。如果说政治场域的自治促生了"政治拜物教",那么网络时代话语的自我表达就促成了"话语拜物教"。网络公共事件表达中关于话语的符号权力建构,以及在网络公共事件的话语表达系统中出现的元语言与话语权的辩证关系,都将是今后网络公共事件研究的重要内容。

本章小结

本章围绕"元语言"展开了详细的论述。首先,梳理了元语言的理论渊源。语义悖论是逻辑史上最令人困惑的古老问题,罗素的类型论是为解决语义悖论而提出的一个极其重要的理论,他的分支类型论可以被看作语言分层的雏形。按照罗素的理论我们可以推知,语言中存在着不同的层级,语义悖论的产生就是因为混淆了这些层级。塔尔斯基在罗素分支类型论的基础上,将对象语言和元语言加以区别。塔尔斯基的语言层次论具有重要的理论意义,不仅解决了因为语言层次的混淆而产生的语义悖论,而且精确了形式化语言。语言层次论的辩证性和逻辑性也对后来的语言研究产生了积极的意义。卡尔纳普也将语言分为两个层次,即对象语言和语形语言。语形语言的概念与塔尔斯基的元语言概念有点类似,范围却比后者狭窄,而且有时也将元语言看作对象语言的一部分,没有区分语言运用的层次性。与卡尔纳普不同,波普尔认为语言有四种功能——表感、信息、呼唤与论证,尽管在元语言问题上波普尔和卡尔纳普的观点不大一致,但波普尔对卡尔纳普构建语言系统的做法比较赞赏。其次,本章述及网络公共事件中元语言的若干议题。语言学中的元语言就是语言的控制规则,是指向语言符号自身的对象语言,符号学中把元语言看作符码作为解释规则的形成方式。网络公共事件中的元语言最先涉及的问题就是话语问题。话语权力在网络公共事件中演变成符号权力,元语言直接决定了符号的意义。网络公共事件中,对话语权的争夺实则是对元语言的争夺。笔者认为,网络表达中符号权力的话语建构,以及话语表达系统中渗透出的符号权力的辩证关系,都将是今后网络公共事件研究的重要内容。

第三章 网络公共事件分析的符号学路径

符号学视域下的网络公共事件分析应当从什么角度切入？网络公共事件中存在哪些元语言问题？本书最终的研究指向是什么？本书将要构建一个关于网络公共事件的什么理论？本书将围绕哪些关键概念展开论述？本章将围绕上述问题展开，为后面的章节做好理论准备。

第一节 网络公共事件传播的路径

一、以传统媒体为主的传播路径

2001年7月17日凌晨广西南丹县拉甲坡矿发生矿井透水特大事故，多名矿工遇难。当地政府曾经4次前往南丹县调查，均无功而返。"南丹矿难"与以往发生的灾难事故有所不同，它是新中国成立以来首起由大众媒体独立揭露的灾难事故。"南丹矿难"也因此成为我国调查性报道和舆论监督的一则典型案例，在这起事故中，媒体的"环境监测"功能表现得淋漓尽致。2001年7月下旬，互联网以"据不愿提供姓名的人士透露"的方式首次披露了广西南丹"7·17"事故，之后的一段时间内，南丹县云集各路媒体记者，报纸、电台、电视台和互联网的媒体从业者发挥各自优势，最终揭开了矿难黑幕的冰山一角。"南丹矿难"的揭露让人们看到了媒体影响力的强大，意识到了舆论监督的重要作用。除此之外，它还促进了我国国家安全生产法的立法进程。正是因为吸取了该事件的教训，全国人大常委会于2002年6月29日颁布了《中华人民共和国安全生产法》这个全新的法典。

2003年的"孙志刚事件"是中国民主法治建设的重大转折，终结了已存在二十多年的收容遣送制度,《城市流浪乞讨人员收容遣送办法》也因该事件而废除。2004年的西安宝马彩票事件在一定程度上完善了彩票发行制度和公证制度,虽然此次事件涉及的彩票法没有最终确立,但是它为今后彩票事业的立法提供了讨论契机。同年,"马加爵"成为年度"十大网络名词"之一,网络为该事件的传播与交流搭建了一个公共平台。中央电视台新闻频道在2004年2月25日至2月底发布了公安部对马加爵的通缉令,新华社也发布通稿,向全国各家新闻机构公布了该通缉令,"马加爵"一时之间成为各大媒体争相报道的主要内容,且都以他的个人基本信息为主。在案件水落石出的那段时间里,"马加爵"一度成为网络热门话题,这些话题在各大网络论坛里频繁出现,新华网的"发展论坛"和人民网的"强国论坛"均对此话题有所涉及。新浪网站在2004年2月26日至3月26日这段时间内,平均每天有9.69篇报道跟进案件。[①] 从门户网站转载的关于"马加爵事件"的报道可以看出,媒体关注的焦点和整个事件发展的节点保持一致,但是在这个过程中,也出现了不少媒体有意炒作的现象。[②]

2007年10月,陕西省林业局发布官方消息宣布陕西农民周正龙拍到了在我国已经消失30余年的野生华南虎照片,证实该物种并未灭绝。此新闻被国内各大媒体纷纷转载。出乎意料的是,该新闻发布不到一天,有网友最先在天涯社区对该照片提出了质疑。此后全国网友不断找出证据,否定照片真实性,同时也对当地政府的公信力提出质疑。该事件在持续近两个月的时间内,传统媒体和网络媒体相互推动,传统媒体将网络中提出的疑点经鉴别后抛给事件当事人,再把当事人的回应公之于众,然后网络就最新回应做新一轮讨论。在传统媒体和网络媒体一来一往的交流中,"华南虎事件"完成了由个人议题到社会舆论的转变。也就是说,个人议题经由网络论坛和传统媒体的同时段报道,扩大成为网络公众的自我议题设置,最终形成社会舆论。"华南虎事件"已经初步具备了网络公共事件在社交媒体平台传播的相关特征。

[①] 参见白树亮:《关于新浪网马加爵事件报道的个案研究》,中国新闻研究中心网,2004年4月3日。

[②] 参见新浪网专题:《马加爵落网》。

二、以社交媒体为主的传播路径

我们在日常生活中会经常提及大众传播和社会化传播，与它们对应的英文单词分别是 mass communication 和 social communication。大众传播强调的是受众在传播行为中的被动性，社会化传播则强调的是大众在传播过程中的参与感。社会化传播就如克莱舍基所言一般，是一种无组织的组织力量，强调传播方式，淡化传播主体，传播对象则是多样性与广泛性的结合。

"社交媒体"（social media）有时也被译为"社会化媒体"，这个概念兴起于 2007 年。美国学者安东尼·梅菲尔德（Antony Mayfield）于 2007 出版的电子书《什么是社会化媒体》（*What is Social Media*）中，率先定义了什么是社交媒体：社交媒体就是一系列在线媒体的总称。这些在线媒体具有公开性、参与性、交流性、对话性等特点。彭兰认为，内容生产与社交的结合是社交媒体的第一大特征；其次就是突出用户，社交媒体平台的主角不是网站的运营者而是用户。① 尽管目前关于社交媒体的具体界定众说纷纭，但是人数的众多与用户使用的自发性被认为是构成社交媒体的两大要素。中国内地第一个社交媒体平台是 1994 年 5 月诞生的曙光 BBS，由国家智能计算机研究开发中心开通。BBS 是英文 bulletin board system 的缩写，它是一个开放式的公共平台，用于讨论某些特定主题的话题。BBS 的出现让网民首次感觉到脱离了传统媒体单向的传播模式，实现了虚拟的聚集和双向互动交流。可以说，BBS 是围绕内容进行交流的"第一次亲密接触"，它也是中国网民互联网社交意识的滥觞。

2002 年，博客开始引入中国，中国进入了网络传播的新阶段。如果将 BBS 视为一个社群，那么博客的出现则完全凸显了"个人"身份。人人都可以在自己的博客里根据个人意愿建立"个人页面"，并且可以随时发布自己感兴趣的内容，实现交流。博客的出现让网民逐渐摆脱了传统媒体控制下的"单向受众"的角色，他们除了能够接收信息和讨论信息，还可以实现信息的再生产与再传播，第一次主导了自己所要传播的内容，改变了受众的身份，开始实

---

① 彭兰：《社会化媒体、移动终端、大数据：影响新闻生产的新技术因素》，《新闻界》，2012(16)，第 3—8 页。

现"用户"身份的转变。就社交媒体发展历程而言，博客的出现与兴起具有革命性的意义，闵大洪将此表述为"源代码的开放。这是'博客革命的力量之源'，因为它给原有媒体传播格局带来的是一种结构上的颠覆性冲击"①。

2004年，马克·扎克伯格创建了Facebook，短短两年时间，该网站在美国网站排名中飞速攀升，最终发展成全球最大的社交媒体。2005年，中国的社交网站开始勃兴，腾讯旗下的QQ空间风靡一时，随后出现了校内网、人人网、开心网等，更加细分了网站内容，这些后来都被归结为"Web2.0"时代的SNS（Social Networking Serivces，社会性网络服务）理念。"Web2.0"更加注重用户交互模式，将用户的身份"合二为一"：他们既是网站内容的浏览者，同时也是网站内容的制造者。之后，User Generated Content（用户内容生成，简称UGC）成为社交媒体最鲜明的特征之一。社交媒体与社交网络服务的兴起转变了日常社交模式，社交主题不再局限于严肃类话题，个人日常生活中的分享逐渐普及，以个人为核心的关系网络开始萌芽。

当互联网从简单的网页之间的超链接网络关系转变成以人际关系为核心的网络关系，社交媒体便进入了由移动互联网带来的新时代。2009年"新浪微博"一诞生就备受瞩目，经过几年的快速发展，成为同行业中的翘楚。2010年，"新浪微博"一家独大的垄断局面被打破，Kik Messenger的出现使得社交媒体的本质被挖掘出来。Kik Messenger原本是基于手机通讯录关系的跨平台聊天软件，其简洁、迅速和易用的特性开始被"移植"到社交媒体中。微信就是运用kik技术，以手机通讯录里的联系人和QQ联系人为基础的社交软件。微信一出现就拥有了大规模用户，目前已经占据中国社交媒体的半壁江山。而无论微博还是微信，都是在用户构建自我人际关系中将现实中的社会关系植入互联网络关系。微博、微信的相继问世很大程度上改变了中国社会交往的模式，微博做到了让传播者的内容能够随时随地与人分享，完美结合了移动终端和网络，实现了现实与虚拟的融合。但是微博的某些特性有时也成为一种干扰，全民公开性与用户身份的匿名性造成了大量的冗余信息，这就使得微博一度成为滋生谣言的"温床"。延森指出物质工具和思维判断标准都能对信息

---

① 闵大洪：《中国网络媒体20年》，北京：电子工业出版社，2016年版，第91页。

的可利用性产生影响①，与微博匿名性不同的是，基于"好友制"的微信朋友圈则拓展了个人在现实中接收信息的范围。

尤其近两年，能够引起全社会关注的网络公共事件基本源自社交媒体，传播方式由简单的点对点传播演化成为点对点、点对多相交融的复杂性传播。社交媒体的发展正在改变传播的形态，在形态改变的影响下，社会化传播的生态也进一步发生变化。从本质上来说，社交就是信息的传递与传播。媒介环境学派的代表人物保罗·莱文森（Paul Levinson）的媒介进化理论认为人与社会需求的合力是媒介技术不断演进的动力，他尤其强调人在媒介技术演进中的能动性作用。莱文森的"补救性媒介"（remedial media）理论认为人类媒介演化的趋势会越发人性化，后继媒介的出现势必是对前媒介的补足和补救。② 莱文森认为，技术演化常包含无意为之的结果，网络公共事件传播路径的变化即是最好的例证。在众多关于网络公共事件的研究中，研究者大都认为，在中国的许多网站中，网民们经常对曝光后的"黑幕"或"丑闻"格外感兴趣，会针对这些社会问题或社会现象展开激烈的讨论甚至辩论。回溯近十年的网络公共事件我们会发现，几乎每一件产生重大社会影响的网络公共事件都会影响中国社会的发展进程。

在众多的网络公共事件中，触及法律制度和政治制度的事件占据了相当的数量。发生在2006年的一起幼女遭强奸的"唐慧案"中，网民不仅因为同情而对该案件进行声援和监督，更对案件进行了深入的思考和解读。"唐慧案"犹如棱镜一般折射出了信访制度的有关缺陷，同时也反映出劳教制度的某些不合理性，体现出劳教制度的改革势在必行。天涯、百度、猫扑、西祠胡同等都是早期中国网民议论公共事件的聚集地，猫扑通过"虐猫事件""铜须门事件"让人们初识网络带来的冲击力。2007年的"黑砖窑事件""华南虎事件"、2008年的贵州"瓮安事件"可以说是前微博时代网络公共事件较大规模的网络舆情爆发，舆论声讨对事件的最终解决起到重要作用。

2009年"躲猫猫事件"与以往最大的不同之处在于第三方调查团的成立，

---

① 克劳斯·布鲁恩·延森：《媒介融合：网络传播、大众传播和人际传播的三重维度》，刘君译，上海：复旦大学出版社，2015年版，第7页。

② 何道宽：《新新媒介第一版序》，保罗·莱文森：《新新媒介》，上海：复旦大学出版社，2014年版，第2页。

这可以称得上是全国第一个带有民间色彩的调查委员会。网络舆论随着互联网的发展成为一股不可忽视的强大力量，在事件的传播过程中，公共事件逐渐演变为网络公共事件，网络舆论成为推动事件进程的主流声音，发挥了重要的作用。此后又相继发生了海南儋州第一看守所的"洗澡死"、福州市第二看守所的"床上摔下死"、江西九江看守所的"噩梦死"和福清市治安拘留所的"睡姿不对死"等事件，这一系列非正常死亡事件引发了网络舆论热潮，在网络舆论压力下，《国家人权行动计划（2009—2010年）》得以确立，将严禁刑讯逼供放入首条，"提出对刑讯逼供或者体罚、虐待、侮辱犯罪嫌疑人的会有不同的法律处罚措施"[①]。

与以上论及的网络公共事件相比较，2016年5月发生的"雷洋事件"和"魏则西事件"同2018年的"严书记事件"都属于原发性网络公共事件。这三起事件的源头和最主要的传播平台都在网络中或社交媒体中，都经由网络传播扩散至传统媒体，其传播路径为"微博/微信公众号—微信朋友圈—各大门户网站—传统媒体跟进—社会舆论关注"。因为网络传播具有自发性和即时性的特点，当事件经过网络发酵后，便在极短的时间内引发公众的关注。"魏则西事件"和"雷洋事件"的初始信息都来自网络问答社区知乎。2016年5月1日微信公众号"有槽"推送了一篇题为《一个死在百度和部队医院之手的年轻人》的文章，这篇文章由公众号推送被分享至微信朋友圈，随后被各门户网站和传统媒体转载。因为文章内容涉及敏感的竞价排名和莆田系医院，所以点击量与阅读量一路攀升。

当"魏则西事件"的讨论热度依旧持续的时候，2015年5月9日的一篇名为《刚为人父的人大硕士，为何一小时内离奇死亡》的文章又突然闯进了公众的视野，随后在各大公众平台上引发了刷屏式的转发。这两起事件中信息的缘起、传播与扩散继而引起整个社会关注，反映了社交媒体时代的舆论新生态。也就是说，目前网络公共事件的传播路径同以往的信息传播路径有很大的区别。在前社交媒体时代能够引起舆论关注的事件基本是以天涯论坛为源头的，社交媒体的崛起与发展逐渐代替了这个源头，改变了信息传播路径。在这样的状况下，既有的舆论引导研究已经显得力不从心。

---

① 参见中国网，2013年8月19日。

在众多网络公共事件中，有悲情的，也有积极正面的，"帝吧出征事件"就是积极性网络公共事件的典型代表。

美国政治学家哈罗德·拉斯韦尔在 1948 年发表的《社会传播的结构与功能》中提出了著名的"5W"传播模式，当我们站在时代背景下重新分析这个传播模式的时候会发现其内涵已经发生了翻天覆地的变化。在传播的五个要素中，传播者由专业的新闻媒体机构或传媒从业人员变成了"人人都是传播者"，传播内容更加多元化，传播渠道多种多样，受传者的范围早已超出地域的界限，无限延伸，传播效果会孕育出新的权力运行机制。这些变化的结果就是能够将事件快速地扩散与传播，通过社交媒体的互动增加信息量，并且在错综复杂的信息链接中找寻事实的真相。无论是问答社区还是微博、微信，在社交媒体时代都只是一个符号，隐喻了信息扩散的路径，将事件的真实信息以一种"倒逼"的方式展现出来。尽管我们无从得知下一起网络公共事件将具体源于哪种社交媒体，但我们都明白还是会大概率地始于社交媒体，起点信息在发布与扩散的过程中，谁都无法预知它就是将要掀起滔天巨浪的蝴蝶的翅膀，因为即使再强大的信息过滤机制，都无法完全覆盖社交媒体的海量信息。

2016 年 11 月，微信朋友圈被一篇名为《罗一笑，你给我站住》的文章以 9600 万左右的浏览量刷爆，文章作者是深圳某杂志主编罗尔。几个月前罗尔 5 岁的女儿罗一笑被确诊为白血病，他在公众号发文记录他们一家与病魔"斗争"的过程。然而事情在 2016 年的 11 月 30 日出现了戏剧性的反转，网民发现此事涉嫌网络公众号营销，随后又有网友爆料，罗尔在深圳有车有房并且收入不菲，完全能够负担女儿治疗的费用，之前的一切不过是一场假借慈善之名的"营销活动"。"罗尔诈捐事件"在 12 月 1 日经历了一波三折后终于画上了句号：罗尔、刘侠及腾讯将 200 多万的打赏原路退还给打赏者。

"罗尔事件"已经成为网络时代的一个新名词，这一起源于微信、在微信爆发、最终失控于微信的事件犹如一面透视镜，人们能够从中窥探时代的变迁轨迹。"罗尔事件"在传播初始采取公众号发文的传播形式，带有强烈的感情色彩，博得受众的广泛同情，对于事件本身，受众多处于接纳与理解的状态，因此对于事件都是主动传播。当事件的真实性被披露后，由"罗尔事件"引发的传播变质与群体愤怒形成了更大的"议程"进入我们的视野，信息传播中媒介所强调的议题依旧影响着公众，除此之外，被强调议题的表达方式对受众接收信息的态度和接收信息后产生的行为都有深刻的影响。

眼下，社交媒体的发展如日中天，网络公共事件传播路径的变化意味着曾经"一统江山"的传统媒体日渐式微。2016 年至 2017 年发生的网络公共事件，基本上都是沿着"微博/微信公众号—微信朋友圈—各大门户网站—传统媒体跟进—社会舆论关注"的模式进入社会公众视野的。"丽江女游客被殴打致毁容事件""红黄蓝幼儿园虐童事件""严书记事件""滴滴顺风车事件"等，都是如此。普通个案变成公共话题都有一个明显的共同特征，就是从感性认知与纯粹宣泄过渡为理性思考。

第二节　网络公共事件的命名

人类对外部客观世界做出的第一反应就是命名，命名不但涉及"叫什么"的问题，同时也是一个关于意义的问题，不同的命名具有不同的意义。网络公共事件中针对同一事件每个主体都有不同的指向对象，分别体现着一定的意向性，通过对事件的命名实现符号操纵，以期实现相应的利益诉求。

命名其实是一个符号学问题，它是对一种以及各种事物的确定，然后再用一种名称符号加以表示。人们通过命名，假想某物的存在，并根据与自己的关系，给它规定一个位置。① 老子在《道德经》开篇中说：

> 道可道，非常道。名可名，非常名。无名天地之始；有名万物之母。故常无，欲以观其妙；常有，欲以观其徼。此两者，同出而异名，同谓之玄。玄之又玄，众妙之门。

这就是说对事物的命名都是人类通过符号化行为来完成的。

一、命名的依据

网络公共事件本身就是一种被片面化了的符号，客观事件完成编码后，就只剩下与意义相关的品质。符号片面化是感知成为符号载体的保证。② 因此，网络公共事件命名的问题是关于符号的理据性的问题，这个理据性是在事件文

---

① 池上嘉彦：《符号学入门》，张晓云译，北京：国际文化出版公司，1985 年版，第 4 页。
② 赵毅衡：《符号学》，南京：南京大学出版社，2012 年版，第 37 页。

本片面化基础之上形成的。片面化是符号化的前提，是解释语境的需要，只有感知片面化才能保证符号化，片面化是感知对相关意义的定向汇集。[1] 网络公共事件大都涉及公共利益，符号和话语是其主要表达方式，网民是推动事件发展的中坚力量。[2]

在所有的网络公共事件中，与其说我们对事件（事实）的解释产生信任或达成一致的意见，不如说我们是对关于事件（事实）文本表达中的符号能指达成信任或一致的意见。而网络公共事件中的所指早已变成逝去的客体，隐而不彰。也就是说，媒体或网民的身体在已经发生的网络公共事件中是不在场的。无论媒体还是网民，在网络公共事件的发生与发展过程中并不在场，他们所接收到的信息都是被"媒介化"或"符号化"了的文本。

从具体的事件命名上，各方权利和关系体现出明显的博弈性。2009年的"杭州七十码事件"中，官方将事件命名为"杭州5·7车祸事件"，"'5·7'交通事故发生后，杭州交警以及相关专家数10人连续作战，据知情人讲，办案点的灯光亮了好几个通宵了"[3]。不同于官方的中立性命名，网民将该事件命名为"杭州富二代飙车案"，突出事件中的对立性。之后鉴定机构出具的相关技术鉴定报告称"当时车速是七十码"激怒了网民，此事件又被戏称为"七十码"或"欺实码"。事件的最终结果就是当事人胡斌被以交通肇事罪判处3年有期徒刑，但是该判决并未平息诸多争议，尤其是"情与法"之间的争议。戏剧性的是，在2014年，也就是5年之后，该案"主人公"胡斌再次酿成事故，他又因"车祸"进入大众视野，引发了人们对其驾驶行为的又一阵指责。

行文至此我们或许能明白，各方主体对网络公共事件没有绝对的命名权。前网络时代由于表达渠道较为单一，个人在事件命名的过程中，符号能力与符号影响力受到很大的限制。社交媒体时代的到来打破了这个限制，个人拥有了言论表达的空间和平台，每个人都有被他人"围观"的可能，在这种状态下，命名成为一个复杂的关系。李红认为"透过网络公共事件命名的多样化竞争，

---

[1] 赵毅衡：《符号学》，南京：南京大学出版社，2012年版，第37页。
[2] 许鑫：《网络公共事件的多维审视》，《青年记者》，2017（6），第38页。
[3] 参见央视网，2009年5月13日。

能够有效审视各个符号主体之间的相互关系及其权力"①。网络公共事件命名的理据性会影响网民或受众对网络公共事件的价值判断；会比较容易把事件做简单的二元对立从而直接区分是"好事"还是"坏事"。网络公共事件中的社会敏感词也是接收主体判断事件类型的关键，带有"拆迁""城管""弱势群体"等词语的网络公共事件中，网民和受众大都会倾向于同情受到伤害的一方。

在命名中的另外一个关键就是对事件的"符号化"。人类对付经验的基本方式就是符号化，符号化就是对感知进行意义解释，符号化的过程就是赋予感知意义的过程。②艾柯把符号化过程分为三步：第一步是确定某物是否具有某种功能，第二步确定该物"用来做什么"，对它进行归类，第三步为此物命名"叫什么"。③赵毅衡说"远在语言命名之前，就出现了符号化"④，网络公共事件亦是如此。在网络公共事件中，符号化与事件本身的关系不大，事件只有在被解读的过程中才会获得不同的意义，否则只是一种实际发生的客观存在。网络公共事件之所以能够从"客观存在"跃升为网民关注的焦点，符号化过程功不可没。延森说：

> 媒介的在场不仅使得现实的不在场以及传播者的不在场成为可能，而且使得现实与传播者同时不在场也成为可能。⑤

据此，我们可以清楚得知，在网络公共事件中，网民或受众接收到的事件是一种已经符号化了的"故事"或"文本"。

网络公共事件的符号化过程最终会指向同一类事件，以及该类事件在社会上产生的积极或消极的影响。例如，2006年的南京"彭宇案"，这起被误读和放大的普通事件的负面效应是许多人始料未及的。"彭宇案"的破窗效应在之后的几年里一直持续，类似的事件常和"彭宇案"联系在一起。"彭宇案"在

---

① 李红：《网络公共事件：符号、对话与社会认同》，北京：中国社会科学出版社，2015年版，第72页。
② 赵毅衡：《符号学》，南京：南京大学出版社，2012年版，第33—36页。
③ 赵毅衡：《符号学》，南京：南京大学出版社，2012年版，第35页。
④ 赵毅衡：《符号学》，南京：南京大学出版社，2012年版，第35页。
⑤ 克劳斯·布鲁恩·延森：《媒介融合：网络传播、大众传播和人际传播的三重维度》，刘君译，上海：复旦大学出版社，2015年版，第7页。

经过多次"发酵"后俨然已经成为道德滑坡的代名词，而"扶不扶"也已成为令社会公众纠结的道德问题，这些被理据化了的事件则成为这个时代的病灶。有人指出"'彭宇案'所引发的关注，正是当下我们对道德信仰匮乏的焦虑和重建道德纽带渴望的体现"①。"彭宇案"已经成为"碰瓷讹人"的代表事件，其完成符号化过程后，直接影响了社会公众对此类事件的认知，更有甚者将此作为一种社会经验盲目鼓吹。

无独有偶，2009 年天津"许云鹤案"几乎是南京"彭宇案"的再现，2009 年 10 月 21 日天津市民许云鹤在开车行驶的路上遇到因跨越中心护栏而倒地受伤的老人王秀芝，许云鹤称自己下车搀扶老人，而老人则坚持声称自己是被许云鹤撞倒的。双方对该事件存在两种截然不同的态度：许云鹤认为自己"助人为乐"却反被"讹诈"，而王秀芝则认为许云鹤就是"开车撞了自己的人"。法院二审后最终宣判，许云鹤赔偿王秀芝各项损失共计 10 万余元。以"彭宇案"和"许云鹤案"为代表的"老人倒地事件"引发了社会公众普遍的"救助恐慌"，对公众既有的伦理道德产生了冲击。2011 年下半年与"老人倒地"相关的选题频频见诸各大媒体，颠覆常理的冲突性情节对助人为乐的社会美德进行了别样的阐释。被符号化了的"老人倒地事件"在传播的转化过程中变成了"讹诈"的代名词，成为一个饱含讽刺意味的新名词。正如卡西尔在《语言与神话》中所说的那样，"凡被名称所固化的东西，不但是实在的，而且就是实在的"②。

符号化的过程与戈夫曼所提到的框架理论其实有点相似，1974 年，戈夫曼在《框架分析：关于经验组织的一篇论文》中将"框架"的概念移植到社会生活领域，他将"框架"解释为"一种存在于人们头脑之中的认知结构或认识取向"③。框架不仅被戈夫曼看成是将社会现实转化为主观思想的重要依据，同时也是一套阐释规则，用来理解符号文本产生的意义。框架除了源自过去的经验，还经常受到社会文化意识的影响。戈夫曼坚持认为，框架是一个特定的意义范畴，它是人们建构现实过程中必须遵循的准则。

---

① 参见王旭东：《社会冷漠源于"道德资本"的不积累》，http://opinion.people.com.cn/GB/11398828.html。
② 卡西尔：《语言与神话》，于晓等译，北京：生活·读书·新知三联书店，1988 年版，第 80 页。
③ 转引自肖伟：《论欧文·戈夫曼的框架思想》，《国际新闻界》，2010（12），第 30 页。

赵毅衡认为"对感知进行意义解释"①就是"符号化",它是人对付经验的基本方式。既然如此,我们不禁要问:符号化始于何时?巴尔特认为任何事物一旦被人类使用,就会符号化。②"对感知进行意义解释",就是人们总是用他所熟悉的事物或以有利于自己的方式去解释另一个不熟知的事物。符号化过程应当始于个人经验或个人感受,符号化是个人意识与文化标准交互影响的结果。③事件本身就是一个符号,因为事件本身必然有意,那么事件的意义如何产生?就是因为意识追求意义的意向性。④赵毅衡认为依靠意识的"获义意向活动",事物转化成"获义意向对象",最终,意识在这个转化过程中产生了意义。⑤网络公共事件中不同主体的命名带有各自的"意向性",有不同的元语言层次,在相互的交流与活动中体现着对元语言的争夺。

在网络公共事件的符号化过程中,获义对象并非事物本身,而应当是携带意义的感知,即获义对象是符号。命名是意识与事物产生关联的第一步,不会获得对象的完全理解,那么事物依然会沿自身轨道继续发展,最初只是呈现为符号而已,其后的发展自然会有不同的符号来解释。这也就是为什么事件总是会"一波三折"。

二、命名的框填结构

网络公共事件中针对同一事件每个主体都有不同的指向对象,分别体现着一定的意向性,通过对事件的命名实现符号操纵,以期实现相应的利益诉求,其投射在语言层面就是命名必须包含身份信息项和事件信息项这两个部分。邵敬敏指出,"典型的框式结构(frame construction)指前后有两个不连贯的词语相互照应、相互依存,形成一个框架式结构,如果去除其中一个,该结构便会散架"⑥。网络公共事件的命名之所以会呈现框填结构,是基于社会文化的元语言因素。

---

① 赵毅衡:《符号学》,南京:南京大学出版社,2012年版,第33页。
② 罗兰·巴尔特:《符号学原理》,赵毅衡:《符号学文学论文集》,天津:百花文艺出版社,2004年版,第296页。
③ 赵毅衡:《符号学》,南京:南京大学出版社,2012年版,第36页。
④ 赵毅衡:《哲学符号学:意义世界的形成》,成都:四川大学出版社,2017年版,第62—63页。
⑤ 赵毅衡:《哲学符号学:意义世界的形成》,成都:四川大学出版社,2017年版,第62—63页。
⑥ 邵敬敏:《汉语框式结构说略》,《中国语文》,2011(3),第219页。

从语言学的角度来说，名称与实际事物之间存在着理据性和任意性。理据性在索绪尔看来就是"任意性"的对立面，并且索绪尔认为符号与意义之间只有任意性没有理据性，索绪尔没有将理据性符号作为其主要研究对象。皮尔斯的理论体系立足于理据性，这最终使符号学摆脱了系统观。像似符号、指示符号均涉及理据性，二者在皮尔斯的符号理论中的区别为：像似符侧重于再现对象，指示符侧重于指向对象。从它们与对象的联系来看，像似符与性状、结构等像似关系关联，指示符更偏向于相邻时空、局部与整体等的接近联想。①

命名中首先存在的一种重要关系就是名实关系，其实早在先秦五大显学就已经对"名实问题"，即符号与客体之间的关系，展开了讨论。先秦儒家、墨家、道家、名家、法家的"名实之争"通俗地讲就是如何命名的问题。儒家关于"名实"关系最早的论述是孔子的"名不正则言不顺，言不顺则事不成"。在各家思想中，对于"名实"问题讨论比较丰富的当属墨家思想。《墨子·经说上》云"所以谓名也，所谓实也"②，《经说下》则对名实关系做了探讨，"有之实也而后谓之，无之实也则无谓也"③，总体来说"实"为"名"所"举"，在墨家思想中，"名"为语言符号，其作用是描述（"举"）客观事物"实"的。

西方哲学素来有唯名论与唯实论之争。柏拉图在《理想国》以及他与苏格拉底的对话中均提到过，还有一个理性形式的原初实在（primary reality）存在于我们所感知到的世界之外。④ 也就是说，名是约定俗成的结果，除了便于逻辑推理，别无他用。实际上，唯实论和唯名论讨论的是客观事物与符号之间的关系，唯实论认为符号与客观事物是依存的，唯名论认为符号与客观事物是分离的；唯实论认为"社会""苹果""城墙"等都是真实存在的，唯名论则认为这些只是从人脑中抽象出来的，只有名称而没有实物。比如在中国某些地

---

① 胡易容：《论象征：理据性与任意性在传播中的复合——从一篇学术论文的术语辨析说起》，《新闻与传播研究》，2017（4），第15页。
② 孙炜：《从"名实之争"看先秦诸子对语言与客观事物关系的探讨》，《广州大学学报（社会科学版）》，2003（11），第34页。
③ 孙炜：《从"名实之争"看先秦诸子对语言与客观事物关系的探讨》，《广州大学学报（社会科学版）》，2003（11），第34页。
④ 克劳斯·布鲁恩·延森：《媒介融合：网络传播、大众传播和人际传播的三重维度》，刘君译，上海：复旦大学出版社，2015年版，第24页。

区，有的数字带有吉祥的意味，例如"8"意味着"发"，"6"意味着"顺"；结婚的时候新人要吃红枣、莲子和花生，意味着"早（枣）生贵子"，都是受唯实论的影响。

网络公共事件的命名都是带有明显指向性的，而且基本都是指向事件的某一方面，从事件发生时间到事件发生地点，再到事件本身，都是通过符号建构起来的，体现了一种意向性。意向性是意识最主要的功能，是主体寻求意识获得意义的倾向，事物是独立于人的主观世界之外的纯客观存在，当被称作"事件"时就已经被赋予了意义，成为对象。网络公共事件的框填结构原本就是一种"察一发而知整体"的现象。因此网络公共事件成为"事件"获得意义在网络传播时，它的命名必然符合形式直观的原则。之后随着事件的发酵与推进，有可能会颠覆事件传播的初衷，不同媒体的报道角度不同也会影响事件的发展，但是命名基本不会再有所改变了，所以说名称就是网络公共事件留给受众的"第一印象"。

上文中笔者提到过，身份信息项和事件信息项共同构成了网络公共事件命名的框填形式，二者之间相互制约。首先要肯定的是，框填结构的表达目的是事件认知。这不仅使事件信息项的认知十分清晰，同时也限定了身份信息项的选择。比如2009年的"郑州七十码事件"，从事件的命名就能与"杭州七十码事件"联系起来。总的来说，网络公共事件命名的理据性与框填结构都是基于共同的文化元语言，也只有在此基础上命名才会带来强大的舆论冲击。

三、网络公共事件的识别方式

人与动物最显著的区别之一就是人能够将陌生的事物熟悉化、将抽象的事物具象化。王勇认为，"贴标签"是一个建构新闻故事的过程，给网络公共事件贴上人们已经熟悉的、符合思维定式的类别标签，把这些事件与人们已经熟悉的事件联系起来，往往能使事件在短时间内被传播和了解。戈夫曼认为人们了解、认识与解释周围世界的方案就是将个人的生活经验作为一套规则；这套规则是认知的依据，人们用这套规则来感知社会、了解社会、解释社会生活，这套规则也被视为一种认知结构。确切来说，尽管"贴标签"可以节约认知成本，并满足心理可控的需要，但是贴标签行为不够全面和客观，而且被观察者总是在该行为中处于劣势，容易受到有失公允的评价。

"贴标签"使得单个符号在文本使用中获得理据性，在不断使用的过程中，理据性会因使用语境产生变异，网络公共事件的"标签"在网络上一再被重复使用，会不断增加该标签的语用理据性。任何网络公共事件的命名都是一个"新词"，可是这个"新词"一旦进入社会性使用，就能够变成一个具有普遍意义的词汇，获得强大的理据性。2015 年"青岛天价虾事件"后国内陆续出现了"哈尔滨天价鱼事件""雪乡天价炕事件"等，冠以"天价"二字的"标签"事件均和"旅游宰客"画上等号，这便是"贴标签"的理据性上升。网络公共事件理据性上升的过程由于在短时间内频繁使用而速度加快，这是网络时代人们使用符号的自然结果。随着社交媒体时代交流的加速，网络公共事件的理据性会积累，因此当同一类型的网络公共事件出现时，关于该类型事件的理据又会再度上升。

　　在对网络公共事件"贴标签"现象展开探讨之前，需要先回顾一下社会学领域中的"标签理论"。标签理论（labeling theory）作为一种社会工作理论，是用来解释犯罪发生原因的，源于"符号互动"理论。20 世纪六七十年代，符号互动论盛行一时，戴维·波普诺（David Popenoe）指出："在人际互动之中，人们赋予事物特定的意义，将这种事物符号化并据此做出行为，这是符号互动论的基本观点。"[①] 这个在 20 世纪 30 年代诞生于美国的理论至今仍有很大的社会影响。[②] 标签理论与符号互动论在时间维度上基本相同，最早关于标签理论的研究可以追溯到 1938 年佛兰克·坦南鲍姆（Frank Tannenbaum）的《犯罪与社会》（Crime and society）一书。标签理论的研究方法与符号互动论基本相似，此外，标签理论还直接将符号互动理论的核心概念和观点——意义、社会互动与解释——运用于自身，可以说标签理论就是符号互动理论的演变与具体应用，它以两位社会学家爱德温·莱默特（Edwin M. Lement）和霍华德·贝克尔（Howard Becker）的理论为基础，把"越轨行为"看作社会互动的产物。该理论以社会主流价值认同为标准，将越轨人群"标签化"，以便更好地进行社会控制。

　　越轨行为是一种普遍的社会现象。美国社会学家贝尔在 1963 年提出判断

[①] 戴维·波普诺：《社会学（第 3 版）》，李强等译，北京：中国人民大学出版社，2007 年版，第 131 页。

[②] 候钧生：《西方社会学理论教程》，天津：南开大学出版社，2010 年版，第 245 页。

个体是否越轨依据有三：发生行为的时间、谁是行为的发出者或谁是行为的受害者，以及该行为造成了什么样的后果。① 随着社会变迁速度的加快，越来越多的越轨行为被公之于众，当一个人在与其他人或群体的社会互动过程中被贴上某种"标签"，他就很可能被冠以"越轨者"的"头衔"。在现实生活中，越轨行为的认定是行为发出者与行为反应者之间的互动，获得固定标签的个人或群体被社会其他个人或团体疏远或排斥，媒体的"妖魔化"更是固化了标签特征。李希光早在2003年左右就提出媒体的"妖魔化"，原本是用来描述外国媒体对中国的不公正报道的。之后这个概念被泛化，特指媒体对某个社会群体不实或者失衡的负面性报道，含有恶意丑化或贬低的成分。

近几年，"X二代"事件频发，媒体相关报道层出不穷。回顾近些年的网络公共事件，"我爸是李刚""富二代女孩子挑衅穷人""合肥少女毁容案""我爸是局长""杭州七十码事件""李天一案"等事件的报道中都能发现一个共同的现象：不管肇事者是不是"X二代"，媒体在报道中都会有"X二代"的倾向性，这种倾向性使得事件在发展初期并未受到冷静客观的分析，事件会进一步激化，呈现为特殊阶层与普通阶层之间的冲突。在有关"X二代"事件的报道中，"贴标签"最基本的方式就是对当事双方社会身份的描述，在媒介文本的塑造下，"X二代"往往是特殊阶层，对立方则是弱势群体，鲜明的对比让某一类人群获得正面的或负面的印象。"杭州七十码事件"中的杭州"富二代"与"湖北籍优秀青年"，"于欢案"中"保护母亲的儿子"和"收取高利贷的不法之徒"等，媒体报道的事件文本将双方关系置于一种直接对立的状态，强调贫富、强弱的差距，用夸张的修饰手法在客观事件的呈现过程中贴上标签。"X二代"词语本身不含有贬义色彩，之所以被"贬义化"是新闻报道话语再现的结果。鲁迅曾说"世上本没有路，走的人多了，也便成了路"。普通民众对"X二代"最初并未有任何清晰的界定，这一群体的标签化形象是2009年左右形成的，在"杭州七十码事件"中最终得以明确，媒体报道过程中频繁使用"官二代"和"富二代"的指称完成了对这个群体的符号化过程。自此之后，"X二代"这个标签早已超越事实本身，在突发公共事件中成为与社会阶层冲突联系在一起的"象征性符号"，再现着社会阶层之间的元语言冲突。

---

① 乐国安：《越轨行为诱因辨析》，《社会学研究》，1994（5），第105页。

沃伦·布里德（Warren Breed）曾提出"潜网"的概念，他将"潜网"视为一种潜移默化的控制过程，且这个过程不易被觉察，也就是说，所有的传播媒介在任何特定的社会环境中都起着社会控制的作用。受众处于"潜网"而不自知，他们基于媒介提供的"现实"来实现对客观现实的认知与对环境的监测。由于媒体受到外部或内部因素的制约，在信息传播活动中会自动过滤掉与自身价值标准不符的议题，转向高关注度的议题，在媒体高关注度的作用下，信息流转变为意见流，形成舆论，影响受众对现实的建构。媒体一度对"X二代"进行密集式报道，其初衷或许是聚焦社会热点、促进社会的和谐发展，但是与此同时，媒体的报道也给社会公众塑造了这样一种主观现实：当今社会贫富差距过大、权力分配不均，从而刺激了一些人"仇富"的社会心理。

与"X二代"类似的社会标签还有"城管"与"农民工"。前者在网络公共事件中常与"打人"联系在一起，具体体现在个别城管执法过程中粗暴野蛮，工作态度差，对待小商小贩动不动"拳脚相加"。以2013年"延安城管踩人事件"、2014年"温州灵溪城管打人事件"、2016年"徐州城管暴力执法事件"和2018年"城管抽梯事件"为代表的网络公共事件中，城管的形象为"滥权"的负面形象，被极度"妖魔化"。在高速发展的城市化进程中，跟城管的标签截然不同的"农民工"身份标签常伴随着"素质低下""文化水平低""脏兮兮""讨薪""关怀（或关爱）农民工"……这些词汇一并出现在媒体报道中，使得日常生活中关于农民工话题的话语体系充斥着"艰辛、悲惨与粗鲁"。肯尼斯·艾瓦特·博尔丁（Kenneth Ewart Boulding）在其著作《形象：生活与社会中的知识》中就指出一个象征性形象"是各种规则和结构组成的错综复杂的一种粗略概括或标志"[1]。关于一个对象的形象，既有客观性也有主观性，它们的相互作用是复杂的，并处于变化之中。[2] 形象的表现离不开媒介，现代社会日益发达的大众传媒塑造的各种形象源源不断地流向大众，反复影响着大众的意识。

公众对客观世界与现实事件的认知，绝大部分是基于媒介所构建的"现实"，也就是所谓的信息环境，公众往往会把媒介传达的信息内容当作真实的

---

[1] 转引自汲剑磊、王征兵：《品牌创立的五大基本要素》，《现代营销》，2009（11），第42页。
[2] 岳伟：《批判与重构——人的形象重塑及其教育意义探索》，华中师范大学博士学位论文，2005年。

外部环境本身。现代社会，经由媒介传播的事实必定带有某种"标签"，并且各种渠道的"转发"加剧了"标签固化"。新闻具有"上传下达"社会事件的功能，它是大众传媒机构向现代社会文化妥协的产物，是一种参与社会真实建构的过程，因此新闻并非自然产生的。李普曼指出的"拟态环境"其实就是一种被媒介化了的环境，是一种虚拟环境，而这种虚拟环境却经常被公众当成真实存在的世界而接受。因为现实环境具有庞杂性，转瞬即逝，人类根本不可能获得关于现实环境的方方面面的信息。人类必须建立一个基于现实的简单认知模式，以便适应自身生存和发展，大众传媒极好地解决了这个难题。也就是说，公众时刻身处拟态环境而不自知，绝大多数时候，公众对现实的认知其实是对被媒介化了的事件的认知。因而在众多网络公共事件中，公众对事件的认知其实受到了各种因素的综合影响。"于欢案"就是一起非常典型的、产生"误读"的网络公共事件之一。

"于欢案"实际发生在 2016 年 4 月，于 2017 年 3 月在社会上引起轩然大波。在此案发生的近 10 个月时间内，案情与第一次判决结果并没有引起格外关注。2017 年 3 月 23 日，《南方周末》微信公众号推送了一篇文章《刺死辱母者》，控诉该案司法判决的"不公"。文章称于欢因目睹母亲被杜某等人用极端手段侮辱，愤怒之下摸出水果刀乱刺，造成血案。文章特别交代了被害人杜某的身份背景：涉黑组织成员，此前曾驾车肇事后逃逸。之后门户网站凤凰新闻和网易新闻接连转发，凤凰新闻将此文章标题改为《山东：11 名涉黑人员当着儿子面侮辱其母　1 人被刺死》，网易新闻网站将标题改为《女子借高利贷遭控制侮辱　儿子目睹刺死对方获无期》，网易新闻客户端则将题目直接变为《母亲欠债遭 11 人凌辱　儿子目睹后刺死 1 人被判无期》，自此之后，一石激起千层浪，公众舆论的负面情绪彻底爆发。3 月 26 日至 3 月 30 日期间，"于欢案"占据热搜排行首位，舆论热度居高不下。

此次事件公众舆论群情激昂，在社会舆论强大的压力下，最高人民检察院和最高人民法院介入此次事件的审理，并在官微郑重承诺重审该案。就在舆论达到顶峰的两天后，于欢家人被爆出涉嫌非法吸收存款，此时舆论又迅速倒向另外一边，整个事件峰回路转。公众舆论开始回归中立与理性，甚至有不少人对此次事件中媒体的报道表示谴责。在人们还没有了解清楚整个事件的来龙去脉时，仅从若干信息中得出的所谓的"标签化结论"是极其片面的。整个事件在最初的传播过程中，于欢母子被视为"弱势群体"，许多网友认为法院判决"太过冷血"。在拟态环境的影响下，公众得到的有关案件的事实其实都是已经被媒介化了的信息，这些信息本身就带有某一种特定的标签，从潜意识里影响人的价值判断。盖伊·塔奇曼曾指出新闻是对现实的社会性建构。媒介的倾向与态度"潜伏"在描述事件文本的字里行间，对公众的态度产生潜移默化的影响，在公众对信息的解码过程中发挥了关键性作用。

从某种程度上说，"贴标签"由一种社会生活中的"互动技能"演化成认知上的"惯性思维"，社会的共同认知是促使该行为产生的关键因素。基于"贴标签"的行为，社会整体运行成本大大降低，社会成员之间的互动更加简单有效，"贴标签"的过程有助于社会成员进一步完善自我认知。人类历史上既有的"标签"，和由于社会进步而新创造出的"标签"与其他社会要素一同构成了人类社会系统运行的"元语言"，是人类社会化交往互动中的"黏合剂"，这些在社会中被频繁使用的"标签"确保了社会成员之间交流沟通的有效性。因此，给他人贴上相关标签的过程其实就是人类在社会进化过程中产生的心理需求和行为需求，希望被贴上标签的人能够按照标签内容进行社会活动。

虽然社会活动中的"贴标签"行为会简化人们的认知过程，但是我们不能忽视它带来的弊端，"预设立场"就是"贴标签"产生的负面影响之一。换句话说，"预设立场"源于思维定式。某些群体一旦被贴上"强势"的标签，当与其他群体发生冲突或纠纷时，就会遭到没有理由的斥责，这就是所谓的"在鸡蛋和石头的较量中，永远选择鸡蛋的一边"。戴维·巴勒特在《媒介社会学》中有这样一个例子，在关于罢工的报道中，如果给工人冠以"没有头脑的好斗者"，就不可能把他们与"工作艰苦""残酷剥削"对应起来。[①]

崇尚个性化的网络时代，标签化现象按理来说应当弱化，但现实却是在网络公共事件传播中标签化现象反而数量多、规模大。为什么？最关键的原因是网络时代信息呈爆炸式增长，信息选择的主观性大大增强，每个人都可以成为信息的制造者与生产者。在互联网上，从曾经的BBS、论坛、社区、QQ到眼

---

① 戴维·巴勒特：《媒介社会学》，赵伯英、孟春译，北京：社会科学文献出版社，1989年版，第95页。

下的微博、微信,我们有越来越多的渠道发表自己的言论,表达自己的意见。这种情况下,标签能够突出重点,博人眼球,被标签化的信息能够在纷繁复杂的信息中脱颖而出,获得关注。一般来说,"标签"便于记忆,具有趣味性,与社会热点事件、名人或某个特定群体有着千丝万缕的联系。但是伴随着标签行为,其负面影响也随之而来,由"贴标签"形成的思维定式影响着公众对网络公共事件的判断,人云亦云最容易造成舆论失控,失控后舆论负面情绪的传播对事件本身的客观性造成不小的冲击。"于欢案"之所以会引起轰动,是因为这起网络公共事件在传播伊始被贴上了"强弱对峙"的标签。改革开放后,中国社会变迁的速度明显加快,人们开始关注社会生活中的"代际差异"。以出生年代划分人群的方法始于"80后",自此人们每隔10年就给出生的新一代贴上"XX后"的标签。这种极具"中国式分类"特色的代际划分方式与我国40年来社会经济、政治、文化的变迁有着深刻的关联。2006年南京"彭宇案"后,针对老年人的"标签"也多了起来,无论是网络媒体还是报纸、电视等都将"老人倒地"事件作为社会新闻予以特别关注。媒体在揭露事实的时候已经为事件贴好了"标签",也就是说在事实还不清晰与明朗的情况下已经预设了立场,救助者已经被贴上了"好心做事反被诬陷"的标签。

另外,国内外学者在研究社会现象或社会问题时都倾向于将问题或现象做分门别类的归纳与总结,以期找出其中的独特规律,分类方式不同,研究的侧重点也大相径庭。明朝的朱国祯在《涌幢小品·志录集》中记载"盖病其烦芜而芟之;分门别类;非全帙也"[①],意思就是要根据事物的特征来分类,对事物进行分类是人类认识客观世界的一种经验方式。网络公共事件研究亦是如此。国内关于网络公共事件的研究,主要有以下划分方式:从网络公共事件涉及的话题内容方面来讲,可以分为环境污染事件、医药安全事件、公共安全事件、教育文化事件、医疗卫生事件、网络治理事件、交通管理事件等;从地域空间来讲,可以分为全国性事件和地方性事件;从网民参与事件的立场方面来说,又可以划分为赞扬性事件与批判性事件等;从对抗性角度来说,群体与个人之间的对抗、群体与群体之间的对抗也可以成为网络公共事件的划分依据。

笔者认为,对于网络公共事件的划分,不管出于何种角度,这一行为本身

---

① 朱国祯:《涌幢小品》,北京:中华书局,1959年版,第86页。

就是一种"贴标签"的过程，它有助于我们对事物的了解，但有时会形成一种"刻板成见"。李普曼认为，刻板成见是一种思维定式，指"常以高度简单化和概括化的符号对特殊群体与人群所做的社会分类，或隐或现地体现着一系列关乎其行为、个性及历史的价值、判断与假定"①。因此，很多时候既有成见成为影响人们看法和立场的重要因素。网络时代媒体之间的竞争分外激烈，"贴标签"式传播能够简化传播内容、增强传播效果，尤其在看重点击率和浏览量的今天，网络公共事件被贴上各种"标签"已经是不争的事实。

另外，网络时代的"碎片化"传播与"快餐式"阅读也是网络公共事件易于被贴标签的原因。关于"碎片化"传播的问题，本书将在第六章做详细论述。

第三节　网络公共事件再现的主要方式

网络为社会舆论提供了全新的载体与空间，元语言在事件的再现中塑造了一个关于该事件的临时语境。再现是一个选择过程，也是一个意义竞争的场所，带有强烈的主观意愿。对符号的创造与再创造，是人类最基本的特征之一。追溯"再现"的历史脉络，我们可以发现早在古希腊时期，亚里士多德就将语言、视觉和音乐都视为再现，并且把再现确定为人类的行为。英国伯明翰学派的学者斯图尔特·霍尔《表征：文化表象与意指实践》中这样解释"再现"（representation）："我们头脑中通过语言所产生的意义即为再现。"② 与之相关的意义有两个：其一为描述，也称摹状，就是通过描绘或者想象的方式在头脑中想起；其二是以什么样的标本替代。③ 简单来说，"再现"就是"用某种媒介再次呈现事物的形态"④，它也是一种"主观呈现"，即经由文字、图像、声音等任何一种媒介加以"重新呈现"，让媒介成为携带可感知意义的符

---

① 沃尔特·李普曼：《公众舆论》，阎克文、江红译，上海：上海人民出版社，2002年版，第89页。
② 斯图尔特·霍尔：《表征——文化表象与意指实践》，徐亮、陆兴华译，北京：商务印书馆，2003年版，第16页。
③ 斯图尔特·霍尔：《表征——文化表象与意指实践》，徐亮、陆兴华译，北京：商务印书馆，2003年版，第16页。
④ 赵毅衡：《"表征"还是"再现"？一个不能再"姑且"下去的重要概念区分》，《国际新闻界》，2017（8），第23页。

号载体，就是再现。①

一、文本重复

网络公共事件中的文本重复则是指事件在各大媒体中不断转载，以数量上的简单累积，也就是所谓的"刷屏"来引起社会的关注。社会文化的生成是靠大规模符号活动累积起来的，传承并创新着传统文化，更新符号，植入新的意义与规则，当符号的重复由量变发生质变，增加了符号的理据性，就会生成象征。赵毅衡认为"正相重复的意义累积效果就是象征"，"异相重复的意义累积效果就是反讽与悖论"②。笔者对此观点略有怀疑，因为在社会生活中，无论是正相的重复还是异相的重复，都会随意义接收者的不同解释产生变异，甚至可能出现正相重复的意义累积而产生反讽，比如一些涉及社会公德方面的事件就很可能如此。

"重复"是西方文论的关键词之一，西方有关重复的思想源远流长，可以追溯至前苏格拉底时期，西方思想史甚至普遍认为，《新约全书》就是《旧约全书》的一种重复。1843年，克尔凯郭尔在其自传体小说《重复》里用"重复"的概念取代了柏拉图的"回想"，用意是强调人类文化的记忆，这不是一种经验的简单重复，也不是对日常生活中司空见惯的现象的描述，而是对文化的重新创造，是从信仰的角度对人的存在的探讨。

谈到重复理论的发展，不得不说弗洛伊德和米勒。弗洛伊德在《超越唯乐原则》中提出的"重复"已经被承认为叙事作品中的一个要素③，其实这早已超出了叙述学范畴，触及认识论和反映论的哲学层面。在弗洛伊德之前，学者对重复的认识和描述大都建立在同一逻辑的基础之上，而弗洛伊德则使人们意识到"重新复制的事物很可能跟他的原型风马牛不相及"④。米勒在其著作《小说与重复》中开宗明义地指出："一部像小说那样的长篇作品，不管它的读

---

① 赵毅衡：《"表征"还是"再现"? 一个不能再"姑且"下去的重要概念区分》，《国际新闻界》，2017（8），第30页。
② 赵毅衡：《论重复：意义世界的符号构成方式》，《河南师范大学学报（哲学社会科学版）》，2015（1），第120页。
③ C. Hugh Holman & William Harmon. *A Handbook to Literature*. New York and London: Marcmillan Publishing Company，1992，p. 402.
④ 殷企平：《重复》，《外国文学》，2003（2），第60页。

者属于哪一种类型，它的解读者多半要通过重复以及由重复产生的意义的坚定来完成。"① 米勒基本上沿用了法国学者德鲁兹的二分法——"柏拉图式重复"和"尼采式重复"，认为这两种重复之间的界限并非绝对，而是一种你中有我、我中有你的糅合。由此可见，"重复"是西方思想史中一个重要的研究单元，重复理论经过长期的发展，已然成为精神分析和批评研究中一个不可或缺的策略。

"重复"在中国文化历史中也同样源远流长，中国传统文化中关于"重复"的应用很多，例如在几千年前就有"医食同源"和"药膳同功"的说法，金木水火土"五行相生相克"都是某种程度上的重复。赵毅衡认为"重复"这个复杂的问题对中国学术界特别重要，他对"重复"做了符号学分析，认为"任何文本，不仅是聚合与组合双轴操作的产物，而且是双轴上的重复方案的构成物"②。赵毅衡将"重复"的范畴从小说领域扩大至整个文化领域，也就是说把"重复"当作人类文化中各类文本的主要构成方式，即具有符号的一般本质。③

网络公共事件的重复使得我们不得不重新思考被认为已经"过时"的"议程设置"理论：虽然大众媒介不能直接决定人们对某事件的具体看法，但是能够通过提供相关信息和安排议题先后顺序来左右人们关注哪些事实。新闻媒介为公众提供了讨论的议程。网络公共事件中的重复不仅体现在大众媒体中，如各大门户网站、微博、BBS、贴吧等，更是体现在私人传播领域中，比如微信朋友圈。维权性事件、抗争性事件和曝光性事件中的文本重复均应证了"议程设置"的假说。山东警方在2016年3月破获了一起特大非法疫苗案，其中包括25种二类疫苗，涉及面颇广。根据澎湃新闻的报道，2010年以来，案件当事人庞某卫与其医科学校毕业的女儿孙某，从上线处非法购进疫苗，未经严格冷链存储就运输销往全国各地。在这些疫苗中，有大量的最基本的儿童疫苗，这让全国的父母们无比担心，关于"问题疫苗"的文本重复再现于各大媒体，

---

① J. 希利斯·米勒：《小说与重复》，王宏图译，天津：天津人民出版社，2007年版，第1页。
② 赵毅衡：《论重复：意义世界的符号构成方式》，《河南师范大学学报（哲学社会科学版）》，2015（1），第120—127页。
③ 赵毅衡：《论重复：意义世界的符号构成方式》，《河南师范大学学报（哲学社会科学版）》，2015（1），第120—127页。

一时之间成为社会焦点。同年11月底，由微信公众号推送的《罗一笑，你给我站住》的文章引爆微信朋友圈。该文章称深圳罗尔5岁的女儿笑笑被查出患有白血病，为了维持治疗需要支付昂贵的医疗费用，心急如焚的父亲选择以"卖文"的方式为女儿筹集费用。每转发一次文章就会为罗一笑的治疗款增加一元钱。后经多方证实，这起事件的重复"刷屏"为营销炒作，罗一笑的治疗费用并非文章中声称的那般高昂，罗尔本人在深圳等地均有房产。事件反转之后，当事人罗尔将打赏金额退还网友。

网络时代，"公共领域"与"私人领域"之间的界限已经变得模糊不清。无论是正面事件还是负面事件，通过不断地重复都能获得意义生成"象征"。网络公共事件中的"象征"是这样一种意义的形成过程：依据某个事件形成的临时网络社群重复使用某种比喻最终达到意义累积的效果。比如在"王宝强离婚事件"中，私人事件竟然成为全民竞相谈论的热点，一时之间引发"全民狂欢"。私人领域的公开化已经成为社交媒体时代最鲜明的特征，公共领域和私人领域之间的界限不再那么泾渭分明。在"王宝强离婚事件"中，当事人王宝强在微博平台发布私人信息，这本应是"私人领域"的活动，但是作为一位公众人物"树欲静而风不止"，公众围绕私人领域掀起全民讨论、全民围观的热潮，这起私人事件延伸出了公共属性，这条信息也就顺理成章进入了公共领域。从时间来看，"王宝强离婚事件"正值2016年奥运会期间，事件发生后迅速登上"微博热搜"，大有"后来居上"的态势。相关数据显示，2016年8月14日这一天的关注量就达到180万，事件女主角马蓉的关注量也攀升到70万，将同期的里约奥运会的关注量远远甩在了后面。"王宝强离婚事件"在新浪微博上搜索结果达到99万多条，其余各大新闻门户网站也毫不示弱，总的新闻篇数近59万。[①] 这起闹得沸沸扬扬的"家事"成了全民话题，讨论热度一度超过了大众媒体所设置的奥运会。

事件在被各种媒介平台重复时，人们只要接触媒介就能看到关于该事件长篇累牍的报道，一个关于网络公共事件的临时语境被塑造起来，仿佛整个社会的关注焦点只在于此。重复构成了仪式的外在表现，关于这一点将在后文着重论述。

---

① 艺诺数据分析：http://www.sohu.com/a/110780303_466933。

二、网络模因与媒介再现

网络模因就是在网络公共事件的传播中，经常会形成一些特定的标志、符号或语言，它们会因为某一起网络公共事件而产生，随后经过传播蔓延开来，引起网络上的集体效仿，比如"不管你信不信，反正我是信了"。理查德·道金斯（Richard Dawkins）在《自私的基因》中首次提出了模因学（memantics）的概念。在将生物选择的单位基因同文化的进化进行类比后，道金斯把模因看作文化进化的基本单位，人类可以借模因这个全新的概念对文化的进化做出合理诠释。道金斯认为"任何一个模因都具备遗传、变异和选择三个特征"①。赵毅衡在《文化中的错位、畸变与转码》中也对"模因"做出了解释，在某一种文化中，为了保持文化表意方式和文化解释方式稳定延续，必须要保证文化意义解释方式的稳定延续。换句话说，符码的稳定延续保证了编码与解码的稳定延续。在保持稳定延续的过程中，关键性的元素就是"模因"。② 针对赵毅衡的解释，薛晨也做出了回应，模因首先应当是一种能够传承文化的复制因子，它"尽可能地维持一定的文化样态和文本格局，维持文化在传播过程中的稳定性"③。

弗朗西斯·海拉恩（Francis Heylighen）认为模因的传递要经过同化、记忆、表达、传输四个阶段，而这四个阶段周而复始，形成一个完整的复制圈。④ 很多网络公共事件都是由普通个案演变成舆论焦点，有三个共同特征：

第一，网友乃至民众对这些案件的关注点首先在于道德伦理，其中最典型的就是"江歌案"。"江歌案"尽管发生在日本，但是它在国内引发的争论之大，持续时间之长，在历年的网络公共事件中也是数一数二的。"江歌案"之所以会引起全社会的关注，其中重要的一点就是该事件的当事人刘鑫在事件披露之初就被架在了道德的审判席上，自媒体在日本法庭还未开庭审判时就已经"先声夺人"，把刘鑫塑造成一个没有良心和没有道德的人，以至于形成舆论

---

① R. Dawkins. *The Selfish Gene*, Oxford: Oxford University Press, 1976, p.278. 转引自薛晨：《论模因：日常生活文化传播机制的再思考》，《符号与传媒》，2018（1），第143页。
② 赵毅衡：《文化中的错位、畸变与转码》，《南方文坛》，2016（3），第33—38页。
③ 薛晨：《论模因：日常生活文化传播机制的再思考》，《符号与传媒》，2018（1），第145页。
④ 转引自王红毅、余高峰：《模因传播与翻译的归化与异化》，《社会科学家》，2011（8），第150页。

"一边倒"的局面，忽视了其作为该案证人的角色。而"榆林孕妇跳楼自杀事件"之所以引起广泛关注，由普通个案升级为公共话题，则是因为"医患双方"这个敏感的问题。这起事件中，一些微博发言将孕妇的丈夫和家人推向了舆论的道德审判台，最终国家卫计委介入这起事件的调查，方厘清事件责任。

第二，推己及人的情绪上的"代入感"。被网友称为现代版"农夫与蛇"故事的"杭州保姆纵火案"的舆情自2017年6月22日后持续了一个多月，纵使在网络热点快速更迭的今天，其体量也相当可观。2017年6月23日至24日，舆论矛头直指两方面：消防部门和物业的救援是否到位、家政行业准入制度是否严格。在"杭州保姆纵火案"中除了保姆莫某，被质疑最多的当属小区物业。在这起事件发酵的长达一个月的时间内，网友们对小区物业表现出极度不信任，围绕着电梯、消防设施、救援等，产生了种种猜测，出现了舆论"罗生门"。此外，这起事件的"共情"效应非常明显，对遇害人家属失去家人的巨大悲伤的"共情"与由人推己的焦虑集体释放，这些都是造成该事件长期居于舆论中心的原因。

第三，关于网络公共事件的舆论发展到后期大都会由情感的宣泄走向理性的思考，如"江歌案""于欢案"等。

在网络公共事件构建社会认同的过程中，事件参与者的解释框架在集体意识的形成阶段就得以构建，为事件提供解释规则，形成事件的语境元语言。作为符号载体的媒介，其首要任务就是提供一种感知。在赵毅衡看来，文化具有强大的组织功能，这种组织功能强有力地制约着再现的社会性功能的形成。他指出，证明"解释社群"存在的最有力的证据就是对文本的集团性理解方式，"一个社会文化，保证'社群'中相当数量的人，用比较一致的方式理解某一类型的再现"[1]。意义再现的集合就形成一种社会文化，对文本的解释往往依赖一种社会文化。当我们分析文化的时候必须起始于符号的再现，对再现文本的解释与评价应当包括信息对社会的控制与社会对信息的反控制，传统与社会伦理之间的变异和传统与社会伦理之间的持续冲突，生态环境同社会发展之间

---

[1] 赵毅衡：《"表征"还是"再现"？一个不能再"姑且"下去的重要概念区分》，《国际新闻界》，2017（8），第23—37页。

的对抗等在内的问题。①

德里达认为,再现总是伴随着不可避免的虚构与错误,因此我们在如何区分正确的再现与错误的再现、如何区分真理与谬误、如何区分现实与虚构等一系列问题上就显得困难重重。②转载与转发让网络时代新闻信息的生产与传播变得简单化,但也使事件的真相更加扑朔迷离。李普曼(Walter Lippmann)在《公众舆论》中指出"客观现实""拟态环境""主观现实"是存在于信息化高度发达社会里的三种"现实"。其中,"客观现实"就是我们通常所谓的现实本身或事实本身,它是客观存在的,不以人的意志为转移;"拟态环境"是一种"象征性事实",它是媒体经过过滤、选择、加工后向公众展示的一种虚拟性事实;"主观现实"是人们在媒介提供的"象征性事实"的基础上形成的对"客观现实"的认识。从广义上来讲,在人类社会发展阶段的任何时期,"主观事实"都不可能是对"客观事实"的"镜子式"的反映,"客观事实"早在传播的最初阶段就已经产生了偏移,成为一种"拟态事实"。就当代社会来看,媒介几乎成为制造、操纵舆论的工具。人们生活的环境存在着海量的信息,由于在实际生活中人们的精力、活动范围和注意力都有限,只能通过特定的方式与手段去了解未知的世界,所谓的传统媒介也好,新媒介也罢,都是人们接触未知的方式之一,媒介建构着人们对客观环境的认知。

李普曼认为"事实"其实就是一种判断,事实在新闻中所起的作用就是把隐蔽的真相公之于众。③对象与意义之间的对应关系是通过媒介再现形成的,通俗来说,对文本进行的符号化处理是安排文本意义结构的首要任务。只有当携带了发送者的意图意义时,符号文本才具有意义。依靠"媒介再现",符号文本的意义才能够在传播对象面前展示。④

"媒介再现"(media representations)通常以语言、文字和图像等多种形

---

① 赵毅衡:《"表征"还是"再现"?一个不能再"姑且"下去的重要概念区分》,《国际新闻界》,2017(8),第23—37页。
② 罗钢、刘象愚:《文化研究读本》,北京:中国社会科学出版社,2000年版,第20页。
③ 沃尔特·李普曼:《公众舆论》,阎克文、江红译,上海:上海人民出版社,2002年版,第62页。
④ 冯月季:《符码与元语言:媒介文本意义生成的符号学阐释》,《江汉大学学报(社会科学版)》,2017(4),第111页。

式在媒介上出现,是媒介对表达编码的一种"再次呈现"。[①] 媒介再现根据媒介文本生产者的意图对媒介文本进行加工,通过媒介修辞,将文字、画面等组合起来,用以表达某种特定的观念。媒介再现并不是对客观现实的真实记录,往往加入了文本生产者的主观意图。文化不是一个社会群体成员之间的意义生成与交换,它还是一种过程、一种实践。同一社会的成员共享大致相似的文化符码,符码确定了符号和意义之间的关系,它是一种意义固定、转换和传播机制。文本生产者根据元语言对媒介文本进行编码,文本接收者根据元语言对媒介文本进行解码,在这个过程中,意识形态的传播得以实现。媒介内容并非镜子式地再现客观世界,事件的媒介再现就已经先入为主带上了强烈的主观色彩,因此我们看到的网络公共事件就已经是被再现的结果了。

根据《媒介再现与全球想象》中的描述,传媒学者莎妮·奥嘉德（Shani Orgad）认为,媒介并不是一扇我们认识现实世界的"透明窗户",它本身也在不停地建构、凸显,同时遮蔽着我们的现实世界。媒介再现是人们通过符号选择建构"客观"事实,是一种制造意义的实践活动,活动的过程就是一个认知的过程。在全球化背景下,媒介通过对信息的把控建构了全新的象征性客观世界,媒介再现就是文化主体运用媒介来产生新的意义。奥嘉德进一步提出,我们应当对所生活着的社会做何种想象?又如何想象与他人的关系?这是两个很有趣的问题,通过对这两个问题的探讨我们会发现,想象是如何构建着我们的公共生活与私人生活。尤其当我们发现曾经发生的和现在发生的事件具有某些相似性的时候,我们就会对曾经的事件进行媒介再现,将已经发生过的事件进行重新演绎。就像奥嘉德在书中举出的例子,2010 年海地地震后的赈灾歌曲 *We Are The World* 其实在 1985 年就出现了,当时这首歌是非洲大饥荒中的赈灾歌曲。通过媒介再现,这首歌被赋予新的意义,对募捐有积极的影响。[②] 奥嘉德认为,通过媒介再现,受众能与遥远的事物保持联系。从这个意义上说,人们对地域的时空认知、人机互动的本质与人机互动的方式都通过媒介发生了改变,这一切正是在"超越再现"。

[①] 冯月季:《符码与元语言:媒介文本意义生成的符号学阐释》,《江汉大学学报（社会科学版）》,2017（4）,第 112 页。

[②] Shani Orgad. *Media Representation and Global Imagination*, Cambridge: Polity Press, 2012, p. 76.

媒介和想象之间的关系一度是传媒研究中的重要问题。对这一关系的论述大多依据的是本尼迪克特·安德森在 20 世纪末所提出的"想象的共同体"的理论架构。安德森认为，民族是一种"想象的政治共同体"，大众传播媒介技术是完成这一过程的关键。在历史发展的过程中，安德森指出民族主义和民族意识的起源正来自"印刷资本主义"的出现。然而，新媒介传播时空统一的特性可能会颠覆这一"想象的疆界性"，地理空间的疆界会因信息的跨时空传播而被打破，地域的独特性也会受到一定威胁。

　　什么是想象？想象是人被外界信息刺激后产生的一种主观行为。在奥嘉德看来，想象是一种"主动的他者"的能力，是一种能够看到"事物是什么"之外还能看到"超越事物本身"的能力。① 根据这一定义，我们便可以进一步去探索媒介是如何激发人们的想象，并且让人们从他者的位置上来审视自身的价值观、传统和习惯。奥嘉德认为，"媒介再现"通过"想象"得以进一步发展。媒介在人们日常生活中的角色慢慢变得重要起来，它作为传达信息的一种工具，在我们今天的生活中不可或缺。实际上，在接触媒介的过程中，人们已经通过文字、图片、视频、声音等构建起了记忆他人的想象。媒介再现将不同的符号组合起来用以表达概念、制造意义，换句话说，媒介再现是符号的建构与选择。媒介通过对事件的选择、加工与过滤，再现为网络公共事件。这就涉及两个问题：再现后的事件如何为我们揭示真相？揭示后的真相是否就是真相本身？这部分内容本书将在最后一章着重论述。

　　大众媒体希望不断维持自身在公众中的注意力，而现代社会人们最常见的矛盾就是有限的注意力和无限的信息之间的冲突，人们在面对浩如烟海的信息时注意力不断地缩短和转移，因此媒体总要想方设法地捕捉已经变成稀缺"资源"的注意力，便不断推出新的媒介文本，无论是人物、故事、观念还是其他，将其构成日常生活中的元语言。表面上，注意力作为现代社会争夺的焦点，成为人们构建社会现实的依据，实质上，注意力累积而形成的元语言才是认知社会的重要影响因素。过去的元语言多半从主体意向出发，在凝固性上会强一些，今天的元语言则更着眼于对象化表达，甚至有的时候被简化成一种操

---

① Shani Orgad. *Media Representation and Global Imagination*，Cambridge：Polity Press，2012，p. 46.

作手段,比如本书第五章中提到的伴随文本。这些都是网络公共事件研究中一直被忽略的关键节点。

本章小结

本章围绕网络公共事件传播路径的改变、网络公共事件的命名、网络公共事件的认知方式和网络公共事件的呈现方式来对网络公共事件做符号学分析。首先,笔者以2007年作为时间节点,将网络公共事件传播的路径一分为二:在传统媒体时代的网络公共事件传播路径下,网络表达是传统媒体的"接着说",舆论主阵地依然在传统媒体。2007年以后,以陕西"华南虎事件"为标志,网络公共事件传播打破传统媒体一统江山的局面,伴随着社交软件的普及与流行,网络成为真正意义上的影响事件进程的媒介。其次,网络公共事件的命名就是一个具有依据性的符号化过程,并且这个过程最终会指向同一类型事件,以及该类型事件在社会中所产生的积极或消极的影响。网络行为主体通过对事件的命名实现符号操纵,因此网络公共事件命名还呈现出基于社会文化元语言因素的框填结构。再者,公众对网络公共事件的认知离不开"贴标签"。网络公共事件中的"贴标签"尽管能够简化人们的认知过程,但是也会产生一系列问题,导致预设立场和"刻板成见",阻碍对事件的完整认知。最后,笔者认为事件之所以再现为网络公共事件,主要是因为文本重复、网络模因与媒介再现的共同作用。网络公共事件中的文本重复则是指事件在各大媒体不断转载,以数量上的简单累积,也就是所谓的"刷屏"来引起社会的关注。网络模因就是在网络公共事件的传播中,经常会形成一些特定的标志、符号或语言,它们会因为某一起网络公共事件而产生,随后经过传播蔓延开来,引起网络上的集体效仿。媒介再现根据媒介文本生产者的意图对媒介文本进行加工,通过媒介修辞,将不同的文字、画面等组合起来,用以表达某种特定的观念。媒介再现并不是对客观现实的真实记录,而是往往加入文本生产者的主观意图。

第四章　网络公共事件中的元语言争夺

本书在绪论部分已经说过，元语言的存在，保证了文本之间可以相互翻译。① 尽管解释意义在信息的发出与传播过程中并不在场，但是只要有相应的元语言，就不可能有无意义的符号文本。元语言不允许一个文本得不出任何解释意义。②

网络公共事件中各方观点的表达，话语权背后实则是对元语言的争夺。国内对网络公共事件的分析大多集中在事件的发生背景以及今后如何应对与预防此类事件的角度，并未从元语言的视角对网络公共事件做探究。本章欲从元语言的争夺出发，对网络公共事件做一番探讨。

第一节　元语言的深层运行机制

符号学视域下的元语言是意义建构的模式，它携带着或者裹挟着某种特定的意义，塑造着我们的世界，谈论着我们的生活。为什么我们相信信息传播时的意义建构？元语言在这种建构中如何运作？这些问题是本节要着重阐释的关键。

一、被自然化的含蓄意指

索绪尔在《普通语言学教程》中提出，符号是由"能指"和"所指"组成的，其中能指是符号的可感知部分，是形式；所指是符号的内容，是感知能指

---

① 赵毅衡：《符号学》，南京：南京大学出版社，2012年版，第227页。
② 赵毅衡：《符号学》，南京：南京大学出版社，2012年版，第231页。

时的心理概念。罗兰·巴尔特在《符号学原理》中,将"符号"视为意指(signification)的产物,意指可以被理解为"能指与所指结成一体的过程和行为"①。通俗地说,就是"世上本无意指,使用的人多了,变成了符号"。意指既是一种组合行为,又是一种组合过程,主要用来探讨符号意义的生成。罗兰·巴尔特认为:

> 一切意指系统都包含两个平面,一个表达平面(E)和一个内容平面(C),两个平面之间的关系(R)就可以被看作是意指作用,由此我们可以得出一个表达式ERC。我们现在做一个假设,将系统ERC变成另外一个系统中的单一成分,这样就由第一个系统延伸出了第二系统,如此一来,我们所面对的就是两个密切相连却又彼此脱离的意指系统。按照两种完全不同的方式,两个系统可以发生"脱离"。该种"脱离"取决于第一系统以何种方式进入第二系统,两个对立的整体就在这种情况下产生。在第一种情况下,第一系统(ERC)有可能变成表达平面,也有可能变成第二系统的能指,或者表示为(ERC)RC。叶儿慕斯列夫将第一种情况称作含蓄意指符号学……按照第二种分离的方式,第一系统(ERC)并没有同在含蓄意指中一样成为表达平面,而是成为了内容平面或第二系统的所指,或表示为ER(ERC),一切元语言均属于此类。②

简单地说,元语言就是第一系统进入第二系统后形成的内容或所指,根据罗兰·巴尔特叙述的第一种情况,当一个系统(ERC)成为另一个系统的能指表达面时,就有了多层次复合系统,这个复合系统就是含蓄意指。

含蓄意指尽管也包含着能指、所指和把它们结合在一起的意指作用,但是只有第二层面的系统 E2R2C2 才构成含蓄意指,第一层面的 E1R1C1 系统构成的是直接意指层面。也就是说,一个含蓄意指的表达层面是由另一个意指组合构成的。当某个系统不在含蓄意指中成为表达层面,而是成为内容层面所指的时候,就构成了元语言,即所谓,元语言是由另一个意指系统构成的。综上所

---

① 罗兰·巴尔特:《符号学原理》,李幼蒸译,北京:生活·读书·新知三联书店,1988年版,第39页。

② 罗兰·巴尔特:《符号学原理》,李幼蒸译,北京:生活·读书·新知三联书店,1988年版,第169—170页。

述，元语言与含蓄意指是两种不同的意义建构模式，它们是两种不同的意指系统，进一步说，含蓄意指是建构一个理据化的相关性，元语言则是通过建立一种逻辑关系进而建构某种意义。

在含蓄意指中，所指与能指之间的关系被掩盖，人们理所当然地认为这种关联是天经地义的，是自然而成的，从而使含蓄意指所带的历史意义、社会意义、文化意义、政治意义、教育意义被遮蔽，一切看似自然而然。① 隋岩认为"含蓄意指隐喻话语轴向的等值"，正是借助这样的等值，含蓄意指得以建构。② 隋岩指出，隐喻和含蓄意指都可以是事物之间特质的想象性移植，既可以是相似特质的移植，也可以是相反特质的移植，如反讽（irony），因此，含蓄意指就是借由隐喻构建的，隐喻就是含蓄意指得以实现的手段。③

罗兰·巴尔特是这样解释自然化的："在天然语言的结构中能指与所指的联系在原则上是约定的，不过这种约定是集体性的，是在长时间内积累的，因为在某种意义上说，约定已被自然化了。"④ 关于含蓄意指是如何被自然化的，隋岩给出了三个层面的解释。层面一：能指1与所指1之间的约定俗成，这种约定俗成原本是任意性的，然而这种定型后的约定俗成就在人们的意识里面成了自然而然。因此能指1与所指1之间的关系被当作一种事实而不是一种意指组合。⑤ 比如为什么会把这种水果称作"苹果"或者"橘子"，却不去追问它们有没有别称。层面二：在层面一的基础上，在某种特殊语境中，凸显所指2与能指1的相似性。在这一层面中，能指2作为信息的中介是被掩盖过去的，所指2与能指1之间的相似性掩盖了它们之间的任意性关系，构建了含蓄意指。⑥ 如百合花意味着"百年好合"，和平鸽象征"和平"等。层面三：强调

---

① 隋岩：《符号传播意义的机制——对自然化和普遍化的深度阐释》，《新闻与传播研究》，2008（3），第58页。
② 隋岩：《含蓄意指与隐喻的等值对应——符号传播意义的深层机制之一》，《新闻大学》，2010（1），第35页。
③ 隋岩：《含蓄意指与隐喻的等值对应——符号传播意义的深层机制之一》，《新闻大学》，2010（1），第36页。
④ 罗兰·巴尔特：《符号学原理》，李幼蒸译，北京：生活·读书·新知三联书店，1988年版，第142页。
⑤ 隋岩：《符号传播意义的机制——对自然化和普遍化的深度阐释》，《新闻与传播研究》，2008（3），第57—63页。
⑥ 隋岩：《符号传播意义的机制——对自然化和普遍化的深度阐释》，《新闻与传播研究》，2008（3），第57—63页。

的是隐喻在自然化机制中的作用。值得注意的是，这里的隐喻已经不仅仅是文学上的一种修辞手法，而是一种不为人所注意的思维方式和认知方式，它渗透在日常生活的话语中，成为一种社会常识。含蓄意指被自然化了，即意味着隐喻的自然化，这是符号产生意义的深层机制之一。

以上论述也会令人产生疑惑，隋岩将隐喻与含蓄意指对等，但实际上隐喻只是含蓄意指中的一个组成部分。转喻与反讽的身影在含蓄意指中也是随处可见的。转喻产生意义依靠的是邻接，且转喻多在非语言符号中使用，其本质可以说是"非语言的"[1]，"许多社会现象和心理现象是符号转喻"[2]。依赖相关性原则的转喻在传达网络公共事件的过程中尤为多见，约翰·费斯克（John Fiske）指出："转喻之所以有能力传达现实，是因为他们用标志符号的方式运作……转喻常常被制作成自然的标志符号并因此被赋予'真实'的地位而不受质疑。"[3] 比如"华南虎事件"后，"X老虎"用来指代虚假事件；"XX门"在"水门事件"后指各种丑闻等。

隐喻就其本质而言不仅是一种修辞手段，更是一种思维机制，是用来理解抽象概念及思维过程的重要机制，它隐藏在我们的思维结构之中，主宰着我们的行为。隐喻的相似性原则和转喻的相关性原则均能建构含蓄意指，反讽同样是含蓄意指的建构原则。根据前文所述，隋岩将反讽看作隐喻的特殊形态，赵毅衡将反讽定义为一个符号表达的相反的意思，字面意思与实际意义对立并存。反讽起初是希腊戏剧中的一种角色类型，苏格拉底在柏拉图的《对话录》中就扮演这个角色。反讽的重要特征就是看似在说假象，其实暗指真相。随着历史的漫长发展，反讽也最终跳出语言修辞技巧的范围而延伸成一种标准，用来评价作品和审美，成为类似于批判性的内在精神，包容了越来越多的内容。反讽的概念具有拓展性，在创作和实践中，反讽的意义边界随着技巧和手段丰富发展而不断扩大。[4]

---

[1] 赵毅衡：《双义合解的四种方式：取舍、协同、反讽、漩涡》，《湘潭大学学报（哲学社会科学版）》，2017（4），第117—123页。

[2] 赵毅衡：《双义合解的四种方式：取舍、协同、反讽、漩涡》，《湘潭大学学报（哲学社会科学版）》，2017（4），第117—123页。

[3] 约翰·费斯克：《传播研究导论：过程与符号》，许静译，北京：北京大学出版社，2008年版，第83页。

[4] 李建军：《小说修辞研究》，北京：中国人民大学出版社，2003年版，第217页。

就像尼尔·波兹曼提到的那样，"我们的语言即媒介，我们的媒介即隐喻，我们的隐喻创造了我们的文化的内容"①。含蓄意指包含的隐喻、转喻和反讽被理据化后，使意义不断得到积累，成为意义构建的方式之一。隐喻的使用是新闻建构的重要手段。②

二、意识形态：建构元语言的"看不见的手"

自雅柯布森与巴尔特之后，元语言被用来解释符号信息的意义控制方式，此时的"元语言"早已超出语言学范畴。在符号学范围内，元语言已经被确立为符码的集合，用以解释符号的意义。③ 正因文本的待解释性，我们认为意义并不是现成的。符码控制文本的两个规则分别是意义植入规则和意义重建规则。意义植入于文本形成时，重建于文本解释时。当符号信息发出时，发出者为了把意义编织入符号文本，就要对其进行"编码"（encoding）④；当符号信息被接收者接收时，为了使信息转换成意义，信息接收者就要对其进行"解码"（decoding）。⑤

如果说含蓄意指侧重表达层面的描述，那么元语言就强调内容层面的描述。在含蓄意指建构的过程中，元语言的阐释过程始终是"隐形"的，正是元语言在含蓄意指背后的作用力，才能让符号解释朝着被建构的方向滑动，使含蓄意指得以建立。叶尔姆斯列夫将元语言看作"一种操作程序"，巴尔特将其视为对象语言的语言，赵毅衡则将元语言看作"符码的集合"。

有的学者认为在元语言的驱动之下含蓄意指才能得以构建，这是因为，含蓄意指在建构的过程当中，无论是相似、因果、邻接还是反衬，直接意指所指 C1 与含蓄意指所指 C2 之间各种关系的建立依靠的都是元语言。⑥ 正如福勒（Roger Fowler）言及："语言代码并不中立地反映现实，只是将话语的主题进

---

① 尼尔·波兹曼：《娱乐至死》，章艳译，北京：中信出版社，2015年版，第17页。
② 潘忠党：《架构分析：一个亟需理论澄清的领域》，《传播与社会学刊》，2006（1），第21页。
③ 赵毅衡：《意识形态：文化的元语言》，《江西师范大学学报（哲学社会科学版）》，2016（1），第79页。
④ 赵毅衡：《意识形态：文化的元语言》，《江西师范大学学报（哲学社会科学版）》，2016（1），第81页。
⑤ 赵毅衡：《意识形态：文化的元语言》，《江西师范大学学报（哲学社会科学版）》，2016（1），第83页。
⑥ 李玮：《修辞——符号意指的构建方式》，《中外文化与文论》，2015（3），第29—41页。

行解释、组织以及分类。语言代码蕴含着有关世界是怎样被安排的理论,即世界观或意识形态。"①

自阶级社会产生,意识形态便笼罩着每一位社会成员。在16世纪到17世纪的欧洲,宗教神学和经院哲学控制着当时人们的思维方式和行为方式。之后随着自然科学技术的进步和欧洲资本主义的迅速发展,宗教神学观念成为阻碍社会进步的桎梏。18世纪的法国正在进行着如火如荼的反对封建制度的革命,资产阶级在这场革命中扮演着领导者的角色。法国唯物主义者肩扛反对宗教的旗帜,把思想革命和哲学革命纳入革命的进程,推崇理性思维,坚持唯理论,这些研究成为意识形态概念的直接理论来源。

早期的法国哲学家安东尼·德斯杜特·德·特雷西从人的角度出发,通过研究洛克和孔狄亚克的哲学思想,对束缚人类的宗教神学和经院哲学进行了严厉的批判,创立了意识形态学科。特雷西在《意识形态诸因素》中首次提出"意识形态",他指出"意识形态指的是向人们揭示观念的成见和偏见的根源的观念科学"②。特雷西以英国经验主义哲学和法国唯物主义哲学为基础,把宗教神学彻底从认识论中排斥出去。在他看来,意识形态是经济学、政治学等其他学科的基础,是社会的理论基础。然而特雷西对意识形态的理解存在着严重缺陷,他的理论概念是建立在对外部世界的感觉和经验之上的,简单化的感觉主义不可能解决意识形态的基础问题,阶级立场的局限性也制约着其理论的进一步发展。

之后黑格尔和费尔巴哈也在一定程度上对意识形态进行了研究。黑格尔将意识形态与"异化"概念相结合,为意识形态研究的转向奠定了基础。费尔巴哈则更为直接地宣布宗教神学的虚假意识形式,把人从神学意识形态迷雾中拉回到人本身。③ 这些学者关于意识形态的研究为马克思意识形态研究奠定了理论基础。马克思的意识形态学说诞生于19世纪40年代中期,是他对德国古典哲学、国民经济学等其他意识形态批判的结果,马克思在这个过程中创立了其

---

① 转引自梁晓辉:《美方朝核报道中隐喻、转喻互动下的权力建构》,《美国问题研究》,2013(2),第118页。

② 转引自宋海波:《中国社会转型与意识形态问题》,北京:中国社会科学出版社,2003年版,第84页。

③ 俞吾金:《意识形态论》,北京:人民出版社,2009年版,第41—42页。

特有的意识形态批判理论。马克思在《路易·波拿巴政变记》中将意识形态界定为"各种情感、幻想、思想方式和人生观"①。从《德意志意识形态》及其他相关著作中我们可以得出这样一个结论,马克思所谓的意识形态是伴随着国家和阶级而产生的,具有阶级性和实践性,是相对独立的存在。显然,马克思的意识形态理论已经突破了思维的牢笼,回归了现实本质。

自马克思后,意识形态概念又发生了诸多变化。列宁直接继承并发展了马克思的意识形态理论,提出了"科学的意识形态"的观点。列宁还指出,由于工人阶级的意识还处于自发意识阶段,因此要对他们进行无产阶级意识形态的灌输和教育,使他们摆脱低水平的阶级觉悟。卢卡奇和葛兰西均被视为西方马克思主义的创始人,他们认为西欧的工人阶级革命相继失败是因为没有与资产阶级争夺意识形态的领导权,因为意识形态在阶级社会的转型与发展时期起着重要的作用,能够为整个社会提供凝聚力。二者虽然都重视意识形态的领导权,但关注的侧重点有所不同,卢卡奇偏向物化意识,论述无产阶级意识对无产阶级革命的重要作用;葛兰西则从市民社会入手,重点阐述无产阶级夺取意识形态领导权的重要性。

到了20世纪中叶,意识形态已经渗入人们的日常生活,使得无产阶级意识形态被资产阶级层层包围。此时,法兰克福学派的代表人物——霍克海默、阿多诺、马尔库塞等人——提出了科学技术本身就是意识形态这一主张,将技术理性看作统治的手段,从而形成著名的"社会批判"理论。具体来说,霍克海默和阿多诺提出了文化批判;马尔库塞将批判的焦点对准了"发达工业社会的意识形态",该观点主要体现在其著作《单向度的人》中;哈贝马斯对科学技术展开了批判,他认为在晚期资本主义社会,科学技术"具有了双重职能,他们不仅是生产力,而且也是意识形态"②。

阿尔都塞是结构主义的代表人物,他在对意识形态的研究中注入了结构主义元素,并且提出了"意识形态国家机器"的概念。阿尔都塞指出:"我这里所说的意识形态国家机器指的是一些以专门机构的形式呈现在直接观察者面前

---

① 《马克思恩格斯选集(第一卷)》,北京:人民出版社,1995年版,第611页。
② 魏宏森、曾国屏:《系统论——系统科学哲学》,北京:清华大学出版社,1995年版,第339页。

的实在。"① 也就是说，阿尔都塞所谓的"意识形态国家机器"就是宗教、教育、法庭、传媒文化等各种实体，并且对家庭、教育、宗教进行了着重分析，认为这三者在意识形态塑造方面起着举足轻重的作用。除了结构主义，精神分析学派也是阿尔都塞意识形态理论的方法论基础。阿尔都塞对葛兰西的人本主义思维模式感到不满，却对拉康的精神分析感到敬佩，他把无意识的解构延伸至阅读领域，以此剖析出隐形话语的重要意义。同阿尔都塞对意识形态持中性态度一样，卡尔·曼海姆也承认意识形态包含着真实的内容。他在代表作《意识形态与乌托邦》中提出了"特殊的意识形态"和"总体意识形态"两种意识形态的样态。曼海姆通过对这两个概念的分析，将意识形态和党派、阶级相分离，实现价值的中立化。

阿尔都塞提出意识形态本质上是一种表象体系，该体系不仅具有独特的逻辑和结构，而且存在于特定的历史中，并作为历史而起作用。② 阿尔都塞对马克思的观点"经济基础决定上层建筑"持肯定态度，他认为马克思意识形态理论有着自身的历史语境，但同时又认为上层建筑存在独立的空间。在《意识形态和意识形态国家机器》中，阿尔都塞考察了意识形态在现代国家中的国家机器职能，认为意识形态功能的发挥是依赖于社会存在和人的实践活动的，即"强制性国家机器通过暴力起作用，而意识形态国家机器通过意识形态起作用"③。就阿尔都塞而言，宗教、家庭、教育等都属于意识形态国家机器的构成部分，"人们在意识形态中向自己表述的，并不是他们的真实存在条件，他们的真实世界，最重要的是在那里得到表征的他们与那些存在条件的关系"④。葛兰西的意识形态理论脱离了传统的唯心主义倾向，区分了有机意识形态和任意意识形态，阿尔都塞则对意识形态展开了进一步的唯物化分析和阐释，因此他又将意识形态界定为"拥有一种物质性的存在"⑤。

---

① 路易·阿尔都塞：《意识形态和意识形态国家机器》，《马列主义研究资料》，1988 年第 4 卷，第 251 页。

② 路易·阿尔都塞：《保卫马克思》，顾良译，北京：商务印书馆，2010 年版，第 228 页。

③ 路易·阿尔都塞：《意识形态和意识形态国家机器》，斯拉沃热·齐泽克：《图绘意识形态》，方杰译，南京：南京大学出版社，2002 年版，第 147 页。

④ 路易·阿尔都塞：《意识形态和意识形态国家机器》，斯拉沃热·齐泽克：《图绘意识形态》，方杰译，南京：南京大学出版社，2002 年版，第 163 页。

⑤ 路易·阿尔都塞：《意识形态和意识形态国家机器》，斯拉沃热·齐泽克：《图绘意识形态》，方杰译，南京：南京大学出版社，2002 年版，第 164 页。

只有在被表达和交流传播中，意识形态才有说服力。① 符号学兴起之后，对于意识形态的解释开始涉及新的方面。巴尔特在《符号学原理》中就毫不避讳地突出了符号学性质："意识形态是内涵系统的所指的形式。"② 将意识形态问题划归到符号学范围后，巴赫金解释道，"任何意识形态都是符号，没有符号，就没有意识形态……任何意识形态的东西都有符号学价值"③。威廉斯指出意识形态是"一个特殊集团的信仰体系"，因此是"意义生产的总体过程"，即"符号过程"。④ 英国马克思主义者伊格尔顿（Terry Eagleton）格外重视意识形态问题的研究，他明确指出意识形态是"社会生活中意义、符号、价值的生产过程"⑤。在众多意大利马克思主义符号学者中，罗西-兰迪一向致力研究意识形态与符号学之间的关系，他认为这二者极为特殊："一方面，如果没有符号学，意识形态研究无法阐释清楚……另一方面，没有意识形态研究的支持，符号学只是一种与实践脱离的特殊学科，哪怕自称是关于符号的一般理论也没有用。"⑥ 赵毅衡对"什么是意识形态"给出了言简意赅的答案："文化的元语言"就是意识形态⑦，这个定义包含了两层意思：意识形态不仅能够控制、引导思想，同时也可以指挥思想进行社会实践。

那么，意识形态是一个整体吗？赵毅衡指出意识形态是"文化的元语言"，文化经常是处于零散状态的，社会中每个集团、每个群体、每个行业等，均有自己的特殊文化。每一种文化都有一套与表意和解释相匹配的规则，即每一种文化都有一套特有的元语言为其实施"辩护"，因而每一种文化都应当有不同

---

① 詹姆斯·罗尔：《媒介、传播、文化——一个全球性的途径》，董洪川译，北京：商务印书馆，2005年版，第19页。
② 罗兰·巴尔特：《符号学原理》，赵毅衡：《符号学文学论文集》，天津：百花文艺出版社，2004年版，第325页。
③ 转引自赵毅衡：《意识形态：文化的元语言》，《江西师范大学学报（哲学社会科学版）》，2016（1），第79—88页。
④ 转引自赵毅衡：《意识形态：文化的元语言》，《江西师范大学学报（哲学社会科学版）》，2016（1），第79—88页。
⑤ 转引自赵毅衡：《意识形态：文化的元语言》，《江西师范大学学报（哲学社会科学版）》，2016（1），第79—88页。
⑥ 转引自赵毅衡：《意识形态：文化的元语言》，《江西师范大学学报（哲学社会科学版）》，2016（1），第79—88页。
⑦ 赵毅衡：《意识形态：文化的元语言》，《江西师范大学学报（哲学社会科学版）》，2016（1），第79—88页。

的意识形态,所以意识形态也就呈现出碎片化状态。① 概而言之,意识形态具有"整体性"却表现出相对散乱的状态。

通过大众媒介,一些意识形态的观念得以提升和延展。大众媒介使它们合法化,使它们在传播的过程中具有强大的魔力和说服力。② 互联网的飞速发展造成了文化"代沟",文化的"碎片化"状况更加明显,"二次元文化""嘻哈文化""游戏文化""饮食文化"等都成为社群的划分方式。碎片化了的文化之间的行为方式和意义方式更加不同,由此意识形态也是碎片化的,据此,元语言需要解释的对象也就各有不同。现在乃至未来的很长一段时间,我们将要面对一种全新的意识形态格局。

三、元语言驱动下的文化自觉

当代中国社会文化形态的多样性与社会的快速变迁相匹配,农业文明、工业文明、后工业文明和信息文明共存于当下。多元文化的并存对立、冲突融合的复杂图景折射出当代中国特有的文化景观。当部分冲突通过特定的网络媒介以意见汇聚的方式呈现于网络时,网络公共事件就此生成。文化是什么?从古至今,衍生了无数"文化"的概念,莫衷一是。每个文化研究者都无法回避这个问题,但是时至今日仍旧没有一个统一的说法,这个文化研究的基本前提令人颇费思量。正如伊格尔顿自己声称的那样,文化是英语词汇中数一数二的最为复杂的单词之一。③ 近代以来,国内关于具体的"文化"的定义也是众说纷纭,胡适把文化看作"一种文明所形成的生活的方式"④;梁启超则认为"文化者,人类心能所开释出来之有价值的共业也"⑤。20世纪50年代,美国人类学家A.L.克洛伯和K.克拉克洪在《文化:关于概念和定义的探讨》一书中列举了160多种关于文化的定义。自从1871年英国文化人类学家泰勒在《原始文化》中给"文化"以明确定义至今,关于"文化"的定义已经有上百种,

---

① 赵毅衡:《意识形态:文化的元语言》,《江西师范大学学报(哲学社会科学版)》,2016(1),第79—88页。
② 詹姆斯·罗尔:《媒介、传播、文化——一个全球性的途径》,董洪川译,北京:商务印书馆,2005年版,第19页。
③ 特瑞·伊格尔顿:《文化的观念》,方杰译,南京:南京大学出版社,2003年版,第1页。
④ 胡适:《胡适文存(第1卷)》,北京:商务印书馆,1928年版,第1—2页。
⑤ 梁启超:《饮冰室合集(第十四册)》,北京:中华书局,1936年版。

使人眼花缭乱。

在西方，英语、法语中的"culture"源于拉丁文，本义是"耕耘"或"种植作物"，原本反映的是人与自然之间的关系。"文化"一词的意义在古希腊时期发生变化，被理解为培养公民参加社会生活和政治生活的品质和能力。[①] 17世纪德国法学家S.普芬道夫首次提出把"文化"作为一个单独的概念加以研究，18世纪后文化的概念继续扩展，从"物"的领域逐渐拓展至社会生活中的精神领域，并向社会各个层面延伸。19世纪下半叶，文化问题在西方得到了非常广泛的研究，这与当时各类学科的兴起不无关系，不同学者从不同侧面与角度对"文化"纷纷展开界定，康德说"文化是一个理性的实体为达到最高目的而进行的能力创造"[②]；英国人类学家爱德华·泰勒在《原始文化》中写道："文化或文明，乃是包括全部的知识、信仰、艺术、道德、法律、风俗以及作为社会成员的人所掌握和接受的任何其他的才能和习惯的复杂整体。"[③] 荷兰哲学家皮尔森说："文化是一个动词。文化是人的活动，它从不停止在历史或自然过程所给定的东西上，而是坚持寻求增进、变化的改革。"[④] 英国学者马林诺夫斯基认为"文化是指那一群传统的器物，货品、技术、思想习惯及价值而言的"[⑤]，卡西尔认为"作为一个整体的人类文化，可以被称作人不断解放自身的历程。语言、艺术、宗教、科学，是这一历程中的不同阶段"[⑥]，马克思认为文化是被人创造的，是人的本质力量的对象化。马克思没有专门的关于文化的论著和特别的定义，但是其文化思想体现在诸多著作中。

其实"文化"一词在中国古代典籍中早有记载。"文"的本义是指各色交错的纹理，"物相杂，故曰文"是《周易·系辞下》中关于"文"的最早记录。《礼记·乐记》中也记载"五色成文而不乱，八风从律而不奸，百度得数而有常"。《说文解字》中对"文"的解释为"错画也，象交叉"。"文"之后又有了许多衍生义，《论语·子罕》记载的孔子所说的"文王既没，文不在兹乎"中"文"指文物典籍、礼乐制度；子曰："质胜文则野，文胜质则史，文质彬彬，

[①] 张冉：《文化自觉论》，华中科技大学博士学位论文，2010年，第20页。
[②] 康德：《判断力批判（下卷）》，韦卓民译，北京：商务印书馆，1985年版，第95页。
[③] 爱德华·泰勒：《原始文化》，蔡江农编译，杭州：浙江人民出版社，1988年版，第1页。
[④] C.A.冯·皮尔森：《文化战略》，刘利奎等译，北京：中国社会科学出版社，1992年版，第4页。
[⑤] 马林诺夫斯基：《文化论》，费孝通译，北京：华夏出版社，2002年版，第2页。
[⑥] 恩斯特·卡西尔：《人论》，甘阳译，上海：上海译文出版社，1985年版，第288页。

然后君子。"这里的"文"指的是文化的修养;《尚书·大禹谟》所谓"文命敷于四海,祗承于帝"则指文德、美德。"化"的本义是事物的动态变化过程,也就是转化与生成的意思。《庄子·逍遥游》曰"化而为鸟,其名为鹏";《周易·系辞下》中云"天地氤氲,万物化醇;男女构精,万物化生";之后"化"引申为"教化",《礼记·中庸》有云"能尽物之性,可以赞天地之化育;可以赞天地之化育,则可以与天地参矣"。西汉以后,"文"与"化"开始连用。汉语中的"文化"一词最早见于汉代刘向的《说苑·指武》:"圣人之治天下也,先文德而后武力。凡武之兴,为不服也;文化不改,然后加诛。"这里的"文化"实为"教化"之意,与"武力"相对。之后"文化"的含义逐渐丰富起来,对于文化的研究也开始盛行。

在这里需要指明的是"文化"和"文明"的区别。通过上文的粗略梳理我们可以看出,无论中外学者,对于二者的区别均不甚清晰,尤其爱德华·泰勒在定义时一开始就写到"文化或文明",甚至亨廷顿都认为对文化与文明的区分至今没有成功。在关于如何定义文化的问题上,钱锺书独树一帜,他反对泰勒等学者"包罗万象"式的"罗列",他的说法言简意赅:"'衣服食用之具',皆形而下,所谓'文明事物';'文学言论'则形而上,所谓'文化事物'。"①文明约同于物质生产,文化则完全属于意义活动。文化人类学家格尔兹(Clifford Geertz)则将文化看作一套控制机制。

笔者无意对文化再进行新的概念界定,只是想要在阐释本书的核心问题"元语言"之时厘清一些易混淆的概念。因此笔者借用赵毅衡的观点:民族性、分区性、层控性、保守性是区别文化与文明的最主要的四个特点。故而,文明偏向于物质基础,文化侧重符号意义。由此赵毅衡将文化定义为社会符号表意活动的总集合②,笔者深以为然,这样一来,"文化自觉"这个复杂的问题也就迎刃而解。

作为一种文化认识论,文化自觉是人类认识复杂性的观念表现。文化自觉的说法最早由我国社会学家费孝通提出。他所谓的文化自觉是指:

---

① 钱锺书:《史记会注考证》,《管锥编》,北京:生活·读书·新知三联书店,2004年版,第1卷,第533页。转引自赵毅衡:《符号学的一个世纪:四种模式与三个阶段》,《江海学刊》,2011(5)。
② 赵毅衡:《文化:社会符号表意活动的集合》,《社会科学战线》,2016(8),第148页。

生活在一定文化中的人对其文化有自知之明,明白它的来历、形成过程,所具有的特色和它的发展趋向,不带任何文化回归的意思,不是要复旧,也不主张全盘西化或全盘他化,自知之明是为了加强文化转型的自主能力,取得决定适应新环境、新时代时文化选择的自主地位。①

应该说,文化自觉是一个历史范畴,不同时代赋予其不同内涵。用符号学来探讨"文化自觉"再适合不过。我们既然认为文化是"社会符号表意活动的总集合",那么文化自觉应当就是建立在社会符号表意基础上对客观世界进行的自觉的意义活动,人的自觉活动创造对象世界,改造无机界,人证明自己是有意识的类存在物,把类看作自己的本质,或者说把自身看作类存在物。② 不管出于何种目的的意义活动,都应从属于文化自觉的范畴。

眼下,中国社会力量发展开始进入高度个体化与分散化时段,民众的权益意识逐渐增强,尤其重视利益表达机制,当有效表达渠道发生不畅,网络及各种社交媒体平台就成为事件发起或者扩大的重要渠道。此类事件大多涉及群体利益,观点表达上情绪化现象比较严重,碎片化表达明显。而且舆论朝向比较多变,夹杂视觉冲击的舆情更容易引起质变。围绕网络公共事件,往往都会形成两个舆论场,现实舆论与网络舆论在线下和线上联系紧密、互动性强。事件在网络上掀起讨论,线下舆论得到动员展开行动,现实行为推进网络舆论发展,这种状况已经成为网络时代文化自觉的一种"标志"。从"于欢案"到"严书记事件"等,都没有走出这个模式。2016年海口市秀英区发生的拆违联防队员打人事件中,有关视频由微博传播后引发普遍声讨,一些社会矛盾也被引爆,成为舆论焦点。具体事件借助网络平台进行曝光,扩大事件的社会影响,以线上线下的互动来实现自身的利益诉求,此种处理问题的模式已经相当普遍。

文化作为历史凝结成的生存方式,一直伴随着人类的生存和历史的演进。文化自觉既是一种历史活动,也是一个历史过程,每一个时代的文化自觉都有所不同。如果说20世纪是文化自觉的显露世纪,那么21世纪就是文化自觉彰

---

① 费孝通:《反思·对话·文化自觉》,《北京大学学报(哲学社会科学版)》,1997(3),第16页。
② 马克思:《1844年经济学哲学手稿》,中共中央马克思恩格斯列宁斯大林著作编译局译,北京:人民出版社,2000年版,第57页。

显的时代。眼下，网络技术大行其道，通过压缩时空，网络把地球变成了一个"村落"，在这个村落中，多元文化共生并存，不同民族、种族、信仰的人都可以在信息时代共同相处。

第二节　网络公共事件中的符号互动

"符号互动论"是用来研究人类群体生活和人类行为的一种方法，这个概念自诞生起就格外引人注目。符号互动论把意义当成社会的产物，认为意义是在人与人之间互动时，通过他们的界定活动而形成的创造物。[①] 布鲁默（Herbert Blumer）认为符号互动论基于以下三个前提：首先，人们对富有意义的事物进行活动；其次，事物的意义衍生于同其他人或群体之间进行的社会互动；第三，人们在交往过程中不断修正事物的意义。[②] 网络公共事件中的符号互动，是基于媒介文本展开的，有三种明显的互动形式：仪式性抗争式互动、情感互动和修辞互动，网络公共事件在这三种互动中发展和演变。

一、仪式性抗争式互动

人类所有仪式都是由符号组成，仪式符号源于模拟，从仪式框架的建立到符号的选用，都源自模拟。"仪式"作为一个专门的词语出现在 19 世纪。哈布瓦赫认为，"仪式是由一套姿势、言辞和一种物质形式确立起来的崇拜对象构成"[③]。迪尔凯姆认为，人类宗教的两大范畴分别是信仰和仪式，仪式属于信仰的物质形式和行为模式，一个完整的、公开的群体仪式一般都发生在一个特定的时间、地点与场合，仪式成了社会组织的一种描述和社会总体结构中的象征性叙事。[④] 不同的仪式形式与仪式内容能够表达不同群体的精神状态与思想情感，它是人类社会中特有的文化现象，同时也反映了一种特定的社会关系。

---

① 布鲁默：《论符号互动论的方法论》，霍桂桓译，《国外社会学》，1996（4），第 11—20 页。
② 布鲁默：《论符号互动论的方法论》，霍桂桓译，《国外社会学》，1996（4），第 11—20 页。
③ 莫里斯·哈布瓦赫：《论集体记忆》，毕然、郭金华译，上海：上海人民出版社，2002 年版，第 195 页。
④ 史宗：《20 世纪西方宗教人类学文选》，北京：生活·读书·新知三联书店，1995 年版，第 107—110 页。

仪式的意义"首先是道德的和社会的"①，在古代社会仪式主要在宗教祭祀与巫术中体现，表现出一种神秘感。仪式在人类生活中扮演着重要的角色。迪尔凯姆曾指出"仪式是一种一般的作用，虽然这种作用无论何时何地都是一样的，却可以根据不同的条件以不同的形式出现"②。格尔兹（Clifford Geertz）把人比作"悬挂在由他们自己编织的意义之网上的动物"③，在对象、场景等实物中，通过舞蹈、身体姿势、演奏等活动，仪式行为者将一个具有意义的虚拟的仪式情境表现出来。仪式是虚拟的、非实用性的表现行为，大多数仪式都含有表演的成分，格尔兹就把仪式看作"文化表演"，并且仪式能够在"缺乏共同信仰的情形下制造团结"④。

詹姆斯·W.凯瑞（James W. Carey）率先将"仪式"纳入传播学研究视野，他提出了传播的传递观（transmission of communication）与传播的仪式观（ritual of communication），通过这两种新路径来重新审视传播。以社会心理学和行为主义为基础的传递观，指出传播即信息传递的过程，信息"对距离和人的控制"是在空间发布和传播的过程中完成的⑤，强调信息在时空范围内的分布。传播的仪式观则认为"媒介必然产生影响"，这是因为"典礼不是指讯息在空中的扩散，它以团体或共同身份把人们吸引到一起，在一个共同的时间上维系社会。传播不是分享信息的行文而是信仰共享的表征，一个有秩序、有意义的文化世界是由传播建构并维系着的"⑥。

传播的仪式观强调一种文化的共享，其目的在于维系整个社会。传播的仪式观不认为传播是信息的共享，而是"共享信仰的表征"，传播的主体都是平等的参与者，正是因为参与者的共同参与和体验，"仪式"才得以建构。传播的仪式观更加注重传播对信息的扩散与对社会秩序的建构，着重分析构成仪式

---

① 埃米尔·迪尔凯姆：《宗教生活的基本形式》，渠东、汲喆译，上海：上海人民出版社，2006年版，第358页。
② 埃米尔·迪尔凯姆：《宗教生活的基本形式》，渠东、汲喆译，上海：上海人民出版社，2006年版，第366页。
③ 克利福德·格尔兹：《文化的解释》，纳日碧力戈等译，上海：上海人民出版社，1999年版，第5页。
④ 何明修：《工厂内的阶级团结——连接石化工人的工作现场与集体行动》，《台湾社会学》，2003（6），第66页。
⑤ 詹姆斯·W.凯瑞：《作为文化的传播》，丁未译，北京：华夏出版社，2005年版，第4页。
⑥ 詹姆斯·W.凯瑞：《作为文化的传播》，丁未译，北京：华夏出版社，2005年版，第7页。

传播或者仪式化传播的符号意义。总的来说,传播的仪式观认为传播在建构社会关系中始终作为一种符号,是社会关系的再现。

加拿大仪式学家格兰姆斯从发生学角度探讨仪式起源,把生物和自然的现象归为仪式的根源,并且格兰姆斯认为仪式起始于"仪式化"。"仪式化"用来指示仪式中个体化角色与社会活动中的神圣关系和社会地位。[①] 仪式的意义是创造出来的,格兰姆斯所说的"仪式化"就是对仪式意义的创造过程,即人类对某种姿势或姿态赋予意义。在仪式化的过程中,当某种姿态或姿势的实用价值得到弱化,更多展现出来表演或交流的成分时,"仪式化"就此完成。人类学家维克多·特纳(Victor Turner)是当代最具影响力的仪式研究学者,他断言"意识活动之外的社会生活基本上是封闭的、枯燥的和无人性的;人性只有在仪式和宗教、艺术中才能得以繁荣发展"[②]。康纳顿(Paul Connerton)认为,"仪式能够把价值和意义赋予那些操演者的全部生活"[③]。

仪式本身也是一种虚拟的世界,这一点和网络的基本特征是吻合的。人们在仪式中通过身体的放松和情感的宣泄来达到一种精神上的自我放松。仪式行为是不同于生活常态行为的一种超常态行为[④],仪式行为的偶然举行是为了表达某种精神价值。格尔兹认为"人们在塑造他们的信仰时,也就获得了他们的信仰"[⑤]。网络公共事件中,网民选择站在他们所认为的正义的一方,这个过程中,他们塑造在现实社会中已经失衡的信仰,塑造信仰是为了获得认同。

美国社会学家兰德尔·柯林斯深化和发展了欧文·戈夫曼的"互动仪式"理论,他认为互动仪式理论首先应该是关于"情境的理论"[⑥],表现为主体间互动的状态,激起参与主体的情感,进而形成高度的成员情感和成员身份感。柯林斯将群体成员的"身体在场"视为互动仪式发生的先决条件之一,因为身体在场能够确定群体共同关注的焦点,能够达到主体间性的状态。他否定了电

---

① 彭兆荣:《人类学仪式的理论与实践》,北京:民族出版社,2007年版,第12页。
② 夏建中:《文化人类学理论学派:文化研究的历史》,北京:中国人民大学出版社,1997年版,第319页。
③ 保罗·康纳顿:《社会如何记忆》,纳日碧力戈译,上海:上海人民出版社,2000年版,第50页。
④ 薛艺兵:《对仪式事件的人类学解释(上)》,《广西民族研究》,2003(2),第33页。
⑤ 克利福德·格尔兹:《文化的解释》,韩莉译,南京:译林出版社,1999年版,第113页。
⑥ 兰德尔·柯林斯:《互动仪式链》,林聚任、王鹏、宋丽君译,北京:商务印书馆,2009年版,第32页。

子邮件与互联网的"现场感",认为这二者没有实时的互动交流,所以也几乎不会产生共同的关注焦点。然而社交媒体的出现打破了柯林斯关于互动仪式的论断,人们在网络空间中越来越能够体验到跟现实情境一般的互动,身体的虚拟化在场成为远程互动即时交流的可能。

抗争是一种社会情感,从情感社会学角度来看,情感是一种结构性的社会事实。[1]"那些开始让我们关注周围世界的心理体验,要么被世界击败,要么被世界吸引"[2],就是所谓的情感。詹姆斯·贾斯珀是最早提出"反抗的情感"这一社会运动命题的学者,他指出情感能够塑造和改写人们的认知逻辑和社会行动,并且会深层作用于人类的集体行动。贾斯珀在研究中发现,在社会运动中情感具有两大功能:发起行动动员与提供行动目标。[3] 在转型期中国的特殊语境中,一系列特殊的情感形态被源源不断地产生出来,在新媒介语境下,经过调和、转换后的情感被作为生产性元素保留下来,成为社会变革与宏大叙事的构成因素。[4]

仪式性抗争就是以某种既定的仪式行为和仪式符号来表达社会负面情感。网络公共事件中的仪式性抗争就是以网络为媒介,通过具体的事件表达个体的愤怒与不满,总体来说网络公共事件的仪式性抗争行为包括网上留言、转发和其他自发行为。在湖南临武瓜农死亡事件中,网民的积极参与刷新了当年网络公共事件参与量的新纪录。2013年7月17日,网友"临武何建勋"在微博发文称"一个城管当街砸死了一个卖西瓜的农民"[5],这条微博发布后迅速被转发,当日转发量高达180多万,网民们用舆论向临武相关部门"讨说法",这一场由西瓜引起的舆论热点升温成为网络公共事件。事发第二日,临武县方面表示没有证据表明瓜农被秤砣砸死,瓜农本人系突然倒地身亡。网民们对此说法并"不买账",使得该事件在短短几天之内就演变成了群众"抢尸事件"。当

---

[1] 埃米尔·迪尔凯姆:《社会学方法的准则》,狄玉明译,北京:商务印书馆,1995年版,第63页。
[2] 转引自刘涛:《情感抗争:表演式抗争的情感框架与道德语法》,《武汉大学学报(哲学社会科学版)》,2016(5),第102页。
[3] 转引自刘涛:《情感抗争:表演式抗争的情感框架与道德语法》,《武汉大学学报(哲学社会科学版)》,2016(5),第102页。
[4] 刘涛:《情感抗争:表演式抗争的情感框架与道德语法》,《武汉大学学报(哲学社会科学版)》,2016(5),第102页。
[5] 参见凤凰网,2013年8月12日。

事人家属与从官方的强烈对峙到握手言和再到出面澄清，折射出了事件发展过程中的"欲盖弥彰"。

网民积极主动对新闻事件发表言论，用转发、留言等仪式性抗争来表达意见与态度，声援弱势群体，最后在公众的关注中一步步逼近真相。官民矛盾是十分敏感的社会问题，这类事件往往触及社会痛处，很容易引发关注。在这类事件中，网络时代的"仪式性抗争"就是公众表达与宣泄的出口，希望能够用这种方式赢回公正，获得生存归属感。在网络公共事件中，同情弱势群体成为道义上的理所应当，网民以此占领道德的高地。如若事件出现反转，网民又会倒戈相向，凸显了社会转型期民众信仰的缺失和对转型带来的阵痛的不满与抵抗。

在美国社会心理学家阿伦森看来，依从、认同和内化是某一起事件之所以能够引起广泛关注和讨论的三个环节。"一个人为了获得奖励或者避免惩罚而做出的某种行为"① 就是依从，在网络公共事件中，依从表现为对已有观点的支持。目前我国网络公共事件中所存在的仪式性抗争的公开表达方式比较隐晦，与早先微博、论坛或新闻跟帖这些比较公开的方式相比较，公众对网络公共事件的"吐槽"更多在较为私密的社交媒体中传播，比如微信朋友圈。公众对敏感话题多用影射或将某些字眼符号化的方式予以表达。② 因为"社交网络之所以能够作为极化机器运转，是因为他们有助于证实，从而放大人们以前就持有的观点。"③

二、情感互动

乔纳森·H. 特纳认为人类的认知、行为以及社会组织的任何一个方面几乎都受到情感的驱动④，而且"情感在所有层面上，从面对面的人际交往到构

---

① E. 阿伦森：《社会性动物》，邢占军译，武汉：华中师范大学出版社，2007年版，第27页。
② 参见2017上半年网络舆情分析研究报告：《"4+8+5"定调舆论终极话语》，2017年7月19日。
③ 陈裕文：《暴力、女性与新闻媒体》，台北：台北政治大学出版社，2007年版，第10页。
④ 乔纳森·H. 特纳：《人类情感——社会学的理论》，孙俊才、文军译，上海：东方出版社，2009年版，第7页。

成现代社会的大规模的组织系统,都是推动社会现实的关键力量"①。

2006年网络视频《一个馒头引发的血案》成为网络"恶搞"先锋。具体来说,网络恶搞大致一分为二,一种是对权威、经典的解构,另一种是以娱乐为目的的"创新恶搞",标新立异地制造一些网络名人,使之广泛流传。2010年以后,网民社会逐渐成熟,社交媒体成为社会矛盾的镜子和社会意见表达的广场。网络公共事件频频发生,网民开始用零散化和碎片化的形式表达意见,并且以"中国式幽默"加入对网络公共事件的评述中,用诙谐戏谑的非主流表达框架与主导话语相对抗,给舆论增加了一些搞笑的成分和娱乐的色彩。以"蒜你狠""豆你玩""姜你军"等表达对某些农产品价格飙升的不满为滥觞,网络公共事件中的戏谑化表达就此拉开序幕。"床前明月光,我爸是李刚""反正我是信了""猪自杀""谢谢那些年舍友的不杀之恩""元芳你怎么看"等,形成了具有鲜明特色的网络流行语。保罗·莱文森认为互联网"绝不仅仅是一种传播手段,它还是网民讨论、辩论、形成共识的手段"②。互联网拥有一种特殊的语境,更多时候,反讽更能表达感情,戏谑的态度更能接触到事件的本来面貌。在强烈的反差和鲜明的对比中,戏谑产生的效果更胜一筹。戏谑主要通过双关、比喻、反讽、夸张等手法对网络公共事件进行另类解读,迎合普通大众口味。

阿尔弗雷德·拉德克利夫-布朗(Alfred Radcliffe-Brown)认为标准化的戏谑关系是友好和敌对两种情绪的奇妙结合③,这种情感上的双重性在网络公共事件的戏谑现象中同样适用。戏谑是一种娱乐化的情感表达方式,新鲜感、新的娱乐对象、新的舆论对象的挖掘对于网民而言,是刺激他们参与网络舆论的原始动力。戏谑在网络表达中也逐渐成为表达不满与愤怒的手段。语言是社会的镜子,网民通过文字、图片或视频等娱乐调侃的方式在网络空间内进行戏谑化表达,这样就能够短时间内引起围观,吸引眼球,博得关注。在网络公共事件中,表达主体采用迂回的方式表达个人的观点和态度,希望通过舆论的压

---

① 乔纳森·H. 特纳:《情感社会学》,孙俊才、文军译,上海:上海人民出版社,2007年版,第2页。

② 保罗·莱文森:《数字麦克卢汉——信息化新纪元指南》,何道宽译,北京:社会科学文献出版社,2001年版,第104页。

③ A.R 拉德克利夫-布朗:《原始社会的结构与功能》,北京:中央民族大学出版社,1999年版,第99页。

力或整合力对事件的进展产生影响。戏谑的方式,在语言风格上消解了义正词严的激烈批判,在黑色幽默中达到"项庄舞剑,意在沛公"的效果。

尼尔·波兹曼在《娱乐至死》中说:"和语言一样,每一种媒介都为思考、表达思想和抒发情感的方式提供了新的定位,从而创造出独特的话语符号。"[1] 在戏谑化表达盛行的社交媒体时代,媒体公信力成为稀缺品和易碎品。人们通过戏谑的方式来表达"无奈",是一种对现实的娱乐化追问,是对现实社会的话语投射,是对现实的讽刺。戏谑的编码是一种象征符号的传递,用看似漫不经心的带有戏谑和调侃的字眼描述事件或事件当事人,引人发笑之外使民众情绪多元化,形成一种非结构性反抗。作为情感动员中最特别的形式,戏谑不容易制造紧张感,这一点对普通网民有着强烈的吸引力。为了解构和颠覆精英阶层,网民们在一次又一次的"阐释"中展开"讨伐狂欢"。"我爸是李刚"事件后,网友们陷入无限的创造狂欢中,更是有网友发起了"我们一起来亮爸"的活动,"老夫聊发少年狂,我的爸爸是李刚""不是每一杯牛奶都叫特仑苏,不是每一个爸爸都叫李刚"等,网友们"引经据典"的"段子"都是对这起事件的戏谑式回应。

"每一个时代都有自己的媒介,每一个时代必然蕴含着自己的思维方式,有着独特的文化特质。"[2] 作为一种具有后现代意义的话语表达方式,网络戏谑一方面致力消解、解构宏大叙事、精英话语与严肃主题,另一方面则在解构的基础上建构新的语言体系,折射出公众对社会现实的关切。根据中国社科院相关统计,中国网民结构特征为"三低":低龄化、低收入、低学历,加之互联网本身具有的匿名性、碎片化等传播特征,网民往往与非理性群体相联系,一定程度上致使网络空间充斥着恶搞与各种怨恨。郭小安曾经提出与西方的"依理抗争"与"依法抗争"不同,中国的网络公共事件基本都表现出"以势抗争"的态势,"不闹不解决、小闹小解决、大闹大解决"成为一些底层民众信奉的原则,这也是他们最无奈的选择。[3] 互联网给现代社会带来的独立空间,增强了个人的自主性,加剧了个人的孤独感。戏谑化的表达方式富有极强

---

[1] 尼尔·波兹曼:《娱乐至死》,章艳译,桂林:广西师范大学出版社,2011年版,第17—18页。
[2] 彭焕萍:《媒介即隐喻——从麦克卢汉到波兹曼》,http://media.people.com.cn/GB/40628/4832921.html。
[3] 郭小安:《网络抗争中谣言的情感动员:策略与剧目》,《国际新闻界》,2013(12),第56页。

的感染力和娱乐性，为人们带来极大的娱乐快感，能够将分散的个体凝聚起来，吸引人们参与其中，戏谑的、非结构化的表达方式给受众带来一种心理上的接近感。从这一点来讲，戏谑更能引起公众的情感共鸣。

情感互动中，共情（empathy）是不可避免的一个构成。共情最早被关注是在欧洲的19世纪后半期，受到浪漫主义思潮的影响。Empathy源自1873年德国哲学家Robert Vischer的著作 *Uber das optische Formgefuhl: Ein Beitrag zu Aesthetik*，是对希腊语的音译，最初被用于描述个体对艺术作品的共鸣。[①] 1909年，美国心理学家铁钦纳（Edward Bradford Titchener）首次提出"共情"一词，他认为共情"不是对他人互动的直接感受，而是在自我想象的基础上，重建了对他人感受的体验"[②]。"共情本质上是一种带有认知因素的感情。共情的旁观者在与他人的体验融为一体时，并不会失去其自身感，他也不是像搜集信息一样地冷静、客观地观看别人的体验。"[③]

共情不单指悲伤情感的感同身受，它也可能是愉悦的。当然，共情的发生并不能消除既有的社会阶层之间的差异，只是在这个时刻，社会地位、职业身份等都暂时被悬置。自我是共情的生成与表达的关键因素，如果没有自我的充分发展，就不会形成成熟的共情表达。共情包括两个方面的能力：认知共情和情绪共情。认知共情（cognitive empathy）指理解他人情绪状态产生的原因[④]，就是能够知道他人的情绪目前处于何种状态；而情绪共情（emotional empathy）指对他人情绪的情绪性反应，即产生和他人相似的情绪体验[⑤]，也就是我们所说的感同身受。二者的区别在于，认知共情能够通过后天的训练习得。比如一个咿呀学语小孩子会在与妈妈逐渐的交流中感知什么时候妈妈生气了、什么时候妈妈是开心的，妈妈生气的时候不可以做什么、妈妈开心的时候

[①] 颜志强、苏金龙、苏彦捷：《共情与同情：词源、概念和测量》，《心理与行为研究》，2018（4），第433页。

[②] 转引自陈安、李雪娇：《社会热点问题中共情效应的一般性机理分析》，《天津商业大学学报》，2018（6），第3页。

[③] 转引自薛巍：《共情的文明》，https://www.douban.com/group/topic/23994715/，2011-12-10。

[④] 陈武英、卢家楣、刘连启等：《共情的性别差异》，《心理科学进展》，2014（9），第1423-1434页。

[⑤] 陈武英、卢家楣、刘连启等：《共情的性别差异》，《心理科学进展》，2014（9），第1423-1434页。

能够做什么等，他会有意识地去辨别和认知。情绪共情更偏向于一种与生俱来的人类情感。与情绪共情相比较而言，认知共情是处于不断变化中的，它可能会随着人的年龄的增长、阅历的增加而发生改变。

在关注和参与网络公共事件讨论的成员中，有的人会对事件主人公表现出怜悯、悲伤与愤怒；有的人会因为有相似的生活遭遇而表现出强烈的代入感，共情更加明显。参与者个体情绪的唤起容易形成态度判断，这也是推动事件传播扩散的直接动力。比如2017年末的"红黄蓝幼儿园虐童事件"引起公众极大关注，迅速成为社会讨论焦点。笔者在阅读了大量关于该事件的评论后发现，愤怒的言论占据了很大的比例。这一事件触动了人们的情感，让人们自动站在受虐待的孩子的一边，因此能够上升为网络公共事件，成为社会讨论的热点。这种情感因素正是共情的本质。当然，除了想象得到的痛苦，还有推己及人的焦虑，尤其是孩子正在上幼儿园或者即将上幼儿园的家长们的愤怒情感让事件直接演化成一场全民大声讨。通过共情产生的强烈情感成为巨大的舆论压力，迫使相关部门展开调查，给公众一个交代。

就个体角度而言，个人的情感会因具体事件的刺激而爆发出来，被刺激后的情感往往会通过行为举止或言论表现出来。个人将情感在群体中公开化表达，"可以引起他人相对应的情绪发生，而他人的情绪又反过来加剧了这个人原有的情绪，反复震荡，甚至激起强烈的情绪爆发，导致某种非理性的行为发生"[①]。网络舆论场是一个充满了各种情绪的舆论场，情绪笼罩下的社会舆论对网络公共事件的发生有反作用力，能够介入事件的发展过程，改变事件的走向。在网络公共事件的舆论中，感性情绪的发泄一般都会早于对信息的理性讨论，网络表达也会出现一窝蜂式的、带有明显情绪色彩的言论，观点先行、情感先行、理智滞后已成为网络公共事件的一个明显特征。特别是社交媒体时代，公众的情感诉求能够在短时间内得以扩散。网络公共事件中，共情产生的主要原因就是公众对事件中的当事人产生了情感上的共鸣，这种共鸣让公众关注事件，积极参与事件的传播，产生社会舆论。我们在大量的网络公共事件中都能够看到"共情"的存在。

集体记忆为网络公共事件的共情扩展了另一条研究路径。集体记忆几乎总

---

① 周晓红：《现代社会心理学》，上海：上海人民出版社，1997年版，第327页。

是关于灾难、非正义和暴行。19世纪末20世纪初，弗雷德里克·C.巴特莱特（Frederic Charles Bartlett）关于记忆的社会属性的研究是可追溯到的关于集体记忆最早的研究。哈布瓦赫则对"集体记忆"做了完整的概念阐述。哈布瓦赫认为："集体记忆就是一个特定社会群体成员共享往事的过程和结果。"① 也就是说，"集体记忆"是在社会交往中获得的，在哈布瓦赫看来，社会交往是实现"集体记忆"的现实基础，其形成与家庭、社会分层、国家制度等息息相关，是在社会成员之间、社会群体之间、社会成员与社会群体之间的互动中形成的，是具有社会属性的。人们相关记忆的获得是在社会中实现的，也只有在社会中，人们才能对记忆加以回忆、识别和定位。② "集体记忆"成为既得利益群体维护现有秩序的方式，其本身就是一种权力，但同时也受制于权力。记忆是社会与个体互动的结果，它服务于当下，根据当前需要，不断提取过去记忆的其他方面。

"集体记忆"是塑造社会认同的重要力量，同时也肩负着代际传播的重要任务。当代社会，大众传播媒体在关于"集体记忆"的存储与传播过程中扮演了重要角色。回顾历年的中国网络公共事件我们就会发现，但凡事件的主题涉及敏感的话题时，公众关于某一类特定事件的集体记忆就会被激活。在各路自媒体的强大作用下，集体边界就会在短时间内因为个体情绪聚焦而形成，转化为集体愤怒的社会情绪就会构成抗争话语的一部分。比如与社会冲突有关的网络公共事件，最容易成为激活公众集体记忆的关键，每当此时，也最易形成网络式的"集体狂欢"。郭小安指出，公众在这样的"集体狂欢"中关注的焦点已经不再是事件的真假，情绪的宣泄首当其要。此时的公众有着强烈的情感共鸣，他们会站在道德的高地，不约而同地指责、抨击"强者"，同情弱者。③ 在当前中国社会的情感结构中，普遍存在着对正义的渴望和追求，对弱者和小人物的同情，对贪官污吏的痛恶，对权贵的嘲讽，对沟通的渴望。④ 在"魏则西事件"中，事件主人公终因不正规医院的过度治疗而离开人世。现实中，我

---

① 莫里斯·哈布瓦赫：《论集体记忆》，毕然、郭金华译，上海：上海人民出版社，2002年版，第39页。
② 莫里斯·哈布瓦赫：《论集体记忆》，毕然、郭金华译，上海：上海人民出版社，2002年版，第68页。
③ 郭小安：《网络抗争中谣言的情感动员：策略与剧目》，《国际新闻界》，2013（12），第56—69页。
④ 杨国斌：《悲情与戏谑：网络事件中的情感动员》，《传播与社会研究》，2009（9），第39—66页。

们每个人都会生病,生病时的那种无助与无奈人人都应当体会过。对生命的珍惜与对现实生活中医疗问题的不满让网友们看到这样的事件后集体愤怒。

情感性互动在网络公共事件中所占的比例比较高,情感互动频繁的网络公共事件最能够引起全社会的关注,甚至能够成为一种"象征"。情感互动是通过具体的媒介文本表现出来的,文字、图片、视频、音频提供的真实体验感是情感互动的基础。社会会因为某起网络公共事件分化成不同的群体,每一个群体背后都有一套支持的元语言体系。因此可以肯定的是,情感的互动归根结底就是元语言之间的相互作用。

三、修辞互动

任何修辞行为都是一种主观性的产物,新媒体语境下修辞效果的主观意图尤为强烈。就"修辞"的字面意思来说,"修"指的是"修饰","辞"的本意则是"辩论的言辞",后来引申为所有的言辞,"修辞"是在语言活动中运用各种手段表达语言效果的活动,一言以概之,修辞就是对言论的修饰。从广义上来说,一切符号行为都具有修辞性。修辞不但是一种美辞艺术,而且是一种说服,一种认同,甚至是一种认知。[①] 在修辞功能方面,中西方的理解差异比较大。中国的修辞主要是一种语言风格,多用来"矫饰"文章,展现"文采",西方修辞学从古希腊时期开始就是关于语言的使用策略或如何有目的地使用语言。亚里士多德的古典修辞观认为修辞"是一种能在任何问题上可能的说服方式的功能"[②]。

当下,网络公共事件表现出强烈的新媒体语境特征。简·梵·迪克将媒介网络视为社会环境本身[③],他认为网络媒介或者媒介化传播并不会取代传统的社会网络和面对面传播,它们是相互交织、互为补充的。北京大学程曼丽教授在《什么是"新媒体语境"?》中指出语境具有两个突出特点,首先是反映人们在交际活动中的相关性,是一种关系状态;其次是反映交际活动中的当下关

[①] 李红:《网络公共事件:符号、对话与社会认同》,北京:中国社会科学出版社,2015年版,第123页。

[②] 亚里士多德:《修辞学》,罗念生译,上海:上海人民出版社,2006年版,第23页。

[③] 简·梵·迪克:《网络社会——新媒体的社会层面》,蔡静译,北京:清华大学出版社,2014年版,第262页。

系，具有限时性与现实性的特点。① 媒介是储存与传送符号的工具②，社会环境的变迁与媒介的更替决定了每个时代的传播语境都有其独特之处。纵观人类社会我们发现，新的媒介的出现往往会给社会的交流传播涂上一层理想主义色彩，针锋相对的观点也会纷至沓来。③ 延森指出："柏拉图认为，书写文字的发明并不是增进记忆，也不是启迪智慧，而是促使遗忘。之后，围绕着印刷术和广播媒介的诞生，一个经久不衰的争论再次出现：这些技术究竟是推动了教育的启蒙，还是把人们推向了享乐主义与逃避主义？近年来，互联网和数字媒介成为人们的新宠，围绕二者产生了无数的话题。互联网和数字媒体是否能够真正成为一种被人们利用的社会资源，它们能够在多大程度上提升公众参与政治、经济以及文化领域中各项事务的能力？"④

尼尔·波兹曼说："任何一种媒介都有共鸣，因为共鸣就是扩大隐喻。不管一种媒介原来的语境是怎样的，它都有能力越过这个语境并延伸到新的未知的语境中。"⑤ 当我们宏观地审视当下社会的传播语境会发现，伴随数字化终端的广泛普及，传播媒介技术实现飞跃式发展，新媒介与社会的互动日益彰显，数字自我传播已经成为许多人日常生活的一部分。⑥ 社交媒体不断改变传播生态，即"由单纯地带来一种新型信息传播方式，上升至普遍化、内在化地改变社会结构"⑦。社交媒体为日常生活提供信息，为其加上抑扬顿挫的标点符号，成为栖居的场所。⑧

马克·波斯特（Mark Poster）认为"信息方式"的变革会对社会产生深远影响。波斯特的"信息方式"这一概念是在马克思生产方式理论的基础上形

---

① 程曼丽：《什么是"新媒体语境"？》，《新闻与写作》，2013（8），第90—91页。
② 赵毅衡：《符号学》，南京：南京大学出版社，2012年版，第124页。
③ 克劳斯·布鲁恩·延森：《媒介融合：网络传播、大众传播和人际传播的三重维度》，刘君译，上海：复旦大学出版社，2015年版，第3页。
④ 克劳斯·布鲁恩·延森：《媒介融合：网络传播、大众传播和人际传播的三重维度》，刘君译，上海：复旦大学出版社，2015年版，第90页。
⑤ 尼尔·波兹曼：《娱乐至死》，章艳译，北京：中信出版社，2015年版，第20—21页。
⑥ 詹姆斯·柯兰、娜塔莉·芬顿、德斯·弗理德曼：《互联网的误读》，何道宽译，北京：中国人民大学出版社，2014年版，第143页。
⑦ 胡百精：《新媒体语境、危机话语与社会性格》，《中国新媒体传播学研究前沿》，北京：中国人民大学出版社，2010年版，第206页。
⑧ 詹姆斯·柯兰、娜塔莉·芬顿、德斯·弗理德曼：《互联网的误读》，何道宽译，北京：中国人民大学出版社，2014年版，第143页。

成的。

在《德意志意识形态》以及其他著作中,马克思赋予生产方式两方面的含义:(1)作为一个历史范畴,它按照生产方式的变化对过去进行区分和分区;(2)作为对资本主义时期的隐喻,他强调经济活动,把它看作是正如阿尔都塞所说的"终极的决定因素"。我所谓的信息方式也同样暗示,历史可能按符号交换情形中的结构变化被区分为不同时期,而且当今文化也使"信息"具有某种重要的拜物教意义。①

在《信息方式:后结构主义与社会语境》中,波斯特指出"电子交流带来的某种改变:人与人之间符号的交换如今已不再受到时空的制约"②。他指出,马克思在《德意志意识形态》以及其他相关著作中,对生产方式赋予了两方面的含义。生产方式首先是一个历史范畴,马克思对过去进行区分和分区的依据就是生产方式的变化。其次,生产方式是对资本主义时期的隐喻。马克思强调把经济活动看成是"终极的决定因素",在这一点上,马克思与阿尔都塞保持一致的态度。波斯特所谓的信息方式也有着同样的暗示。按照符号交换情形中的结构变化,历史被区分为不同的时期,"信息"在当今文化中具有某种重要的拜物教意义。③

波斯特认为电子通信手段进入日常交往后,使得语言传播复杂化。在相当程度上,新的语言的形成对社会而言极其重要,它改变了社会关系网络,在相当程度上结构着新语言所构成的社会关系及主体。④ 重新诞生的新媒体语境"意味着一种新的认知框架和价值安排:新媒体介入下的话语表达、社会性格和文化形态"⑤。我们可以将新媒体语境扩展为一种思维框架,它在一定时期

---

① 马克·波斯特:《信息方式:后结构主义与社会语境》,范静哗译,北京:商务印书馆,2014年版,第9—10页。
② 马克·波斯特:《信息方式:后结构主义与社会语境》,范静哗译,北京:商务印书馆,2014年版,第5页。
③ 马克·波斯特:《信息方式:后结构主义与社会语境》,范静哗译,北京:商务印书馆,2014年版,第9—10页。
④ 马克·波斯特:《信息方式:后结构主义与社会语境》,范静哗译,北京:商务印书馆,2014年版,第13页。
⑤ 胡百精:《新媒体语境、危机话语与社会性格》,《中国新媒体传播学研究前沿》,北京:中国人民大学出版社,2010年版,第206页。

内制约和影响着人们的认知，是信息化社会中的一种特殊的文化形态，它是"指向构成与制约社会活动的、虽不必然可见但仍属限定的力量"①。在《科学革命的结构》中，托马斯·库恩（Thomas Kuhn）认为"范式"是一种先入为主的认知模式，在各个学科的研究中发挥着制约和解释的作用。从库恩的角度出发，我们认为新媒体语境是信息化社会中一种影响人们认知、制约人们实践的文化形态。

安德鲁·基恩（Andrew Keen）曾在《网民的狂欢：基于互联网弊端的反思》中有一段这样的论述：

>你操纵着信息时代，欢迎进入你的地盘。同样的"你"，也统治着维基百科，"你"既是知识的消费者，也是知识的创造者。"你"定义了Youtube网，在那里，同样的"你"既上传了上万的日常视频，也点击观看了由"你"上传的视频。"你"，在亚马逊网上预定和阅览图书，在eBay网上购买和拍卖商品，在微软的Xbox平台上购买和设计视频游戏，在克雷格列表网上登载和阅读广告。②

媒介技术的变革导致信息的传播方式和接收方式发生很大的变化。网络的便捷性和即时性让"每个人在网络中都有平等的发言权，最聪明人说的话不会比笨人说的话更重要。每个人都有自己的想法，但是很少有人受过特别的训练，拥有专业的技能，也产生不了什么真知灼见"③。在相对自由的网络空间中，把关人的缺失和少部分网民的低理性度容易受到特定信息的刺激，进而形成网络"狂欢"的现象。

20世纪20年代末，巴赫金首次提出了"狂欢化"理论，在《陀思妥耶夫斯基诗学问题》中，巴赫金认为狂欢化、狂欢式、狂欢节是狂欢理论的三个核心。在西方，狂欢节是一种具有独特魅力的文化现象，狂欢节的种类与形式多种多样，在民众的日常生活中占有相当重要的地位。诞生于古罗马时期的农神

---

① 张意：《文化与符号权力——布尔迪厄的文化社会学导论》，北京：中国社会科学出版社，2005年版，第267页。
② 安德鲁·基恩：《网民的狂欢：关于互联网弊端的反思》，丁德良译，海口：南海出版公司，2010年版，第27页。
③ 安德鲁·基恩：《网民的狂欢：关于互联网弊端的反思》，丁德良译，海口：南海出版公司，2010年版，第27页。

节，到后来的愚人节、狂欢节等，都有着深刻的"狂欢"的烙印。祭祀、圣诞节、狂欢节等，都充满了各种形式的"狂欢"。巴赫金在《陀思妥耶夫斯基诗学问题》中这样定义"狂欢"："形成于狂欢节中的一套表示象征意义的具体感性形式的语言无法准确地翻译成文字语言，但是在某种程度上，这些语言可以转化为同它相近的艺术语言，即转为文学语言。我们所谓之狂欢，具体说来，就是将其转为文学语言。"①

传统的大众传媒由于自身特殊性比较容易被控制，网络的出现，对话语权的垄断产生了冲击。互联网络自诞生起就给大众带来了一场话语狂欢，它"充满了宣泄性、颠覆性和大众性，表现出强烈的反体制、反权力、反规范的自由的蓬勃朝气"②。形式的狂欢、语言的狂欢与内容的狂欢共同构成了网络狂欢的三大领域。在真实的广场狂欢中，加冕、脱冕、易位、换装等都是实实在在的人采用物质的道具来实现的。网络狂欢中，人们肉体之间无法接触但是创造性地用各种符号来模仿真实场景，各种"灌水"、转发、评论都是形式上的狂欢。

巴赫金说"对话交际才是语言的生命真正所在之处"③，社交媒体时代，语言的再创造也成了网络狂欢的一种。文字、图片、符号的任意组合与错字、别字、语法病句的"齐飞"成为网络语言表达的狂欢，尤其表情包的频繁使用，都可以看作巴赫金笔下的"广场狂欢语言"。就网络公共事件而言，每一起具体的网络公共事件都是网络狂欢的内容。近几年而言，不论哪种性质的网络公共事件都能让没有直接利益关系的网民群体陷入网络狂欢的"海洋"，甚至连明星们的八卦逸事都能让人们津津乐道许久。的确，网络狂欢消解了现实生活中的道德与原则，被压抑着的个性得以释放，各种情绪得以宣泄。

鲍德里亚认为在传统社会，人的动作充满体力与能量，而在现代社会，人们只拥有功能性动作，"功能性不再是真实动作的施与，而是一个形式对另一

---

① 巴赫金：《陀思妥耶夫斯基诗学问题》，白春仁、顾亚玲译，北京：生活·读书·新知三联书店，1998年版，第175页。
② 胡春阳：《网络：自由及其想象——以巴赫金狂欢理论为视角》，《复旦学报（社会科学版）》，2006（1），第115—121页。
③ 巴赫金：《巴赫金全集（第六卷）》，李兆林、夏忠宪译，石家庄：河北教育出版社，1998年版，第214页。

个形式的适应，并且是经过此一程序，成为真实各种程序的省略、忽略"①。在巴赫金那里，狂欢能够体现出社会功能。首先，狂欢是一种全民性的活动。狂欢不是供人们欣赏的，也不提供表演，在狂欢中没有表演者和欣赏者，只有彻底的参与者。全民性的狂欢打破了森严的社会等级制度，人与人之间的距离被抛弃；人们在狂欢中尽情放纵自我，充满了生活的激情。在巴赫金眼里，这种欢歌笑语的激情生活是"翻了个的生活"，是"反面的生活"。其次，狂欢是具有仪式性的，因为"正是在脱冕仪式中特别明显地表现了狂欢式的交替更新精神，表现了蕴含着创造意义的死亡形象"②。平等性和颠覆性也是狂欢的独有的社会体现。在狂欢中人与人不再因等级制度而受压抑，"人回到了自己"，"人与人之间形成了一种新型的相互关系，通过具体感性的形式，半现实半游戏的形式表现了出来。这种关系同非狂欢节生活中强大的生活等级关系恰恰相反"③。所有的一切在狂欢节中都变成了相对性的存在，平常生活中的权威与真理在狂欢节中被狠狠颠覆。巴赫金强调，狂欢节中的欢笑与庆祝喜悦都表达了特定的世界观，而这种世界观恰恰与平常生活中的世界观大相径庭，所以巴赫金认为狂欢节为人们提供了一次暂时逃离现实生活的机会。

  巴赫金狂欢理论所描述的"第二世界"与网络空间的匿名性相契合，网络给社会公众提供了一个舞台，网民通过这个舞台尽情宣泄自己的思想及情感。其实在网络公共事件中网民与事件当事人之间是没有任何直接利害关系的，网民参与网络公共事件不过是一种情绪上的狂欢。他们通过转发、留言、关注等行为对网络公共事件施加自以为是的压力，但无法真正得到回应。大多数网民的网络公共事件参与行为只是出于自己的主观视角展开一场话语权的争夺，他们将自己认为的"理所应当"放诸网络公共事件的评论中，以期获得相似的回应或相对的反驳，在网络的激烈论战中寻找一种对抗现实的途径，获得对抗式的快感，释放自己的压力，这也是为什么在网络公共事件中总会出现所谓的"键盘侠"。

---

  ① 让·鲍德里亚：《物体系》，林志明译，上海：上海人民出版社，2001年版，第53页。
  ② 巴赫金：《巴赫金全集（第五卷）》，白春仁、顾亚玲译，石家庄：河北教育出版社，1998年版，第164页。
  ③ 巴赫金：《巴赫金全集（第五卷）》，白春仁、顾亚玲译，石家庄：河北教育出版社，1998年版，第162页。

第四章　网络公共事件中的元语言争夺

如此一来我们会发现，网民围绕某一件网络公共事件展开的网络符号行为并没有实质的意义，要么人云亦云地随声附和，要么独出心裁地博人眼球。在一场以网络公共事件为核心的网络"盖楼"运动中，"复制"和"粘贴"是最常见的行为，不断地重复进而博得大量的关注。符号的能指分节清晰，表意才会清晰，赵毅衡在《符号学》一书中提出过"能指优势"的概念，意为"能指主导意义"，表现在"艺术的/仪式的/文化的"符号表意过程中。重复实质上就是能指的不断积累，当这种积累能够"主导意义"的时候，一场关于网络公共事件的全民讨论才会正式展开。

网络狂欢现象多种多样，包括网络恶搞、网络造句和网络集体狂欢等，这种集体爆发式的网络狂欢"映射出了社会焦虑的镜像"[①]。2015年8月3日，一位自称洛阳交警的网友在"天涯论坛"发帖称洛阳警察在西安抓贼反被西安警方扣留，该网友因不满西安警方做法抱怨了一句粗鄙的话后被关近20小时。8月4日该事件被澎湃新闻证实后，人民网、腾讯网等媒体纷纷转载，一时间网民们议论纷纷，戏称这是"大水冲了龙王庙"。该事件中网民们对相关部门迟迟未露面感到不满，将满腔怒火发泄到网络上，直至8月6日下午，西安公安的官方微博才透露了事件的调查进展，并发布了事件的处理结果，网民对微博宣布的处理结果持续热议，但最终事件也在这场网络狂欢中走向平息。

该事件前期，事件权威主体并未理会网友们的单方面狂欢，也就是说权威主体未能为网友们的情绪宣泄提供出口，网络空间的宣泄一旦堆积起来得不到满足，就会将负面情绪延伸至现实空间，可能会带来严重的后果。权威主体加入后的双向对话与互动的狂欢更能满足网民们追求平等的意愿。网络公共事件中，参与热情最高、参与数量最多的是普通网民，但由于信息不对称，对事件议题的建构也有限，权威部门或权威主体只有通过对信息资源的深度挖掘、整合与利用，最终获得说服和影响他人的能力。[②]

互联网时代信息泛滥，社交媒体的异军突起带来了关注热点的"定点传播"，任何一起事件只要被媒体放大，都会成为人尽皆知的社会热点事件。当

[①] 汪磊：《网络场域中的狂欢景观及其社会焦虑镜像——以标签化的"话语符号"为观察窗》，《天府新论》，2013（3），第91—97页。

[②] 王敏静：《传统媒体对微博的应用现状探析——以新浪微博为例》，《东南传播》，2011（11），第72页。

下，新媒体已经结束了"红利期"，自媒体也好、门户网站也好，都将热点事件或焦点事件赚取点击率和高关注度作为在网络环境中生存的重要手段。在网络公共事件的集体狂欢中，网民们因为受到网络环境的影响，在缺乏理智的思考和情绪的鼓动下，很容易就被共情。有学者曾指出网络狂欢的实质："虚拟现实的整个情形就是你正在与他人营造一个现实"，"它把你的想象呈现出来，而你的想象将与其他人的想象力汇合起来，然后使得这个世界完全成为一种交往形式。"① 巴赫金称"狂欢是一种流行，是人的第二生命……使人完全从教条中释放出来"②。网民基于网络公共事件的狂欢是一种反压制与反规训的表现，自上而下的狂欢快感与社会权力的对抗使民众进入了乌托邦幻象。

另外，奇观化叙事也造就了狂欢的另一面。2013年的李天一涉嫌强奸案轰动一时，该事件一经披露就引发连锁反应，前后持续时间长达一年，无数网友争相围观、参与其中，在各大论坛、贴吧、网站等公共平台发表自己的看法。这个事件掀起了很大的舆论热潮。由于涉案人员独特的社会背景，公众与媒体的关注度居高不下，该事件被打造成一场"盛大"的媒体奇观大肆渲染。真真假假的"消息"令人应接不暇，公众置身其中，难辨真伪。众多媒体对李天一事件的深度追踪折射出网络公共事件被演变成一场场媒体奇观。媒体奇观是真相的扭曲化传达，让真相被掩盖在铺天盖地的"乱象"之后。

居伊·德波（Guy Debord）作为"国际境遇主义"运动创始人，在20世纪60年代的著作《景观社会》中，首次正式提出"景观"的概念。居伊·德波在书中指出："当真实的世界化为简单视像后，后者就变成了一种真实的存在，其麻痹和催眠的作用十分有效。景观成为一种趋势，使人们通过特定的中介物来了解世界。"③ 景观在德波看来，就是现实社会中虚拟的核心存在，它不是影像的简单聚集，而是一种中介和社会关系，用以维持人与人之间的联系。景观更像是电子竞技游戏中始终不曾露面的终极BOSS，我们无法与之"对话"，却时刻感受到它的存在。德波的景观是宏大且静态的概念，在景观无形的统治下，人们丧失独立思考和积极行动的能力，被动地服从既定的逻辑方

---

① 陈晓云：《众人狂欢：网络传播与娱乐》，上海：复旦大学出版社，2001年版，第193页。
② 巴赫金：《巴赫金全集（第五卷）》，白春仁、顾亚玲译，石家庄：河北教育出版社，1998年版，第170页。
③ 居伊·德波：《景观社会》，王昭风译，南京：南京大学出版社，2007年版，第3—6页。

式，且乐此不疲。景观能够引导人们的思想和行为，是具有意识形态的社会关系的产物。

道格拉斯·凯尔纳（Douglas Kellner）是美国当代著名的文化分析者，他继承了德波景观社会的概念和理论框架，理性地建构了媒体奇观的理论。他在"媒体文化三部曲"之一的《媒体奇观——当代美国社会文化透视》中这样解释媒体奇观："符合现代社会基本价值观，引导大众适应现代化的生活方式、并能戏剧化呈现当代社会中的冲突和解决方式的媒介文化现象，其包括媒体制造出来的各种豪华场景、体育赛事和政治事件。"[1] 凯尔纳选取麦当劳的商业全球化模式、克林顿和莱温斯基的丑闻案、美国球星辛普森杀人案等案例充分阐释了媒体奇观的文化内涵，进一步说明了媒体奇观这一现象会对美国乃至全世界产生怎样的影响。社会发展至今，只要具备可"炒作"的要素，每个国家、地区和个人的事情都会被各媒体加工一番。当下世界，人们活在媒体制造的一个又一个奇观中，人们的认知被媒介引导，事实的真相被媒体加工后的真相替代。并不是说现代社会的人们丧失了辨别事件真实与否的能力，而是现代媒体为我们的生活加上了一层"滤镜"，仅此而已。马尔库塞在《单向度的人——发达工业社会意识形态研究》中就指出："社会控制的现行形式在新的意义上是技术的形式……社会控制在工业文明最发达的地区里，个人的抗议也会受到影响。拒绝'随大流'会被显得神经过敏和软弱无力。"[2]

劳拉·穆尔维（Laura Mulvey）在《视觉快感和叙事电影》中对"奇观"下了比较准确的定义，她认为"奇观是一种被观赏或目击到的令人印象深刻的、非比寻常的、被打断的现象或事件。奇观本身超越了以叙事为基础的概念模式，同时这种'超越'威胁着完整封闭的叙事系统"[3]。海量的信息永远充斥在我们的周围，平淡无奇的"故事"会很快被淹没在信息的洪流之中。为了赢得注意、博取眼球、引发舆论热潮，网络公共事件在进行叙事的时候会利用奇观化叙事颠覆常规，对权威进行解构。奇观化叙事最常见的方式之一就是符

---

[1] 道格拉斯·凯尔纳：《媒体奇观——当代美国社会文化透视》，史安斌译，北京：清华大学出版社，2003年版，第14页。

[2] 赫伯特·马尔库塞：《单向度的人——发达工业社会意识形态研究》，刘继译，上海：上海译文出版社，2008年版，9页。

[3] 转引自斯科特·布卡特曼：《奇观、吸引力和视觉快感》，黄石译，《电影艺术》，2011（5），第108页。

号化某事件主体,给该主体贴上各式各样的社会标签,如"X二代"或"天价XX"等,以此来刺激网民的感官与情绪。如此一来,事件被扣上苦情或阴谋的帽子,奇观化叙事也为网络公共事件的真相增添了一丝扑朔迷离的色彩。

近段时间,东京女留学生江歌遇害案裹挟着道德层面的审判,重回大众舆论话题,被议论得沸沸扬扬。江歌在2016年11月3日的晚上被闺蜜刘鑫的男朋友陈世峰残忍杀害,被害原因是江歌帮助刘鑫躲避陈世峰的骚扰。由于案发地点没有监控录像,没有人对案发经过有更详细的了解,也没有人知道那天晚上究竟发生了什么,留给媒体和公众的唯一信息就是江歌为解救闺蜜反而遇害。然而,一个网络大V的一篇名为《刘鑫江歌案:法律可以制裁凶手,但谁来制裁人性?》的文章在网上转载过万,文中声情并茂地描述了整个事件经过,仿佛从头到尾都在现场观看一般,极尽煽情之功效,以小说创作的全知视角脑补了整个事件的过程。恰如瑞安·霍利迪描绘的那样:

> 网上发布的消息会成为人们茶余饭后的谈资,而谣言也会众口相传。总之,网络媒体已成为大众传媒的从业人员获取新闻线索的源头。同样,博客网站也为我们身边那些"聒噪"的江湖百晓生们寻找八卦时所用。这个隐藏的联系所催生的文化基因,会成为当代文明的象征:它推出的新星能一跃成为当代社会名流,它锻造的思想家能很快成为一代圣人,而它制造的新闻自然也能引起现实世界的轰动。①

笔者浏览了众多关于这起网络公共事件的网络报道,发现了网络公共事件中的一个共同现象:令人瞠目结舌的标题。《江歌遇害案中,刘鑫这个巨婴是怎么炼成的?》《刘鑫描述事发过程 没想到遇害原因竟是这样的》《在日女生遇害案:江歌母亲应该原谅女儿的室友吗?》《江歌遇害案:孩子,这些时候我宁愿你不善良》《小心!警惕你身边的刘鑫们》……充满刺激性的标题无时无刻不在冲击人们的眼球。

网络公共事件的传播情形是,每当一起事件"横空出世",在舆论场域内未经核实的消息就会在网上大肆传播,各种围绕事件展开的猜测、判断甚嚣尘上,有关该事件的评论不绝于耳。这些鱼龙混杂的信息就如鲍德里亚所说的

---

① 瑞安·霍利迪:《一个媒体推手的自白》,潘丽君译,广州:广东人民出版社,2013年版,第14页。

"全新类型的非确定性问题"①，该问题以媒介文本的形式出现，信息飘忽不定，真相永远模糊，"正是信息生产了非确定性，所以这种非确定性，并不像传统的非确定性一样能够被消除，它是无法补救的"②。

尼尔·波兹曼曾批判我们身处的时代："在这里，一切公众话语都日渐以一种娱乐的方式呈现，并成为一种文化精神。"③ 然而，网络公共事件的奇观化叙事并未带给公众一些深刻的反思，短时间内的情绪宣泄也并未对社会现实有多少改变。在一个开放型社会中多元的文化价值观并行本无可厚非，但是奇观化叙事使人在审丑的狂欢中逐渐麻木，放弃了对现实问题的思考，只是利用视觉刺激来吸引眼球。本节开头提到的李天一案中，公众真正关心的或许并不是李天一的最终命运，只是借此事件表达自己对社会现状的不满、公开发泄自己愤懑的情绪。

符号互动是一个比较抽象的概念，网络公共事件中通过仪式、情感和修辞的表达将互动的概念具象化。贝克说文化的误读与误解是社会产生恐慌的原因，这实则是忽视了元语言的深层运行机制。在元语言的作用下，我们都将媒介建构起来的现实当作现实一样来对待。

第三节 网络公共事件中元语言争夺的表现方式

巴赫金曾说："语言、话语——几乎是人类生活的一切。"④ 截至目前，人类社会依旧是一个话语的战场，话语与权力、权利之间的关系亲密无间，权力或权利的维护依靠话语的传播，需要压制非宰制权话语。随着人类社会的发展，话语宰制权也发生了一系列更迭，媒介的嬗变在话语宰制权的发展与更迭中起到了不可忽视的作用。

一、互联网时代的媒介宰制权与符号宰制权

1787 年，美国宪法确定了言论自由的权利，将言论出版自由等权利作为

---

① 让·鲍德里亚：《生产之镜》，仰海峰译，北京：中央编译出版社，2005 年版，第 219 页。
② 让·鲍德里亚：《生产之镜》，仰海峰译，北京：中央编译出版社，2005 年版，第 219 页。
③ 尼尔·波兹曼：《娱乐至死》，章艳译，北京：中信出版社，2015 年版，第 23 页。
④ 巴赫金：《文本·对话与人文》，石家庄：河北教育出版社，1998 年版，第 322 页。

公民重要的权利写进宪法。在社交媒体蓬勃发展的今天，媒介权力空前扩张。关于"媒介宰制权"的界定，众说纷纭。媒介宰制权就是指媒介的支配者通过大众传播媒介进行的观念与思想的灌输，最终形成社会权力与社会控制。现在，人们日渐依赖大众媒介，并与其建立了深入的关系，"媒介宰制权"被用于描述媒介与社会功能之间的能动关系，因此也可以将媒介宰制权理解为传播媒介对个人或社会所进行的影响、操纵与支配。媒介宰制权是一种无形的权力，它的存在以信息的受传者最终接受信息内容为前提。

汉语"宰制权"一词最早出自宋代俞文豹《吹剑录》："成忠清之壮志，振勾吴之宰制权"，有做事专横、蛮不讲理、欺压和统治的意味。在翻译中，有的译者把 hegemony 译成"领导权"，与"宰制权"相区分。确切来讲，"领导权"不具有"霸"的含义，而是与宰制权相对的概念，与中国古代的"王道"思想相似，并不包含强制性，它是一种非暴力的控制手段。孔子所谓的"远人不服，则修文德以来之"和荀子的"隆礼遵贤而王，重法爱民而霸"都是"王道"思想的代表。

"宰制权"对应的英文是 hegemony，是指政治上或国际关系方面的统治或主导。① 在古希腊，"宰制权"则表示一城邦的政治—军事优势超过其他城邦，占主导地位的城邦被称为"霸主"（hegemon）。在汉语中，"霸"字的本义为"暴雨"，转义为用权势或武力欺压他人；也可以指古代称诸侯的盟主或者在某一领域或地区称霸的人或集团。基于以上"霸"的转义，笔者认为将 hegemony 译为"宰制权"比较符合本书要表达的思想，因此本书在涉及 hegemony 的中文翻译时，一律将其译为"宰制权"。

"宰制权"这一概念被用来考察文化和权力之间的关系，宰制权观念的核心观点是"一个既有社会的附属阶级，并不是被压迫去相信并生活在主控的观念和意识形态之下；反而是，他们主动地承认了它们"②。倘使统治阶级在这方面做得成功，就无需使用强制和武力手段。"意识形态"强调了统治阶级对人们思想上的操控和灌输，"宰制权"则是一种由实践和预期构成的整体，是

---

① 参见雷蒙德·威廉斯：《马克思主义与文学》，王尔勃、周莉译，开封：河南大学出版社，2008年版，第115页。
② Lisa Taylor, Andrew Willis：《大众传播媒体新论》，简妙茹等译，台北：韦伯文化事业出版社，1999年版，第3—15页。

主导文化在实践中对人们的"内化"。"宰制权"为大多数人建构起一种现实感和绝对的意义。①

媒介宰制权作为文化宰制权的子概念,不仅用以考量媒介对宰制权的维系,同时也用以发现媒介宰制权在媒介权力场域的相对自主性特质。媒介宰制权的发展主要受三个人的思想影响:葛兰西、威廉斯和霍尔。媒介宰制权的理论滥觞当属葛兰西的"宰制权"理论,葛兰西的"宰制权"提供了一个当代文化与传媒研究中最有影响的理论框架和概念,简单来说,"宰制权"是一个历史过程中占主导地位的群体通过赢得人民的"同意",在整个社会中行使"道德和智力领导"。葛兰西的文化宰制权理论揭示了思想领域斗争的重要性。

葛兰西所说的文化宰制权理论强调文化的独立性,根据他的观点,国家若想长期稳定,政治社会若要稳定,统治集团必须重视有利于自身的价值观的推广和普及,并且要使这个价值观成为整个社会的主流思想观念,统治阶级在取得政治上的领导以后还要获得思想上的认可与领导。威廉斯在对葛兰西的"宰制权"进行了深入研究后指出,"统治"(主导)和"宰制权"在葛兰西看来是不同的,他对二者进行了区分。"统治"更多时候体现为在紧急时期或者非常时期采用的直接或有效的高压强制手段。"宰制权"是那些能动的社会力量和文化力量。②

葛兰西的"宰制权"提供了一个当代文化与传媒研究中最有影响的理论框架和概念,简单来说,"宰制权"是一个历史过程中占主导地位的群体通过赢得人民的"同意",在整个社会中行使"道德和智力领导"。葛兰西的文化宰制权理论揭示了思想领域斗争的重要性。总而言之,严格来讲,我们一直所谓的"宰制权理论"中的"宰制权"并非传统理解中的"强制统治",也不是"军事宰制权""经济宰制权"和"政治宰制权",它更应倾向于"领导权"的含义,即基于服从和同意的统治。宰制权概念的引进是葛兰西对马克思主义理论做出的独特贡献。葛兰西于1916年初发表的《社会主义和文化》集中体现了他的文化思想。他认为文化并不是知识的堆积,而是一个人内心的组织和修养。

---

① 雷蒙德·威廉斯:《马克思主义与文学》,王尔勃、周莉译,开封:河南大学出版社,2008年版,第15页。

② 雷蒙德·威廉斯:《马克思主义与文学》,王尔勃、周莉译,开封:河南大学出版社,2008年版,第116页。

"人们借助于文化才能了解自己的历史价值,懂得自己在生活中的作用,以及自己的权利和义务。"①

葛兰西十分重视法国启蒙运动所起的作用,他指出启蒙运动为1789年的法国大革命提供了充分的精神准备。18世纪起,法国以伏尔泰为首的资产阶级启蒙运动者开始了反对封建专制的战斗;与伏尔泰同时的孟德斯鸠发展了洛克的"分权"学说,他在权力制衡的基础上提出了立法、行政、司法三权分立的原则,进一步从社会制度上描述了资产阶级的理想;卢梭否定了封建王权,提出了"天赋人权"的理论,主张建立民主制共和国。以上思想家的启蒙论著,宣传资产阶级自由,抨击封建思想,为法国资产阶级革命的思想准备起到了促进作用,对当时整个欧洲有着重大影响。

威廉斯认为宰制权的概念有两个优点。第一,宰制权的"这种主导形式和从属形式更接近发达社会通行的那些社会组织和社会控制过程,而不是那类人们较为熟悉的、处于某一统治阶级观念的投射过程"②。宰制权形式除了涉及政治方面,也还可以涉及私人生活等现代生活领域,从这一层面来说,宰制权概念更显得具体和能动。宰制权的第二个优点就是提供了一种完全不同的看待文化活动的方式。宰制权始终是一种能动的过程:

> 人们通过人与人的关系了解着自身和他人,人们了解着自然世界和其中的人类自身,人们为那些被某种社会特指为"休闲"、"娱乐"或"艺术"的东西而在消耗着自己的身体资源和物质资源。③

论及宰制权不得不提到以下几位人物。尼科洛·马基雅维利是历史上饱受争议的人物之一,学者们对其思想毁誉参半,褒贬不一。有研究者认为"马基雅维利人见人异,恶之者怒指他存心引导人类下地狱,好之者赞美他有心牵引人类得拯救"④,他被认为是"西方政治学之父",恩格斯认为他是文艺复兴时期的"巨人",培根则认为他的思想让后人受益匪浅。而一些政治道德家斥责

---

① 李鹏程:《葛兰西文选》,北京:人民出版社,2008年版,第5页。
② 雷蒙德·威廉斯:《马克思主义与文学》,王尔勃、周莉译,开封:河南大学出版社,2008年版,第118页。
③ 雷蒙德·威廉斯:《马克思主义与文学》,王尔勃、周莉译,开封:河南大学出版社,2008年版,第119页。
④ 约翰·麦克里兰:《西方政治思想史》,海口:海南出版社,2003年版,第179页。

他为"邪恶的导师",莎士比亚公开宣称马基雅维利是"凶残的"。马基雅维利的两本代表性著作《君主论》和《罗马史论》(也称《论李维》)分别阐述了其思想的主要内容,前者集中论述了君主应该怎样进行统治,后者则着重阐述其共和思想。

国内对于马基雅维利的研究主要围绕《君主论》展开,葛兰西对马基雅维利思想认识的解读也主要来源于《君主论》。马基雅维利最早使政治理论与道德相脱离,把政治看作一种纯粹权术的理论。正如马克思所说,从马基雅维利开始,"权力都是作为法的基础"①。马基雅维利谈论政治的方式绝不是基督教义,他不谈原罪,不援引经文,甚至不提奥古斯丁和早期教父。② 他因此成为西方政治哲学史上里程碑式的人物。在《君主论》这部著作中,马基雅维利站在崭新的视角总结国家强弱、权力得失的原因。马基雅维利从人与人的经验出发,摆脱道德和神学的束缚,这一点在当时比较激进。马基雅维利的宰制权思想主要由两个方面构成:一方面,他意识到集体意志只有通过教化才能最终形成;另一方面,他强调通过"君主",强有力的组织力量才会体现出来。

葛兰西思想的形成也受到了列宁主义的影响。列宁在1919年《伟大的创举》中给阶级下了这样的定义:

> 所谓阶级,是这样一些大的集团,这些集团在历史上一定社会生产体系中所处的地位不同;对生产资料的关系(这种关系大部分是在法律上明文规定了的)不同;在社会劳动组织中所起的作用不同;因而领导的自己所支配的那份社会财富的方式和多寡也不同。所谓阶级,就是这样一些集团,由于它们在一定社会经济结构中所处的地位不同,其中一个集团能够占有另一个集团的劳动。③

在阶级意识上,马克思指出:"在社会中占有主导地位的思想是统治阶级的思想。当一个阶级拥有了对物质力量的统治后,也就对社会的精神生产资料产生了支配。因此,不占有精神生产资料的阶级就是受统治阶级支配的阶级。

---

① 《马克思恩格斯全集(第三卷)》,北京:人民出版社,1975年版,第360页。
② 于海:《西方社会思想史(第三版)》,上海:复旦大学出版社,2016年版,第60页。
③ 《列宁选集(第四卷)》,北京:人民出版社,1995年版,第11页。

愈来愈抽象的思想将会是占统治地位的，即愈来愈具有普遍性形式的思想。"①换句话说，"就是新阶级为了代替旧阶级的统治、为了达到自己的目的，不得不把自己阶级的利益说成是全体社会成员的利益。抽象来说，就是给自己的思想赋予普遍的形式，并且把这个已经赋予了普遍形式的思想描绘成唯一合理的、有普遍意义的思想"②。

列宁的领导权思想对宰制权理论的形成有着非常重大的意义。列宁的领导权思想侧重于政治领导，把思想、文化和理论斗争纳入领导权思想中，和当时俄国的社会背景密不可分。尼古拉斯二世时期，统治者在经济上采取的政策影响了俄国社会的很多方面。俄国经济迅速发展的同时导致了一系列社会变革，壮大了两个对立的社会集团：资产阶级和无产阶级，并且还存在其他尖锐的社会矛盾，情况错综复杂，比如人民大众同沙皇专制制度的矛盾，俄罗斯各民族之间的矛盾，还有俄罗斯同其他西方国家之间的矛盾，这些都成为列宁领导权思想形成的客观现实。《怎么办？》和《进一步，退两步》这两部著作标志着列宁建党理论和领导权思想的初步形成。总之在列宁所处的时代，无产阶级武装夺取政权成为特定历史条件，因此列宁认为领导权地位的取得是无产阶级革命胜利的保证，在用暴力方式革命以后，再确立无产阶级的文化领导权。在意识问题上，列宁主张通过教育来培养革命意识。

葛兰西的"宰制权理论"为媒介宰制权的研究提供了一种理论研究路径，英国的文化研究学派将媒介宰制权的研究纳入自己的研究领域。在雷蒙德·威廉斯和斯图尔特·霍尔的阐释基础上，媒介与宰制权之间的关联日渐清晰。威廉斯对葛兰西文化宰制权概念的阐释对英美批判学派产生了深远的影响，这也是威廉斯文化思考的重点之一。威廉斯对"权力场域"倾向于作动态式解读，他发现宰制权是各种传统、各种体制和各种形态三种文化的结合体。③ 宰制权依赖不同的体制与社会中的各种结构形成了不同的统治模式，没有任何一种宰制权是单一的统治模式。

霍尔对意识形态宰制权的解读建立在大众传媒的"引力场"之上，建立起媒介宰制权研究的新范式。霍尔提出，文化研究通过运用葛兰西著作中探讨过

---

① 《马克思恩格斯选集（第一卷）》，北京：人民出版社，1995年版，第52—53页。
② 《马克思恩格斯选集（第一卷）》，北京：人民出版社，1995年版，第52—53页。
③ 尼克·史蒂文森：《认识媒介文化》，王文斌，北京：商务印书馆，2005年版，第33页。

的一些概念，试图从结构主义与文化主义著作的最好要素中推进其思路，使其非常接近于对这一研究领域的需要。霍尔对葛兰西的概念进行了大量的解读，建立了编码解码之间的联系，开启了媒介宰制权研究的新向度。在现代科技文明的作用下媒介变革翻天覆地，网络视觉文化成为网络公共事件中的主要"符号宰制"，日益影响和改变着我们的思想方式和生存方式。符号宰制权是当代社会一个重要的现象，潜移默化中以各种形式呈现的符号宰制权在影响着我们的生活，包括衣食住行，以至于思维方式。

网络公共事件中的宰制权应该说是体现在以事件为基础形成的文本上，具体来说，就是给某一个具体的事件冠以某种"关键词"，即赋予事件某种意义，就是所谓的网络公共事件的符号宰制权。在互联网造就的高密度、高速度以及碎片化的媒介逻辑下，网络公共事件的符号宰制权可以说是最能有效吸引网络注意力的手段。一方面，网民在不断地刷屏中体会到了网络在表达上的便利；另一方面，网民也通过刷屏寻找群体情感认同的归属感，这两种情感某种程度上是通过符号宰制权建立起来的。网络公共事件中的符号宰制权还有一个极为重要的功能，就是对事件和事件当事人的解构。网络公共事件在经过一次又一次的解构后已经变得不是那么重要，对事件的解读方式和事件背后隐藏着的社会心态成为主要方面。每一个符号宰制权背后都有一个故事，衡量一起网络公共事件重要与否，有没有相关的"符号"成为一项硬性指标。其实符号宰制权式的传播在前网络时代就已经存在，1972年"水门事件"就已开符号宰制权的先河，"水门事件"之后，但凡被扣以"某某门"之名，就说明这是一起大型的社会事件，克林顿的"拉链门"、默多克的"窃听门"、黄健翔的"解说门"、陈冠希的"艳照门"等，都是符号宰制权存在的最好例证。

前文中提到的"临武瓜农之死"事件中，"城管"就带有符号宰制权色彩。法国社会心理学家古斯塔夫·勒庞在《乌合之众》里写道，"个人可以接受矛盾，进行讨论，群体是绝对不会这样做的"[1]，这正是勒庞所谓的"广场效应"。同勒庞一样，李普曼也认为："多数情况下我们并不是先理解后定义，而是先定义后理解。置身于喧闹的外部世界，我们一眼就能认出早已为我们定义

---

[1] 古斯塔夫·勒庞：《乌合之众：大众心理研究》，冯克利译，北京：中央编译出版社，2005年版，第5页。

好的自己的文化,我们也倾向于按照我们的文化所给定的、我们熟悉的方式去理解。"① 网络公共事件中的符号宰制同李普曼对成见的论述极为相似,符号宰制权一方面能够比较准确地传达出社会某一群体的意识,是某些特定社会阶层情绪和观点的符号化表达。另一方面,符号宰制权正在成为我们判断网络公共事件的标准,但这也极有可能造成传播偏见,吞噬人们对事件的思辨能力,人们只能顺应更为强大的符号宰制权。

二、"碎片化"传播

文本可以被定义为"任何可以被解释的,文化上有意义的符号组合"或由符号组成的"合一的表意单元"②。文本是一组包括了语言符号或非语言的图像、视频等一系列可以表达意义的符号链。文本构成的要素是单个的符号个体,其表意功能的实现需要连接上下文的语境,因此我们能够认定符号文本就是在相关文本的组合系统中表达意义。沿着这个思路,关于"碎片化"的概念也就呼之欲出了。"碎片化"传播则是将符号之间的序列性打乱,将事件以离散的状态分批次公布于众,受众在第一时间获取事件信息的同时,得到的是不完整的符号文本。不完整的符号文本对于事件本身的解读就存在差异。至此,我们就可以将"碎片化"清晰地分为"碎片信源"与"碎片意见",前者指信息来源的多元化,后者指传播过程中生成意见的零散性与分裂性。

分散的、同质化的信息内容经过嫁接联想,被初步掌握话语权的受众根据喜好与既得经验进行重新生成,不断参与着网络公共事件叙事框架的再建构。一般来讲,新闻的呈现需要一个逐步推进的过程,并且是阶段式呈现。传统媒体时代,专业记者用这种方式来保证新闻的客观性。然而在网络媒体时代,这种正常的新闻操作过程中的时间因素被孤立开来,加之海量信息的冲击,事件各因素彼此之间的联系性被打破,事件碎片化为每一个孤立的"点",因此每个阶段引发的讨论也是形形色色。杭州保姆纵火案就是一起引起巨大关注的网络公共事件,该事件在报道之初被造谣为"保姆因与业主有染,心怀怨恨";之后的关注点聚焦于物业,各种关于物业阻挠救援、消防设备失效等的传言纷

---

① 沃尔特·李普曼:《公众舆论》,阎克文、江红译,上海:上海人民出版社,2005年版,第62页。
② 赵毅衡:《符号学》,南京:南京大学出版社,2012年版,第41页。

至沓来；最后在犯罪嫌疑人接受判决时，自媒体大 V 又透露家属索赔金额高达 3 亿，将舆论焦点转向受害者家属的人品方面。碎片化的事件呈现与碎片化的舆论焦点让民众对这起事件的注意力始终处于游走状态。

当今社会注意力资源稀缺，当先行的情绪和观点成为注意力的"风向标"时，事件的真实性就很难保证了。网络公共事件在传播的过程中，冲突的因素总是会被无限放大，突出戏剧性而忽略了事件的复杂性，只是一味让其更具吸引力。"碎片化"的说法发端于 20 世纪 80 年代末的关于后现代主义研究的文献中，它原本的意思是完整的事物破碎成为多个碎块。就像托夫勒说的那样，"就个人而言我们被一些矛盾零散的形象所包围，传统的观念受到考验，注入我们脑海的是支离破碎的弹片"①。查尔斯·泰勒在《现代性隐忧》中将"碎片化"视为现代社会的第三个隐忧。查尔斯认为现代性会导致自由的丧失，个人利益至上引起的政治冷漠使现代社会的人对监护权力产生莫名的依赖与信任，社会碎片化趋势加快。危险的"碎片化"是人们越来越难以逾越的一个鸿沟，难以形成共同目标，难以落实共同目标。总的来说，"碎片化"已经成为现代社会中不可言说的失落。"一个碎片化的社会是一个成员越来越难以将自己作为一个共同体的政治社会关联起来的社会。"② 碎片化在现代传播语境下能够更贴切地表达网络时代信息传播的特质。当然，如今的碎片化已不再是一种关于社会危机的悲观设想，也不再是后现代主义关于主体离散的危言耸听，它更加具体地表现为社会信息被分割后的零碎单元，早已不具备连续的逻辑。③ "碎片化"社会显露出这样一个状态：在普通民众认知较为低下和利益诉求较为狭隘的情况下，以全体民众的意志为要旨的现代公共决策有可能会流于平庸肤浅而缺乏审慎远见。

传播的碎片化包含了两层含义：第一层，元语言的碎片化导致了意见表达的碎片化；第二层，社会群体的碎片化导致了信息接收的碎片化。当今的符号

---

① 张怀琛：《关于网络信息传播"碎片化"的思考》，《青年记者》，2010（12），第 39 页。
② 列奥·施特劳斯、约瑟夫·克罗波西：《政治哲学史（下）》，李天然等译，石家庄：河北人民出版社，1998 年版，第 117 页。
③ 胡易容：《宏文本：数字时代碎片化传播的意义整合》，《西北师大学报（社会科学版）》，2016（5），第 133 页。

化环境以比以往更多的技术选择和内容选择为特征。① 碎片化传播在具体的传播过程中导致的最突出的矛盾就是"海量信息与缺乏内在关联的单个符号文本如何建立内在的联系"②。整体而言，信息传播过程的各环节都出现了不同程度的碎片化，信息的来源、传播的渠道、媒介文本都化成"片"状，最终意义的寻求要靠主体去实现这个"拼图游戏"。社交媒体在全社会的流行也加剧了信息传播的碎片化趋势，这样的后果就是意义在传播的过程中被消解，并导致麦克卢汉所说的"麻木"现实。③ 詹姆斯·罗尔针对媒介受众碎片化，提出了社会两极分化的可能，他说："媒介受众碎片化导致任何社会中更少的共同经历，结果是共性的灾难性丧失以及产生社会两极分化的可能。"④ 正如尼尔·波兹曼在1992年出版的专著《技术垄断：文化向技术投降》中担忧的那样，技术垄断对文化积淀产生侵蚀。碎片化传播对于网络公共事件最直接的影响就是对事件的非理性解读。注意力经济时代，各路媒体越来越重视新闻事件带来的轰动效应。有学者指出，"新闻报道普遍追求戏剧化、娱乐化表现形式，传统的文本叙事直接让位于非线性的充满魅惑的影响叙事"⑤。因此，网络公共事件中不乏出现"反转"的奇观，这种奇观让关于事件的新闻报道遭遇反复变化。"成都女司机被打事件""于欢案""重庆公交坠江事件"等在舆论场产生巨大反响的反转新闻呈现出网络公共事件传播中的"畸变"。事件在碎片化传播的过程中，真相被分散，焦点被模糊。

20世纪70年代初期，美国经济学家西蒙（Herbert Alexander Simon）就已经指出信息正在消耗接收者的注意力。尼尔·波兹曼在20世纪80年代中期出版的著作《娱乐至死》中大声疾呼要警惕电视带来的一系列社会后果。如今人类社会迎来了数字媒介时代，互联网的优越性极大地体现出来，人们在信息的获取方面比以往的任何时代都要便捷，而且信息内容也朝着多元化方向发

---

① 詹姆斯·罗尔：《媒介、传播、文化——一个全球性的途径》，董洪川译，北京：商务印书馆，2005年版，第138页。

② 胡易容：《宏文本：数字时代碎片化传播的意义整合》，《西北师大学报（社会科学版）》，2016（5），第135页。

③ 刘涛：《社会化媒体与空间的社会化生产——列斐伏尔和福柯"空间思想"的批判与对话机制研究》，《新闻与传播研究》，2015（5），第80页。

④ 詹姆斯·罗尔：《媒介、传播、文化——一个全球性的途径》，董洪川译，北京：商务印书馆，2005年版，第140页。

⑤ 陈林侠：《文化视阈中的影像叙述》，武汉：武汉大学出版社，2007年版，第7—8页。

展。就当下传播现状而言,不仅信息的获取十分便捷,就连信息的生产与传播也变得极为便宜。博客、微博、各大论坛,还有眼下火爆的朋友圈,在一定程度上颠覆了传统媒体的信息传播模式,虽然社会信息空间的状态已经趋于饱和,但是信息生产与传播的脚步却没有一丝懈怠。此时的信息空间内,信息的来源与信息的传播渠道变得零散化,元语言的分散让"去中心化"成为信息时代传播的主要方向。除此之外,处于转型期的中国社会,经济快速向前迈进,物质生活极大丰富,社会贫富差距不断加大,社会分层日益明显。过于饱和的信息和强大的生活压力让人们的注意力不再集中,人们无法消化大篇幅的整合信息,零碎的信息片段将我们的注意力填得满满当当。

碎片化传播与个性化传播是相互关联的。在 Web2.0 时代,一个个利益群体的差异化诉求将传统的社会关系与社会观念进行碎片化分割,社会成分的整一性也被文化部落——瓦解。[①] 传统文本传播建立的文本解读和逻辑分析被网络时代的跳跃式思维取代,明显特征就是"去中心化"。自从移动网络终端被广泛使用后,人们接触媒介的时间也分散开来,不用拿出专门的、固定的时间去接触媒介,只要在空闲的时候,就能够接触媒介。传统的传播过程和接收习惯因此变得支离破碎。我们在每天的生活中"见缝插针",随时都在生活的间隙通过各种渠道——新闻客户端、博客、微博、微信、公众号等,获取各种信息,等公交车时、赶地铁时、等电梯时,我们都能够浮光掠影地阅读吸引我们眼球的内容。然而仔细回想起来会发现,没有多少有用的东西,记住的恐怕只有那些煽情的文字和醒目的标题。

随着媒介技术的不断发展,人们在信息获取方面早已脱离了时空的限制,碎片化的信息传播路径已经成为我们获取信息最主要的方式,我们将这些碎片化了的内容自主拼接去了解客观世界。当社交媒体也成为信息传播的工具后,人与人之间的联系变得更个性化与自主化。然而我们也需要清醒地看到,在碎片化传播的影响下,人们追求真相的信念岌岌可危。碎片化传播让信息传播的方式和速度发生了变化,同时也让人们对信息的理解更加肤浅。虽然碎片化传播能够让人们随时随地获取信息,能够有效降低认知成本、节省认知时间,能够将复杂的问题简单化表达,但是碎片化传播的弊端也显现出来,关于信息的

---

① 喻国明:《解读新媒体的几个关键词》,《广告大关》,2006(5),第13页。

背景并未交代清楚，对信息的理解停留在表面，对信息的解读难以深究，对信息的报道虎头蛇尾，缺乏理性思辨。阿道司·赫胥黎（Aldous Leonard Huxley）曾在《重返美丽新世界》中写道："大众传媒非好非坏，它仅仅是一股势力，就像别的势力一样，既能发挥积极影响，也能制造消极后果……在大众传媒领域，就像在其他实业领域里一样，技术的进步伤害了小人物们，却扶持了大人物们。"① 赫胥黎认为，浩若烟海的信息会使人们变得被动和自私，真理也会淹没在烦琐的世事中，人们追求着的和热爱着的事物反过来会毁灭人们。赫胥黎这则箴言对今天的我们来说有着别样的意义。

三、元语言覆盖域的非重叠性

对意义的不断追求是人意识活动的最大特征。人的意义活动能够发展成复杂的形式，意义的累积与叠加构成认识与记忆②，意义的继续深化成为理解与筹划……③意义的种种活动构成了无比复杂的意义世界。意识产生意向性，意向性将事物变成意识对象，意向性具有方向性和选择性两大特点。从这个角度来说，意义是"获义意向性"投射在对象事物上，迫使对象"给予"的主客观联系方式。④ 意义是事物与事物之间的联系，是主客观交汇的产物，是人给予事物以含义。

网络公共事件之所以会有各种意见的交流，与其说是对话语权的争夺，不如说是对元语言的争夺。归根到底，网络公共事件中各种观点的交锋，就是在争夺意义的解释规则。网络公共事件文本有待于解释，其意义并非现成，元语言是符号之间完成意义转换的关键，元语言保证了整个文本的"可翻译性"。任何解释都是解释，都必须依靠一个覆盖全域对象的元语言，这就是为什么"一千个读者眼中有一千个哈姆雷特"。一个社群中会有一套大致相似的元语言构成，封闭型社会的元语言构成会比较单一，开放型社会的元语言构成则非常多元化，这就是为什么同样一起网络公共事件，不同的人有不同的看法和行

---

① 阿道司·赫胥黎：《重返美丽新世界》，庄蝶庵译，北京：北京时代华文书局，2015年版，第128页。
② 赵毅衡：《回到皮尔斯》，《符号与传媒》，2014（2），第7页。
③ 科尼利斯·瓦尔：《皮尔士》，郝长墀译，北京：中华书局，2003年版，第25—27页。
④ 赵毅衡：《意义对象的"非匀质化"》，《中国人民大学学报》，2015（1），第2页。

为。因此元语言的稳定性也就是相对的，只是针对某个历史时期的一个社会或一个社群而言，笔者将这种元语言称为"宏观元语言"。谈完意义，我们再来面对另一个问题——解释。赵毅衡认为"任何解释行为都来自认知差，即对自己关于某事物的认知不满意，或是另一人关于某事物的认知不满意，而认为自己现在的理解可以对此进行修正"①。赵毅衡指出，解释行为是一种人际关系的符号学活动②，主体之间意义的交流就是解释，产生不同解释的原因是元语言覆盖范围的不重叠。

网络公共事件之所以会众说纷纭，是因为每个意见表达主体都有不同的教育经历和社会背景，即每个人的"微观元语言"不同。微观元语言影响个人对事件的看法和态度，概括地说，网络公共事件中元语言的争夺实质上是个体之间微观元语言的争夺。元语言主导的现代文化焦点在于解释规则，宏观的解释规则对生活在某一个社群中的人而言基本是一致的，产生差别的就是微观的解释规则。想要进行意义活动，就会有"区隔"，意义本身的生产过程，就是区隔的产物。③ 意向性具有方向性，意向性造成"区隔"，意向性的方向性就是"区隔"的由来：意向性把事物的某些观相隔绝在外，而在意义关联区内的对象诸观相，则成为意义源。④ "区隔"的形成依赖微观元语言。与宏观元语言相对，其变动性比较大，外部环境的刺激常常能够使微观元语言产生变化。网络公共事件中，人们受到微观元语言的影响比较大，因此在网络公共事件中往往争夺的也正是微观元语言。

霍尔在《电视话语中的编码与解码》中揭示了信息在传播流通过程中既依赖技术和物质工具，也取决于信息发送者和信息接收者的社会关系。在信息传播中，编码与解码由于结构性差异往往不对称，这种不对称的根源就是笔者所谓的元语言覆盖的非重叠性。文化关系、社会背景、地位利益等的差别都会造成非重叠性现象。霍尔针对解码者之于编码信息可能出现的三种地位做了三种假想：第一种是主导-霸权立场，处在这种立场的受众"直接从广播电视新闻、时事讨论节目中获取信息进行解读，并根据用以将信息编码的参照符码把

---

① 赵毅衡：《认知差：解释的方向性》，《南京社会科学》，2015（5），第111页。
② 赵毅衡：《认知差：解释的方向性》，《南京社会科学》，2015（5），第112页。
③ 赵毅衡：《论区隔：意义活动的前提》，《西北大学学报（哲学社会科学版）》，2015（2），第54页。
④ 赵毅衡：《论区隔：意义活动的前提》，《西北大学学报（哲学社会科学版）》，2015（2），第54页。

信息解码"①。大众传播生成的主导型话语是"因为存在着一种'被挑选出来的解读'方案：在这些解读内镌刻着制度/政治/意识形态的秩序，并使解读自身制度化"②。在这一类型的假想立场中，传播的目的是实现传者的传播意图，从根本上说，这就是主导符码利用"宰制权"再生产主导意义。

  第二种假想立场是妥协或协商式立场。这种立场上，"协调的符码认可旨在形成宏大意义的宰制权性界定的合法性，然而，在一个更有限的、情景的层次上，它限制自己的基本原则——依据背离原则例外运作"③。处于这种类型立场的解码者会产生两种截然不同的态度。有时会认可主导符码，有时又会根据具体情况作出判断，可能会对其表现出某种抵抗的态度。"妥协立场的解码者保留权利以更加协调的使这种主导界定适合于'局部条件'，适合于它本身团体的地位。"④

  第三种假想立场是对抗式立场。解码者在这种立场中对主导符码的态度是完全排斥的，他/她会在解码的过程中与主导符码提供的信息内容保持对抗或抗拒，不会接受主导符码所提供的内容。霍尔指出："他/她（解码者）以自己选择的符码将信息非总体化，以便在某一个参照框中将信息再次总体化。"⑤虽然主流意识形态话语在媒介文本中居于主导，但是解码者自身的状况会让解码者采取不同的态度来对待媒介文本。

  符码是受众解释文本的规则与依据，任何符号表意机制都离不开元语言，任何媒介文本想要传达意义必须安排文本的意义解构。霍尔关于三种解码立场的假说在网络公共事件的解读中，与元语言覆盖域的非重叠性有关。由于微观元语言的差异性，同样一起关于网络公共事件的媒介文本会被解读出完全不同的意思。香农对信息的定义是"不确定性的消除"，然而在人人都能对信息进行再生产的今天，信息则变成了"不确定性的增加"。

---

  ① 罗钢、刘象愚：《文化研究读本》，北京：中国社会科学文献出版社，2000年版，第356页。
  ② 罗钢、刘象愚：《文化研究读本》，北京：中国社会科学文献出版社，2000年版，第353页。
  ③ 罗钢、刘象愚：《文化研究读本》，北京：中国社会科学文献出版社，2000年版，第357页。
  ④ 罗钢、刘象愚：《文化研究读本》，北京：中国社会科学文献出版社，2000年版，第364页。
  ⑤ 罗钢、刘象愚：《文化研究读本》，北京：中国社会科学文献出版社，2000年版，第364页。

第四章 网络公共事件中的元语言争夺

本章小结

本章从元语言的深层运行机制、网络公共事件中的符号互动、网络公共事件中元语言争夺的表现方式三个方面，对网络公共事件中元语言的争夺进行了阐释。隐喻的相似性原则、转喻的相关性原则和反讽均能建构含蓄意指。含蓄意指是意义得到不断积累，成为意义构建的方式之一。在含蓄意指中，所指与能指之间的关系被掩盖，侧重表达层面的描述。因此在元语言驱动下，文化自觉成为可能。网络公共事件中的符号互动有三种形式：仪式性抗争互动、情感互动、修辞互动。仪式性抗争互动就是以某种既定的仪式行为和仪式符号来表达社会负面情感。网络公共事件中的仪式性抗争互动以网络为媒介通过具体的事件表达个体对社会的愤怒与不满。情感互动分为戏谑和共情两种。网络公共事件频频发生，网民用零散的、片段化的表达形式，以充满智慧的调侃参与到对网络公共事件的评述中，用诙谐戏谑的非主流表达框架对抗主流话语形式，从而使舆论带有一些搞笑的成分，增加了娱乐的色彩。在这些表达形态中，狂欢、奇观化叙事和媒介恐慌共同构成了网络公共事件中的修辞互动。在修辞互动的影响下，传播的风险性大大增加。笔者将网络公共事件中的宰制权、"碎片化"传播和元语言覆盖域的非重叠性共同纳入网络公共事件中元语言争夺的表现方式中。网络公共事件中的宰制权应该说是体现在以事件为基础形成的文本上，具体来说，就是给某一个具体的事件冠以某种"关键词"，即赋予事件某种意义，就是所谓的网络公共事件的符号宰制权。在互联网造就的高密度、高速度以及碎片化的媒介逻辑下，网络公共事件的符号宰制权可以说是最能有效吸引网络注意力的手段。一方面，网民在不断地刷屏中体会到了网络在表达上的便利；另一方面，网民也通过刷屏寻找群体情感认同的归属感。网络公共事件文本有待于解释，其意义并非现成的，元语言是符号之间完成意义转换的关键，元语言保证了整个文本的"可翻译性"。但是与宏观元语言相比较，网络公共事件中人们受到微观元语言的影响更大，也就是说在网络公共事件中往往争夺的是微观元语言。

第五章　网络公共事件中的
媒介文本与元语言离散

作为人类表达的方式，书写总是有胜过说话的优势。[①] 我们逐渐发现，每当出现值得关注的网络公共事件后，人们更加偏向于在网络空间表达意见，无论微博、微信还是各种问答社区。网民不仅仅是网络公共事件的围观者，更是参与者与改变者，普通网民的表达权得到了前所未有的满足，从民生诉求到贪污腐败，无所不谈，但是媒介素养的缺乏或者元语言的非重叠性让网民无法在网络上做到绝对理性，极易受到谣言或不当言论的影响而做出过激行为。

网络公共事件中各种媒介文本的传播，目的就是对自身利益的维护和实现，所有的意图意义"始终处在协商和改变的状态，以对新的境遇做出反应"[②]。对于网络公共事件的解读，历来多从现存机制与应对策略方面着手，做导向性研究，而对于网络事件中的元语言问题分析几乎没有。本章将以网络事件中的舆论呈现、伴随文本的解释漩涡、网络公共事件中伴随文本的解释压力、元语言集合的离散为侧重点，对网络事件进行不同以往视角的文本解读。

第一节　网络公共事件中的舆论现象

18世纪中期，卢梭在《社会契约论》中首次用了"public opinion"的概念，中文译为"公共舆论"。汉字"舆"的本义为"车厢"，后泛指"马车"或"肩舆"（即轿子），后来又引申为"抬轿子的人"或"地位低下的人"。舆论就

[①] 保罗·莱文森：《新新媒介》，何道宽译，上海：复旦大学出版社，2014年版，第106页。
[②] 斯图尔特·霍尔：《表征——文化表象与意指实践》，徐亮、陆兴华译，北京：商务印书馆，2003年版，第9页。

是"公众的言论"。

Web2.0时代提倡个性化潮流,用户生产内容(user generated content,下文简称 UGC)就是在这种背景下诞生的。UGC 转变了用户网络行为模式,将原创内容的上传与网络资源的下载并重,从时间的顺序上来说,2007 年以后社交媒体的兴起让普通人也能够有机会成为舆论的制造者。在互联网 UGC 主导的"麦克风时代",公众表达意见的阵地随之转移到线上,我国互联网用户规模进一步扩大,传播的内容也更加丰富和多元化。

一、引爆舆论的"蝴蝶效应"

小小的蝴蝶在亚马逊的热带雨林煽动一下翅膀,就引起了美国得克萨斯州的一场龙卷风。气象学家洛伦兹在 1963 年提出的"蝴蝶效应"说明初始条件会导致结果的极大差异。① 网络公共事件的产生,往往是由利益的冲突引发的,利益的冲突带来修辞意图的冲突,冲突主体趋于多元。网络时代已经对我们产生了"当下的冲击",用户能够凭借任何一种社交工具成为信息传播的信源,在网络时代,人人都有可能是"爆料王"。普通民众在网络上成为信息的发布者与传播者,促成了社会舆论到网络舆论的转变,曾经的传统媒体报道或现实社群中的口口相传被网络传播渠道取代,事件经由网络飞速扩散,能够在短时间内引起舆论的大爆发。

每个当下的举动都可能发展出无穷无尽的可能性和意料之外的结果。② 在曝光性网络公共事件中,舆论的"蝴蝶效应"最为明显。根据 2018 年 11 月 19 日四川省检察院消息,德阳市人民检察院依法对广安市委原副书记严春风决定逮捕。③ 2018 年 5 月,微博、微信被一组微信群聊截图刷屏。根据聊天截图显示,四川成都某幼儿园教师陈某错将对学生严某某的"吐槽"发至班级微信群后遭到严某某的妈妈在微信群内威胁,她要求陈老师在所有老师与学生面前对"严书记的女儿"严某某郑重道歉,否则就会让该幼儿园所属的教育集团

---

① 匡文波:《论新媒体传播中的"蝴蝶效应"及其对策》,《国际新闻界》,2009(8),第 72—75 页。
② 道格拉斯·洛西科夫:《当下的冲击》,孙浩、赵晖译,北京:中信出版社,2013 年版,第 133 页。
③ 参见四川在线,https://www.scdaily.cn/szgc/201811/56681102.html。

解雇陈老师。① 除此之外，微信群聊截图还显示严某某妈妈声称严某某已经成为成都某知名小学幼升小的内定生。就是这起发生在幼儿园里的小摩擦，因为涉及四川某地级市市委副书记，整个事件"看点"满满，事件随后的发展大家有目共睹，事件中的"严书记"已经移送司法机关。在舆论持续发酵的过程中，该起事件的关注焦点已经从孩子的"特权"问题，变成了"廉政"问题，在这起事件中，蝴蝶的小翅膀煽起了反腐的"大风暴"，网民直呼"吃瓜过瘾"。无独有偶，2018年10月发生的"赵副所长事件"与"严书记事件"如出一辙。湖南省株洲县一位派出所副所长的女儿因为迟到而被老师罚站，副所长却开着警车到校将该名教师带至派出所关入审讯室达七小时。② 事发四天后，新闻公布了事件处理结果，赵副所长因违反派警规定，在纠纷发生时对本人家庭成员和他人的处置不妥当，因此不仅免去了其所担任的副所长职务，还调离了公安系统。事后，班主任老师向被罚站的孩子家长道歉，而该事件最后也证明孩子口中所说的被老师"扇耳光"就是个误会，班主任并没有出现打人行为。③

另外，涉及道德领域的事件也是曝光性事件的重要组成部分。"女司机"的话题在网络上向来有颇高的热度，发生在成都的一起女司机被男司机暴力殴打事件再一次把"女司机"这个关键词推向了舆论的漩涡。在该起网络公共事件的第一阶段，舆论从曝光视频引发开来，网友对男司机皆是"差评"。但是随着事态的发展，舆论又历经多次反转。

上述三起事件，都是先在社交媒体中曝光，经过网络放大，最终政府相关部门介入调查。并且前两起事件都涉及国家机关的工作人员，都涉及教师、教育，而这些恰恰都是人们最关心的问题。此外，微信截图增加了事件的可信度，出于对不公平现象的曝光，"严书记事件"一跃而成网络热点，事件最终的处理结果也"大快人心"。

从以上事件的分析中不难看出，引发网络公共事件的蝴蝶翅膀"貌不惊

---

① 《"严书记"被查出8大问题 纪委措辞连用3个反差对比》，https://news.163.com/18/1114/01/E0HO166D0001899N.html，2018—11—14。

② 《副所长抓老师调查慢 媒体：政府需上堂舆情反思课》，http://news.sina.com.cn/o/2018—10—20/doc-ifxeuwws6170841.shtml，2018—10—20。

③ 《媒体评副所长将女儿老师关派出所：仗权唬人段位低》，http://news.163.com/18/1021/08/DUKLBPQD0001899N.html，2018—10—21。

第五章　网络公共事件中的媒介文本与元语言离散

人",却最终引发了一场又一场声势浩大的"龙卷风",这其中有一个最重要的因素,就是目前尚缺乏更有效的公共对话机制和参与途径。在面对一些高敏感度的舆论话题时,媒体和政府部门如果没有及时给出明确的解释,普通人便无从得知事件的进展。当非理性因素伴随着事件的发酵,越具有高参与度的网络公共事件,"蝴蝶效应"的影响面也就越大。

美国社会学家格兰诺维特(Mark Granovetter)将人际关系网络分为"强关系"和"弱关系"。在强关系中,人与人之间的联系较紧密,个人的社会网络表现出明显的同质性;在弱关系中,人与人之间没有太多感情的维系,个人社会网络的异质性比较强。二者相比,弱关系能够促成不同群体之间信息的流动。在这种交往互动频次比较低、持续时间比较短的关系传播下,人们会看到大量原本在强关系中看不到的信息。基于弱关系的 UGC 正在成为影响社会的那只"小翅膀"。纵观近些年以来的网络公共事件,笔者发现"信源"成为其新的引爆点。UGC 时代,智能手机已经走进许多家庭,动态视频与照片成为现代人记录生活的一种方式,它们与社交媒体一起丰富着人们的生活与交流互动。由于使用的便捷性,不少人用 UGC 的方式对身边发生的重大、新鲜事件在互联网内进行传播,小视频煽动的"翅膀"也许就能够引起社会的"大风暴"。2014 年上海外滩踩踏事故的曝光源于网友发布的微博;2015 年天津港瑞海物流公司爆炸的第一条信息也是由微博用户发出,并陆陆续续有爆炸后续小视频在微信朋友圈疯传。社交媒体平台,例如微博、微信等,在事件传播扩散的过程中起到了关键的作用,网络公共事件的传播路径和所构建的话语体系也都显示出"蝴蝶效应"。以知乎为代表的知识社区和以微博、微信为代表的社交媒体在公共事务中开始扮演重要源头作用,在新技术驱动下,网上舆论生态正在变化。新媒体不再仅仅是微博、微信、各大网站和论坛,豆瓣、知乎、B 站弹幕、网络直播、笔记类分享应用等都成为监测当前舆论环境的公开渠道,其覆盖力和影响力不可小觑。

另外,在近年发生的网络公共事件中,一些群体的焦虑感、不安全感集中释放。2018 年 2 月,一篇名为《流感下的北京中年》的文章触动了人们的神经,文章作者用大量文字记录了岳父从"小感冒"到去世仅仅 29 天的全过程,在这些文字中我们感受到一个家庭在疾病面前的崩溃瓦解。文章中的"中年之殇"的真实感、推己及人的心理,让其得以迅速传播,文章中提到的每一项——疾病、医疗、金钱、死亡等,都可能是我们已经经历、正在经历或将要经历的事情。除此之外,在众多的网络公共事件中,女性议题集中爆发,"女权"变身"新敏感词"。2017年"榆林孕妇跳楼自杀事件"激起了女性生育权的讨论,舆论剑指产妇丈夫与婆婆的冷漠,关于女性权益的话题井喷。

网络公共事件中的"蝴蝶效应"总是能够触及目前社会的"痛点",UGC冲击了传统的传播方式,舆论引爆方式的改变令曾经的舆论领袖风光不再,每个人都是自己的代言人与通讯员,移动终端成为舆论场域的新中心。事件发生后,初期的舆论经常呈现极端化,以"于欢案"为例,该案件从一审时的于欢被判无期到被舆论介入后改判,事件发生巨大扭转。事件发展初期,于欢被塑造成"绝对正义"的形象,护母心切的他不惜"以暴制暴"、举刀杀人,于欢的悲情形象让事件中的讨债者成为愤怒的社会公众口诛笔伐的对象。"百善孝为先"的传统观念占据了舆论主流,媒体在初期对该事件的报道中都着重突出"孝"这个主题,进而引导社会舆论在短时间内朝着"于欢无罪,讨债者咎由自取"的方向发展。民众在这件事情上也表现出对司法审判的质疑和不信任。有关"携程亲子园虐童事件"的舆论也几乎都是集中在幼儿园老师对待孩子的不良举措以及应当如何回应这种举措。"老吾老以及人之老,幼吾幼以及人之幼"是中华民族的传统美德,接二连三爆出的幼儿园儿童被虐事件敲响了警钟。

诚如本书第三章所述,网络公共事件是被再现的结果,而再现的媒介恰好是网络。网络将事件无限放大,一个微不足道的由头都有可能成为引爆社会舆论的"小翅膀"。

二、观点僭越,舆论失焦

失焦原本是摄影中的一种拍摄手法。在一个固定的焦距中就会形成一个清晰的成像,成像一旦超出这个固定的焦距就会变得模糊不清。舆论失焦是一种隐喻,它是指在网络公共事件的演进中,舆论难以被某一方话语主导,舆情演变由于公众知情权、话语权的提升而呈现多极化发展,舆论干预过多以至舆论逐渐偏离事件的中心议题。[①] 事实本身退位,观点僭越,造成舆论失焦。以

---

① 严利华、陈捷琪:《突发事件中的舆论失焦现象及其启示》,《决策与信息》,2016 (8),第130页。

"江歌案"为例,其实在关于这起案件的报道中,受众能接触到的具有实质性内容的信息量少之又少,看似铺天盖地的报道大都是带有愤怒情绪的转发。目前能够查阅到的对案件做了详细梳理的报道仅有2017年9月9日澎湃新闻发布的《留日女学生江歌遇害311天:一个母亲的"爱、恨、执"》。该报道主要采访对象为被害人江歌的母亲江秋莲,整篇报道除了叙述事件的前因后果,还对涉及此案的法律知识做了补充。在几乎所有相关的媒体报道中都笼罩着悲情叙事的阴影,在悲情叙事的影响下,"单纯的看客会转化为紧密团结的集体行动者,继而原本极为分散的个体会在思维和行动上保持着高度一致"①。在"长春长生疫苗"事件的传播中,也一度出现了"舆论失焦",该事件主要相关人员的"网红儿媳"的奢靡生活和感情经历成为网民"深扒"的主要对象,公众议题偏离核心事实,沦为满足窥探欲的八卦事件。

互联网赋予了大众公开"说话"的权力,但是这也似乎造成了网络公共事件中观点先行的局面。结构主义二元对立的概念认为"人类以二元分类的方式将事物分成两大类:类型A或类型B,一个事物要么属于A,要么属于B,不会出现既是A又是B的现象。人类以此面对世界、认知世界和了解世界"②。正是基于这种叙事结构,当事人通常被简单粗暴地划分为"非此即彼"的二元对立的双方——要么是好人,要么是坏人。处于正面的一方就被认定为绝对的"好",对立方则是陷入各种负面情绪的完全的"坏",二者之间非黑即白,泾渭分明。"江歌案"因新京报的《局面》再次回归大众视线,题为《迟到294天的见面》的报道成为引爆公众舆论的导火索。在江歌案中,主要涉事人员有三位,即江歌、刘鑫、陈世峰,但是许多报道对凶手陈世峰鲜有提及,只是一味放大刘鑫与江歌之间的矛盾,舆论在此失焦。媒体在关于这起事件的报道中,始终维持着二元对立的叙事结构,一味地进行情绪感染和情绪传播,并未对事实本身做出回应。诸多网络公共事件都难逃舆论失焦的"魔咒",甚至在舆论呈现最为白热化的时期,演化为两个阵营之间的"对峙"。

新京报在《江歌案,朴素正义感莫被情绪带偏》中这样评论:"朴素的正

---

① 杨国斌:《连线力:中国网民在行动》,邓燕华译,桂林:广西师范大学出版社,2013年版,第36页。

② 曾庆香:《西方某些媒体"3·14"报道的话语分析》,《国际新闻界》,2008(5),第27页。

义感并非现代法治之全部……汹涌的舆论夹杂着太多背离法治轨道的做法。"[①]在布满喧嚣和浮躁的时代，众人在观点层面上的缠斗多过了对事实的挖掘，情绪性的煽动代替了客观冷静的分析。自媒体在江歌案的传播中推波助澜，掀起了一波又一波的舆论狂潮。打开网络，满屏都是吸引眼球的标题，例如《人心可以无耻到哪种地步？》《刘鑫，你还是撒谎了！江歌案开庭揭露骇人真相》《江歌遇害一周年：刘鑫你还是选择了要脸》，诸如此类的文章比比皆是。这些动辄突破10万阅读量的文章在舆论中模糊了事件的核心，舆论的焦点依旧停留在对刘鑫的声讨上，在某种程度上掩盖或淡化了对凶手的关注。江歌案的舆论引发路径在近些年内屡屡出现，同样的操作手法也体现在"榆林孕妇跳楼自杀事件"报道中，在这场反转罗生门中，医院的声明、家属的反驳、官方的定调让讨论热度一直持续，医患之间的矛盾关系再一次被展现。事件在传播初期，"孕妇""婆婆"两个关键词让事件以家庭矛盾的形式再现于大众眼前，此时的舆论矛头直指男方家人，认为他们因循守旧的思想让孕妇陷入绝境；后来随着事件发展的深入，医患关系又成为新的舆论焦点。事件在发展过程中的每个阶段都被重新演绎，关注的焦点也并非"从一而终"。这几起事件引发了另一种反思：新闻专业主义在今天真的缺位了吗？在这个人人都能畅所欲言的时代，人们对事实的随意发挥与肆意叙述信手拈来，不管个人还是媒体都在争夺注意力，以至于网络公共事件在公众的"脑补画面"中逐渐失焦。

美国学者林郁沁（Eugenia Lean）在《施剑翘复仇案：民国时期公众同情的兴起与影响》中，首次将"公众同情"纳入公共领域的思考框架。1935年11月13日，30岁的女子施剑翘在天津刺杀孙传芳后，拨通警察局的电话自首；1936年8月13日被河北省高等法院判处7年监禁；1936年10月14日，中华民国最高法院根据当时主席林森的意见赦免了施剑翘，将其释放。[②] 林郁沁针对"施剑翘复仇案"，通过详尽的档案调查，首次向民众展示了公众同情的传播策略，"对施剑翘案子的广泛新闻报道和娱乐化改编在制造集体同情方面起着重要的作用……这种同情反过来合法化了那些在改编中不断被探索和赞

[①] 《江歌案，朴素正义感莫被情绪带偏》，http://news.ifeng.com/a/20171114/53231347_0.shtml，2017-11-14。

[②] 张弘：《重读三旧案》，http://bjwb.bjd.com.cn/html/2018-08/31/content_277726.htm，2018-08-31。

扬的话题和典范"①。林郁沁同时也指出：

> 与施剑翘在城市媒体和娱乐界获得的赞赏性的支持相比，发表在报纸社论、法律杂志、左翼期刊、社会和政治周刊及女性出版物上的更为"精英"的社会评论对施剑翘事件和其他女性激情犯罪采取了相当否定的态度……这群舆论领袖争论的首要问题是：这个复仇女子建基于"情"之上的复仇究竟是应该作为一桩在道德上有益于国家的公开行为来加以褒扬……②

也就是说，在关于施剑翘的审判事件中，人们除了关注一位年轻女性的命运，更加关心"情感"是否能够超越"法治"，以及"情感"是否能挑战当时的政治权威这个宏大的问题。③

笔者认为，近几年发生的网络公共事件中，观点僭越、舆论失焦的现象愈演愈烈，有时候甚至对当事人的日常生活产生严重影响。在"成都女司机被打事件"中，舆论的矛头随着男司机行车记录仪视频的曝光而改变方向，公众开始为男司机鸣不平。男司机行车记录仪所拍摄的画面清楚显示女司机连续两次紧急变道进入辅路，由于事情的发生过于突然，男司机在情急之下尽管采取了紧急措施急刹车，但是车头还是险些撞到女司机车尾，男司机车中的小孩也因受到惊吓大哭起来。事件反转，网友改变了之前力挺女司机的"一边倒"态度，还原了整个事件的经过，强调了事件的客观性，这段视频也成为舆论演变的节点。男司机张某从一个"施暴男"一下变成了人们口中保护妻儿、敢于教训路霸的"罗宾汉"式的人物，其暴力行为也成为"侠义"的行为了。仅仅48个小时，事件和舆论出现惊天逆转，女司机的个人隐私开始成为网友关注的新焦点。随后，男司机在警局的认错视频曝光了，言辞和态度都很诚恳。然而，此时的网络舆论已经进入了"狂欢"模式，男司机的道歉并没有阻止网友对女司机的攻击，有人甚至用极端的方式曝光女司机的生活。

---

① 林郁沁：《施剑翘复仇案——民国时期公众同情的兴起与影响》，陈湘静译，南京：江苏人民出版社，2011年版，第57页。
② 林郁沁：《施剑翘复仇案——民国时期公众同情的兴起与影响》，陈湘静译，南京：江苏人民出版社，2011年版，第86页。
③ 张弘：《重读三旧案》，http://bjwb.bjd.com.cn/html/2018-08-31/content_277726.htm，2018-08-31。

网友"人肉搜索"出了女司机卢某的多次违章记录,不少网民认为其为"变道惯犯",被打不值得同情,也不无辜。某微信公众号将人肉搜索到的女司机曾经的一些不文明行为进行公布,并对其做了总结:她名下的两辆车共有27次违章未进行处理,她的孩子从车窗向外扔垃圾,她将车停在逼仄的马路中间却对他人恶语相向……[1]面对网络声势浩大的舆论声讨,女司机方显得非常被动,甚至打出"慈善牌",说自己连续变道是着急赶去"做慈善",另外卢某的父亲声称怀疑有人特意"引导水军"致使舆论偏颇,并对网上的不实言论进行报警处理。

女司机的隐私被大量曝光成为这场舆论战中的附属议题。反对"人肉搜索"的人对"人肉搜索"行为的严厉指责成为这起网络公共事件引发的另外一个焦点。《包头晚报》发表的评论《被打女司机被扒皮,网络"暴力"何时休》对人肉搜索这种揭人隐私的网络暴力行为进行了严厉的批评,认为"人肉"他人的行为"增加了网络空间的戾气,是对个人权利的肆意践踏"[2]。大河网也发表了题为《成都被打女司机恳求停止人肉搜索,网络暴力何时能少》的文章,之后多家媒体纷纷发声,发表评论员文章对该事件进行舆论引导,呈现出网络暴力并不能解决事件矛盾的主流声音。网络舆论在媒体理性的引导下再次发生反转,逐渐趋于平和、中立,认为男、女司机在该事件中都有错误行为,都要承担相应的法律责任。5月11日,女司机卢某独家授权《南方都市报》公开发表致歉信,在信中对自己的鲁莽行为致歉,并恳请网民停止人肉搜索,希望事件能够逐渐平息,也希望停止各类网络信息对家人的伤害。卢某的致歉信一经发出就又引发新一轮讨论,网友认为该致歉信是"找人代笔",对此,卢某的父亲也都做了回应。在这个阶段,针对女司机个人的网络人身攻击比较多,而且出现了网络公共事件中一个共同的现象,即由事件本身衍生出的次生焦点话题会反过来影响事件发展。"成都女司机被打事件"引发的"人肉搜索"是网络时代的集体癫狂,成为网友关注的另一个议题。

迈克尔·舒德森(Michael Schudson)是当代美国颇具影响力的媒介学者,他在《发掘新闻:美国报业的社会史》的序言中写道:

---

[1] 网易新闻,http://news.163.com/15/0507/04/AP03JJI800014AED.html。
[2] 张松超:《被打女司机被扒皮,网络"暴力"何时休》,《包头晚报》,2015年5月6日,第3版。

第五章 网络公共事件中的媒介文本与元语言离散

客观性在当代各专业、行业将知识和权威正规化的过程中成为一个主导性的理念。新闻业同其他专业、行业一样，对客观性的信念是一种道德观，关乎我们应信赖哪一种知识，也关乎我们判断事物时的标准。当然，客观性还是一种政治承诺，它知道人们应选择哪些人或哪一类人来对我们的言行进行评判。①

哈贝马斯认为公共舆论机制是一种虚构。19世纪末杜威和李普曼对新闻客观性的解读与辩论延续至今，热度不减反增。媒介的发展是否真的导致了"事实"的没落？媒体建构的超逼真的社会现实是否就是现实本身？

尼采将人类视为"会建构的动物"，网络公共事件在传播过程中往往会被置于个体层面进行解读，其目的就是用这些与大多数人们并无直接关系的事件塑造社会共同认知，就如鲁迅先生说的，"无穷的远方，无数的人们，都和我有关"②。网络公共事件想要被广泛传播，事件本身必须具有获得其他参与者支持和共鸣的"象征性"，对特定事件的意义建构就要从社会既有元语言中去寻求价值资源。以"于欢案"为例，其首发报道《刺死辱母者》中的语句格外刺眼："辱骂、抽耳光、鞋子捂嘴，在11名催债人长达一小时的凌辱之后，杜志浩当着苏银霞儿子于欢的面，用极端手段污辱苏银霞。"③ 这段代入感极强的文字描述将关注该事件的大多数人的感情线拉近至"母子亲情"，事件的起因和事件所涉及的法律问题并未成为舆论关注的焦点，对母子感情的超情感解读成为主流，完全忽略于欢母子所触及的法律问题。

历史上每一次新闻传播技术或手段的变革都将信息的快捷性置于首位，互联网出现之初，人们普遍对其抱有积极乐观的态度。诚然，自媒体平台的出现和社交平台的盛行打破了以往传统媒体对议程设置的独家垄断，信息的获取更加快捷、便利，社会现实似乎变得更为透明和更易接近，然而，从近几年发生的具有广泛影响力的网络公共事件来看，社交媒体时代的议程设置不完全是基于事实的真实性与完整性，更多时候情绪性也作为议程设置的一部分而存在，夹杂着情绪性而设置的议程很可能会导致舆论的非理性和舆论失焦。

---

① 迈克尔·舒德森：《发掘新闻：美国报业的社会史》，陈昌凤、常江译，北京：北京大学出版社，2009年版，第4页。
② 鲁迅：《鲁迅自编文集：且介亭杂文末编》，南昌：江西教育出版社，2019年版，第104页。
③ 参见凤凰资讯，2017年3月25日。

第二节　网络公共事件中伴随文本的解释压力

　　诞生于后现代文化语境中的"文本间性"理论，已经成为文学批评领域和文化研究领域的重要理论术语，它指涉文本之间的各种互动。法国当代著名文学理论批评家茱莉娅·克里斯蒂娃（Julia Kristeva）于20世纪60年代在巴赫金的对话主义思想基础上提出了"文本间性"概念，文本间性理论把"读者"放置于文本阅读中最重要的位置。文本间性理论认为对文本之间互文现象的解读是离不开读者的，读者的主动参与和能动创造都要纳入文本间性理论中。文本间性理论一经提出便受到了各研究流派的关注，罗兰·巴尔特、哈罗德·布鲁姆、雅克·德里达、吉拉尔·热奈特等学者纷纷将这一概念借鉴到自己的研究领域当中，进行新的理论创造。[1] 有学者指出，文本间性理论随后的发展大致呈现出两条路径，分别是广义的文本间性与狭义的文本间性。广义的文本间性"致力于对文学文本和社会历史文本之间的文化做历史性解读与意识形态的批判"[2]。广义的文本间性理论非常注重与诸多的批评理论相结合，如美国的文化批评、新历史主义、女权主义等，耶鲁学派的解构批评被视为广义文本间性理论的代表。狭义的文本间性理论则试图从广义文本间性理论的宽泛性中跳出来，执着于研究文本间性理论的实践性与可操作性。它以法国诗学理论家热奈特和新文体学家里法泰尔的诗学和修辞学研究为代表。[3] 其中值得注意的是，热奈特在其著作《隐迹稿本》中提出了五种"跨文本关系"，热奈特独创的"跨文本关系"学说深入推进了狭义文本间性理论的研究。

　　赵毅衡在克里斯蒂娃"文本间性"和热奈特"跨文本关系"等理论的基础上提出了"伴随文本"的概念。赵毅衡认为，依靠文本与文化之间的关系，符号文本才有可能得以解释。伴随文本是指"那些被符号文本'顺便'携带着的，伴随着符号文本，隐藏于文本之后、文本之外，或文本边缘，却积极参与

---

[1]　蒂费纳·萨莫瓦约：《互文性研究》，邵炜译，天津：天津人民出版社，2003年版，第21页。
[2]　曹文慧：《浅析互文性理论与文学作品的影视改编》，《东岳论丛》，2013（1），第173页。
[3]　曹文慧：《浅析互文性理论与文学作品的影视改编》，《东岳论丛》，2013（1），第173页。

文本意义的构成，严重影响意义的解释"①。不仅文本本身在解释中有意义，文本携带的大量的附加因素在解释中同样具有意义，甚至有时可能比文本本身的意义还要多。文本与伴随文本的结合，不仅是符号的形式组合，"更是一个浸透了社会文化因素的复杂的动态构造"②。也就是说文本与伴随文本的结合几乎涵盖了所有的符号文本，因此，文本的解读方式在很大程度上依靠伴随文本，明白了伴随文本所起的作用，也就理解了符号表意的机制。任何符号文本都不可能摆脱伴随文本这个背景中介。

赵毅衡指出："任何符号表意文本都必然携带着各种伴随文本，反之，如果没有各种伴随文本的支持，文本本身落在真空之中，成为一堆纯粹的符号集合，无法成立也无法理解。"③普遍存在的伴随文本在符号的表意过程中构成了特殊的文化语境，成为我们文化习惯的一部分。根据赵毅衡的观点，显性的伴随文本、生成性的伴随文本与解释性的伴随文本是伴随文本的三种类型。在网络公共事件中，伴随文本应当以解释事件时形成的压力为标准，划分为静态性伴随文本和动态性伴随文本。显性伴随文本被归为静态性伴随文本，生成性伴随文本和解释性伴随文本都应被归为动态性伴随文本。笔者之所以把显性伴随文本划归为静态性伴随文本，是因为在网络公共事件发展过程中，其副文本和型文本一直都处于相对平静的状态，不会因事件的"峰回路转"发生大的改变。生成性伴随文本和解释性伴随文本则不同，二者所受的外部影响力非常大，并且会随时对事件产生解释压力，故而将其划归为动态性伴随文本。

总之，伴随文本就是那些与符号文本在一起的附加因素，在表意过程中一并发给文本接收者。尽管这些因素参与了符号表意活动，但是它们本身并不构成文本，只有与符号本身结合后才能构成文本。

一、网络公共事件中的静态性伴随文本

静态性伴随文本即显性伴随文本，包括副文本和型文本两种。副文本就是

---

① 赵毅衡：《论"伴随文本"——扩展"文本间性"的一种方式》，《文艺理论研究》，2010（2），第2—8页。
② 赵毅衡：《符号学》，南京：南京大学出版社，2012年版，第143页。
③ 赵毅衡：《论"伴随文本"——扩展"文本间性"的一种方式》，《文艺理论研究》，2010（2），第2—8页。

文本的"框架因素"，比如商品的标识、文章的标题和店面的装潢等。

在网络公共事件中，标题往往是吸引受众眼球的关键。很多网民在网页浏览新闻的时候常常只看标题，于是，各大网络媒介平台出现了不少"标题党"，标题与内容严重不符。20世纪90年代初我国曾流行"五步三秒"理论，由发行人樊绍先提出。他在考察了广州的报刊发行市场后发现市场上最畅销的报刊都有几个共同之处：标题醒目、字体大、图片显眼。因此他认为，报纸畅销必须具备的基本条件就是：标题要格外醒目，字体要在五步开外也能看得清，并且标题的内容要在三秒之内抓住读者眼球。暂且不论这个观点是不是完全具有合理性，在当下这个网络时代，某些事件如若要成为网络公共事件，除了事件本身，标题这个"副文本"也起到了一定作用，甚至有的时候网民只看标题就对网络公共事件做出评论。南京"彭宇案"从进入大众视线开始，网络上就形成了"做好事被诬陷"的一边倒局面，"扶老人被讹"戏剧性情节冲击了人们的道德观念。网友们对被扶老太太的愤怒源自老太太的"恩将仇报"，并夹杂了对老太太儿子"公权滥用"的假想。"彭宇案"的发生让人们患上了"扶不扶恐惧症"，此后全国发生的多起类似案件都被贴上了"彭宇案"的标签，"彭宇案"显然已经成为相似网络公共事件媒介文本中的副文本，时至今日依然还在被提起。

显性伴随文本中的另外一种形式就是"型文本"，它对文本所从属的集群做了明确的归类。赵毅衡指出，最明显、规模最大的型文本范畴就是体裁，在网络公共事件中，型文本就是事件所涉及的类型。根据本书第一章对网络公共事件类型的划分，在五种类型的事件中，抗争性事件引发的关注度最高。在所有的抗争性事件中，"强弱对抗"和"官民对抗"最能吸引全社会的关注，比如"于欢案""杭州七十码事件"等。维权性事件和曝光性事件紧随其后。维权性事件中，与民生问题相关的型文本最能引起全社会共鸣，比如"魏则西事件""山东问题疫苗事件"涉及医疗问题，"王娜娜事件"涉及教育问题，"杭州保姆纵火案"涉及住房问题。曝光性事件中，与"反腐"相关的话题往往会在热度上居高不下，比如"严书记事件"等。网络时代，人们要面对的信息浩若烟海，从某种程度上说，型文本是公众判断信息重要程度的依据之一。

二、动态性伴随文本及其解释压力

文本在生成过程中因各种因素而留下的痕迹就是生成性伴随文本。① 前文本和同时文本都属于生成性伴随文本。关于前文本,又有广义和狭义之分。广义的前文本就是这个文本产生之前的全部文化。② 文本中的各种引文、典故、剽窃、暗示等都属于狭义的前文本。③ 在网络公共事件中,广义的前文本是影响事件的"隐形因素",狭义的前文本能在网络公共事件的解读中起到更大的解释压力。就以"武汉再现'七十码'事件"来说,作为前文本的"杭州七十码事件"令网民印象深刻,对于这起事件大家的态度也是心照不宣的,杭州的"七十码"事件带给武汉"七十码"事件的解释压力不言而喻。这两起事件,同样影射一个特殊群体,同样具有极大的争议性。

文本在生产的时候会出现影响文本产生的因素,这就是同时文本。同时文本在网络公共事件中的出现有时候会刺激和加剧这个事件的戏剧化过程,而且笔者认为网络公共事件中的同时文本都是"见微知著"的。在网络上一度引发热议的"表哥"杨达才事件中,杨达才在特大交通事故现场面露微笑引起网友议论,而真正将他推向舆论风口浪尖的是他的手表。"杨达才事件"最终落幕后,不少网友将这归结于"网络反腐的威力"。

解释性伴随文本包括了元文本、链文本和先后文本。元文本是文本生成后在被接收之前形成的,它是关于文本的一种评价。网络公共事件中,有时候评论比事件本身还具有吸引力,评论也往往会带来解释的压力。在近几年发生的网络公共事件中,笔者发现元文本带来的影响力超越了事件本身,这也就是上文中提到的"观点僭越,舆论失焦"的问题。网络公共事件中的争论除了事件本身的争议,更多的是关于事件评论的争议。在前网络时代我们会说"沉默的螺旋",然而如今身处"麦克风"时代的社会公众,敢于也愿意就网络公共事件发表自己不同的观点,与其说他们在争辩事件中的是非曲直,不如说他们是对自己思想的表达与捍卫。元文本能够控制解释方向,此外,元文本本身具有强有力的造势功能,除了能够起到宣传作用,也可以直接传达文本意义。

---

① 赵毅衡:《符号学》,南京:南京大学出版社,2012年版,第147页。
② 赵毅衡:《符号学》,南京:南京大学出版社,2012年版,第147页。
③ 赵毅衡:《符号学》,南京:南京大学出版社,2012年版,第147页。

链文本是一个形象的指称，它原指文本被解释时，文本接收者出于主动的要求或被动的无奈，将其他相关文本"链接"一同接收的文本。① 在这个言必称"大数据"的时代，链文本就是"大数据"的产物。网站用户只要在该网站搜索过某一内容，之后网站会不断推送类似的内容给用户。网民对网络公共事件中的链文本的选择一般倾向于接受与自己观点一致或相仿的信息和评论，其他的伴随文本都被链文本纳入其中，这样一来就形成了一个巨大的语境空间。这种链文本的接受弊端就是会产生"回声室"效应，关于这一点本书将在第六章展开详细论述。

先、后文本二者实际上在时间或逻辑上有先后的顺序性。笔者认为，在网络公共事件中，先文本几乎等同于前文本。赵毅衡认为文本出于前文本中的文化网络，先后文本则有明确的关系。在对网络公共事件的研究中，笔者倾向于把前文本与先文本等同起来。最后还要提及深层伴随文本。深层伴随文本是一种文化对文本与伴随文本的"背书"②，它需要批判性的操作，需要具有一种识破文本表面整体内容的洞察力，需要元语言层次的批判力。在每一件具体的网络公共事件中，以上提及的伴随文本几乎都存在。

我们在研究网络公共事件的时候会发现这样一个问题，网民或社会公众会对网络公共事件中的人物产生一种"刻板印象"：围绕农民工的事件必定是负面的新闻；在两方对峙的事件中必然站位"弱势群体"；在政府与民众发生某些冲突的时候通常是错在政府……根据符号接收的片面化原则，接收符号文本过多的信息或品质，会造成符号表意的累赘，所以我们在解释的时候总是会根据语境的需要而感知某些符号的部分品质。③ 但是如果解释过于依赖伴随文本，就会产生"伴随文本执着"，也就是说在这种情况下，文本的接收者只看到某一类伴随文本而忘记了文本本身。就如在网络公共事件中，一旦有二元对立的情况出现，在事情还没有解释清楚之前，网络舆论就会自觉偏向所谓的"弱势群体"，这就是对网络公共事件的伴随文本产生了依赖。

伴随文本对事件文本的生成与解释有着重要影响。对网络公共事件中伴随

---

① 赵毅衡：《符号学》，南京：南京大学出版社，2012年版，第149页。
② 赵毅衡：《符号学》，南京：南京大学出版社，2012年版，第158页。
③ 赵毅衡：《符号表意的两个特征：片面化与量化》，《福建论坛（人文社会科学版）》，2012(5)，第115—119页。

文本的考察一定要针对元语言来做具体研究，语境元语言就是伴随文本解释生成的具体环境。所以在对网络公共事件进行解读时，不能脱离语境元语言，也不能过分在意伴随文本，否则解读出来的事件结果会失去原本意义。

三、媒介审判——特殊的动态性伴随文本

"媒介审判"最突出的特征就是"未审先判"，该词源于美国的"报刊裁判"，原指不经过法律程序对犯罪嫌疑人实施非法律的定罪。媒介审判就是新闻媒介抢先在启动司法程序之前对涉案人员做出一些结论。[①] 在众多的关于媒介审判的案例中，报道方对案件的描述带有明显的倾向性，对舆论产生误导。由媒介审判建构起的"媒介真实"有很强的暗示意味，挑战了"客观真实"，与现实不符。"大众传播媒介为当今社会构建起的社会现实就是文化所处的最基本的情境，即'媒介真实'。"[②] 陆晔指出，"由于被媒介真实所蒙蔽，主观真实无法真正感知客观真实，从而在总体上为社会文化创造提供了一个'假环境'"[③]。

舆论是人类社会一种丰富复杂的精神现象，《麦克布赖德报告》将舆论定义为"一种常常难以确切的科学分析的集体现象，它同人的社会性紧密联系在一起。但是舆论既不是暂时无变化的，也不是从地理角度构成一个整体的"[④]。国内也有学者将舆论界定为"社会或社会群体中对近期发生的、为人们普遍关心的某一争议的社会问题的共同意见"[⑤]。至于网络舆论，"不仅是互联网上形成的公众一致的意见，而且是遍及全球的无声意见的交互过程"[⑥]。无论是现实舆论还是网络舆论，都是一种公开的意见表达，只不过信息媒介的传播类型和传播方式影响舆论的形成。

互联网有着极强的复杂性和包容性，所以网络舆论呈现的形态也是多样性

[①] 魏永征：《新闻传播法规教程》，北京：中国人民大学出版社，2001年版，第209页。
[②] 陆晔：《作为现代社会文化情境的"媒介真实"——试论电视传播对社会现实的建构》，《社会科学》，1995（2），第56页。
[③] 陆晔：《作为现代社会文化情境的"媒介真实"——试论电视传播对社会现实的建构》，《社会科学》，1995（2），第56页。
[④] 廖永亮：《舆论调控学》，北京：新华出版社，2003年版，第29页。
[⑤] 喻国民、刘夏阳：《中国民意研究》，北京：中国人民大学出版社，1993年版，第227页。
[⑥] 陈卫星：《传播的观念》，北京：人民出版社，2004年版，第266页。

的，新闻报道、网络话题和对公共事件的质疑与讨论都是引发网络舆论的诱因。舆论的形成很难有一个标准化的公式，但能够确定的是，网络上分散、无序的个人意见交流会形成"舆论场"，在这个场域内，意见的传播和交流得以实现，舆论在这个场域内产生的权威性会对社会造成压力，人们不得不接受舆论的强制并受到舆论的支配。

根据上述内容，媒介审判应当属于一种动态性伴随文本，它自带的强制性会对解释者产生无形的压力，迫使解释者朝着舆论引导的方向得出最终解释项；倘若解释者没有对舆论进行符合期待的解读，就会被"舆论场"排斥。网络舆论往往由突发性新闻引发，具有爆发性、自发性和透明性。[①]"药家鑫案"就是媒介审判的代表，司法审判结果还未出来的时候，药家鑫就被冠以"罪大恶极"的头衔，"官二代"成了他的标签，媒体在这起案件中充当"民间法官"的角色，表现出的强烈主观意愿性对司法审判产生了影响。媒介的角色错位模糊了事实，客观真实让位于媒介真实，这是媒介审判最大的遗憾。

在"媒介审判"的相关案例中会存在"沉默的螺旋"效应。事件在经过媒体的大量报道后，社会上越来越多的声音会对事件当事人形成批判性意见。在这种意见的压力下，舆论会出现极端化。强大的批判性意见压制了相反的意见，另一方的声音逐渐消失。这种舆论态势造就了"媒介审判""千人谔谔"的局面。在"刘涌案""许霆案""邓玉娇案""于欢案"等事件中，"媒介审判"均对事件的结果产生了影响。例如在"刘涌案"中，舆论对刘涌二审改判死缓持压倒性反对态度，认为其"罪大恶极"，要求执行死刑。"许霆案"中，舆论认为对许霆"恶意取款"的判罚过重，法院后将许霆改判为有期徒刑五年。"邓玉娇案""于欢案"更不必多言，舆论所表现出的绝对性态度对司法审判施加了不小的压力。涉及"媒介审判"的网络公共事件在报道频率上可谓"铺天盖地"，通过"议程设置"来引导受众关注和社会舆论。在报道内容上，除了事件本身，报道焦点也会转移到其他地方。关于这一点，本书第四章有论述。

媒介审判总是能影响公众对事件的判断和解读，媒介审判对被报道对象所做的"预设审判"会先入为主，影响普通民众对事件的最初认知。过去我们常

---

① 廖为民、赵民：《互联网媒体与网络新闻业务》，上海：复旦大学出版社，2001年版，第215页。

说"千夫诺诺，不如一士谔谔"，媒介审判应保持理性的态度，推动事件积极发展，简单粗暴的判断绝不利于整个社会。媒介文本的呈现形式在网络传播时代已经发生了转变，媒介文本由原先的静态转化成为现在的动态形式。由于传播信源的多元化、传播过程的及时性与互动性的媒介文本一直处于变化状态，网络公共事件在网络表达的推动下不断发生演变。

一切媒介都是双刃剑，利弊同在。① 媒介文本在不同的时代呈现出不同的形态。传统媒体时代，媒体对其所要报道的传播内容层层把关，传播信息是媒体和政府相关部门的特权。新闻文本经过加工处理后被传播，文本的形态相对来说是封闭的，不会发生大的变动。就如诺依曼在《沉默的螺旋：舆论——我们的社会皮肤》中谈到的，人们借传媒授予的话语表达权力捍卫自己所在的立场就是传媒宣布的作用。倘若人们在传媒宣布的观点中没有找到与他们相同或相似的意见时就会缄口不说，陷入沉默的状态。② 受众在媒体的刻意引导下能够逐渐形成较为明显的统一的意见。作为被动接收信息的社会公众只能从大众传媒中获取信息，对信息的反馈和自我观点的表达比较困难。网络媒体时代，每个个体都可以成为拥有话语权的媒体，人们对公共事务表现出极高的参与热情，在公开性的平台发表意见和表达观点成为网络时代的常态，也因此形成了较以往更为多元、复杂的话语体系。网络时代的媒介文本表达兼具开放性与多义性，同时也具有"可视性"的特点。网络公共事件的演变过程走向"台前"，具有了公开性和公共性。社会公众能够参与媒介文本制作、生产和传播的过程，并且能够对事件的发展走向产生影响，推动了网络公共事件一次次的演进过程。

第三节 媒介文本的解释漩涡与元语言集合的离散

一、解释漩涡

上一章已经比较详细地论述了元语言的相关问题，可以得知，很多语言学

---

① 保罗·莱文森：《新新媒介》，何道宽译，上海：复旦大学出版社，2014年版，第5页。
② 伊丽莎白·诺尔-诺依曼：《沉默的螺旋：舆论——我们的社会皮肤》，董璐译，北京：北京大学出版社，2013年版，第179页。

家与符号学家在谈及元语言的控制问题的时候只是说到了元语言的层控问题，因为意义自身无法解释自我的时候就需要上一层元语言来解决。赵毅衡认为在不同的解释者之间，在同一解释者的不同解释之间，甚至在同一解释者的同一个解释中，可以用不同的甚至相同的元语言因素，组成他的元语言集合。① 这就是同层次元语言冲突。元语言之间的冲突与不配合，导致在解释中无法获得相同意义的解读，因为不同元语言之间的协同或冲突是发生在解释中的。

在解释中不同的元语言集合之间会产生协同或冲突，如果在同一个（或同一批）解释者的同一次努力解释中使用了不同的元语言集合，这种同层次的元语言冲突就被称为"解释漩涡"②。佛法说"谈空反被空迷，耽静多为静缚"，唐代诗人王维有诗云"月出惊山鸟，时鸣春涧中"，杜甫也有诗句"绿垂风折笋，红绽雨肥梅"，都是解释漩涡的例证，两种元语言同时在起作用，彼此不能互相取消，双解并存。其实解释漩涡在人类文化中十分普遍，比如说一位在影视剧中擅长演绎"痴情"角色的演员在实际生活中被爆料私生活"并不检点"，此时关于该演员的两种解释悖论性地共存，两个不同的解释互相冲突——影视剧中的"痴情"与真实生活中的"滥情"——一个无法取消另一个，就造成了"解释漩涡"。

解释漩涡的存在说明元语言之间的冲突不仅存在于不同的解释者之间，还可能存在于同一解释者的同一次解释中。其原因可以是多样的，文本符号成为一个统一整体，这只不过是一种有机论神话，它们的意义合一是解释的结果，却是无法保证的结果。③ 笔者曾经在网上看到这样一则笑话，一位婆婆在向她的朋友抱怨儿媳妇，说儿媳妇自从嫁给她儿子后，什么家务活都是她儿子来做，儿媳妇饭来张口衣来伸手，不知道她儿子造什么孽娶了这样一位儿媳妇。随后这位婆婆的朋友又问："你女儿最近过得怎么样？"这位婆婆开心地说："我女儿有眼光极了，嫁给我的女婿后饭来张口衣来伸手，简直幸福。"这位婆婆在对于"饭来张口衣来伸手"的问题上也形成了解释漩涡。

众多网络公共事件中，解释漩涡的存在比比皆是，而且大部分网络公共事

---

① 赵毅衡：《符号学》，南京：南京大学出版社，2012年版，第235—236页。
② 赵毅衡：《符号学》，南京：南京大学出版社，2012年版，第235页。
③ 赵毅衡：《双义合解的四种方式：取舍、协同、反讽、漩涡》，《湘潭大学学报（哲学社会科学版）》，2017（4），第117—123页。

件都会陷入"情"与"法"的解释漩涡之中。例如 2016 年的"于欢案"和 2009 年的"邓玉娇案",都陷入了人伦与法治的"解释漩涡"。但是相较而言,"于欢案"显现出了网络舆论趋于成熟和理性的一面,从最初充满网络暴戾到后期的舆论平和,从对立分歧到共识达成,事件最终由情感的感性回归法制的理性,这实则也是大国法治建设、危机应对、网民素养逐渐走向成熟的过程。[①] 网络公共事件中的同层次元语言冲突,是关于事件的表达为什么会产生争夺的原因之一。由于网络的"碎片化"传播,网络公共事件在传播之初总是带有"片面性"和"不完整性",在网络公共事件发展过程的每一个阶段,都会产生同层次元语言冲突。2015 年 5 月,成都女司机被打的视频曝光后,舆论在短时间内迅速发酵,该事件初期,曝光的细节围绕男司机施暴方面,在这一时期,网民舆论的口径比较统一,不同声音的也只是少部分意见,此时的舆论主流就是对男司机施暴的讨伐与谴责。

该事件发生反转的节点出现在男司机行车记录仪的视频曝光。随着这段最新的视频在网上发出后,原本对女司机持支持态度的舆论瞬间转变,大家开始抨击女司机危险的驾驶技术。新的视频完善了整个事件的过程,同之前"断章取义"的视频相比较,网民们转变了对事件性质的认识。女司机一家人在视频曝光后并不认为女司机变道有着严重错误,声称坚持走法律途径解决此事。男司机方面曝光了视频后,网民开始对女司机进行人身攻击和谩骂,网上甚至出现了对女司机的"人肉搜索",女司机的家庭、职业、身份信息、家庭信息、婚姻状况甚至开房记录等隐私信息都被公之于众。之后女司机发表道歉信,她和她的家人主动进行"舆论公关",然而收效甚微,对女司机的谴责依然是舆论主流。

在这起网络公共事件中我们不难看出,同样一则报道,不同的受众有不同的反应,这就是前文阐述的元语言冲突使然。每一个个体在社会活动中都有一套自己的元语言系统,自身的元语言系统与他者的产生冲突后,要么协同,要么对抗,要么取舍。而且一件原始网络公共事件往往会伴随性生发其他衍生议题,衍生议题模糊舆论焦点,刺激引发新的舆论浪潮。

网民不成熟的、非理性的表达在目前网络公共事件的舆论中比较常见,这

---

① 网易新闻,http://news.163.com/17/0331/00/CGQL6EJ80001875p.html。

似乎是"借他人酒杯浇自己块垒,借他人事件抒自己胸臆"。

二、解释漩涡的形成

前文提到,社会文化元语言、文本自携元语言和个人能力元语言组成了一次解释中所需要的元语言因素。由于对元语言不同因素的借助,解释行为才会最终形成,其中显现于文本中的因素只是元语言因素集合中的一部分。当把文本看成是其与伴随文本的结合时,文本各部分引发的解释则更不会相同。当元语言组合因素冲突,二者不能互相取消,并且同时起作用,此时两种意义同样有效、同样稳固,就形成了解释漩涡。赵毅衡指出,解释漩涡的形成是因为在话语文化的重大问题中,意识形态元语言的组成不尽相同,尤其文本提出的原理,应用到真理、主体、社会、文化艺术、历史等困难课题中去时,解释漩涡更容易出现。[①] 解释漩涡可以说是人类解释活动的一个重大特点,也是人类意义行为的常态。

在关于具体网络公共事件的评价中,评价主体的分开就会形成不同意见,产生争论;如果评价主体合一,有时可能就会无法调和网络公共事件中出现的情感与法制的矛盾,此时就会产生解释漩涡。那么,在网络公共事件中为何会出现关于情感与法治的解释漩涡?笔者认为应当从国家与社会关系、网络、受众三个层面去阐释这个问题:

首先是国家与社会关系层面。我国自改革开放后开始构建社会主义市场经济体制,这就必然要求建立与市场经济体制相匹配的保障机制,这样一来就会对之前的社会结构造成冲击,计划经济模式逐步瓦解慢慢消失。

国家与社会关系的变迁,社会民众的主体意识觉醒,这些都影响了普通民众的思维方式和行为方式,民众拥有话语权后就有了强烈的表达欲望,互联网络为国家和社会关系之间搭建了一个公共平台,基于良好的互动关系,凡是民众关心的和民众感兴趣的话题都能够在这个公共平台上表情达意。

网络公共事件中的群情涌动与众声喧哗,背后都充斥着网民们的嬉笑怒骂。正处于转型期的当下中国社会,各类矛盾凸显,孙立平教授用"断裂"和"失衡"描述这种社会现状,他认为社会转型已经把一部分人"甩到了社会结

---

① 赵毅衡:《组合元语言与解释漩涡的普遍性》,《江西社会科学》,2017(8),第96页。

构之外"①，社会权力的失衡加剧了社会的两极分化和资源分配不公，一些民众负面情绪严重，把这种负面的能量释放在网络空间中，有助于社会的"减震"，所以也就不难理解为什么任何一起网络公共事件都会有"人声鼎沸"的感觉。

其次是网络自身的特性。戈夫曼在《日常生活中的自我呈现》中将个体在日常生活中的行为划分为"前台"（剧本规定角色）和"后台"（真实的自我）。"前台"是个体在进行表演期间使用的表达性设备。"前台"部分能够被观众看到，并且观众能从演员的"前台"表演中获得一定的意义。"前台"不是由演员创造的，因此它倾向于被选择。戈夫曼指出，除了不同的常规程序可以使用同样的前台这一事实，我们还应注意到另外的一种制度化了的前台，它往往会引起刻板形式的期待。它是一种特定的社会前台，倾向于在此名义下进行具体的工作，这种制度化了的前台具有另一种意义和稳定性。前台在这种情况下自身独立，成为一种"集体表象"。一种特定的前台已经在某个行动者扮演一种特定的社会角色时就设置好了。不管他扮演这个角色的主要动机是想完成特定的工作意愿，还是想维持相应的前台，行动者会发现，这两件事情他都必须去做。②

"后台"是不让观众看到的舞台部分，其实就是人们真实的自我，所以"后台"也就限制观众与局外人的进入。如果说人们在前台表现出来的是社会化的自我，那么后台就是人们自我中最本质的那部分。当然，前台与后台的划分是相对的，二者可以相互转换，转换的前提则是演员自己对其所面对的互动对象的情景界定。

因此，戈夫曼将整个社会看作一个大戏院，社会中的每一个个体就是在大戏院舞台上进行表演的演员，他们借助某些生活场景和道具，在与其他演员的合谋之下，在观众面前共同演出着一场又一场的剧目，真情的抑或假意的。戈夫曼这一理论在社会极速发展的今天已经暴露出了其自身的缺陷。根据戈夫曼的理论，要想了解一个人，必须要与之进行直接的互动，或者通过口口相传的途径才能实现。而今，互联网时代彻底颠覆了戈夫曼的这个理论，网络平台的

---

① 孙立平：《失衡：断裂社会的运作逻辑》，北京：社会科学文献出版社，2004年版，第21页。
② 欧文·戈夫曼：《日常生活中的自我呈现》，冯钢译，北京：北京大学出版社，2008年版，第23页。

匿名性给网民提供了一个尽情自我宣泄的后台；在网络的"后台"区域，每个个体都不再以真实的身份存在；人们借助虚拟身份，借助一种全新的符号存在，卸下生活中所有的包袱和压力，在互为陌生人的网络空间释放自己的情感压力。在匿名隐藏身份快感的驱使下，在网络交互性的作用下，越来越多的与事件并无直接关系的公众通过转发、留言等方式参与到网络公共事件中，在相互的情感交流和互动中强化了认同感，实现了公众情绪上的"共振"。

除了享受后台宣泄带来的成就感，网络的放大效应也会影响网络公共事件中解释漩涡的形成。诚如曼纽尔·卡斯特所说："一旦经由人们的社会行动，将互联网的这种技术特性扩展渗透到整个社会，就会导致社会生产、经验、权力和文化过程的实质性转变。"[①] 由于互联网的虚拟性放大了社会的不公平现象，网民们的情绪被大大激发，正如梅罗维茨指出的："计算机和其他新技术肯定强化了电子媒介和所有从前的传播模式最重要的差异——对社会地点和物质地点关系的破坏。"[②] 尽管网络公共事件发生时大多数网民的身体"不在场"，然而网络已通过各种形式将事件信息传递到千里之外。由此我们能够看到"江歌案"，能够了解"于欢案"，能够知晓"魏则西"，也知道了"严书记"……众多网络公共事件汇集于网络平台，事件在虚拟环境中被无限放大，激发了网民的情绪，因此我们看到的网络公共事件也大都伴随着情感的冲击。

最后，受众也是公共事件中解释漩涡的形成因素之一。我国网民的人数众多，根据中国互联网络信息中心向社会公开的资料显示，我国网民规模截至2020年12月已经达到9.89亿，在网民的年龄结构中，20~39岁群体为网民主体，占51.8%。[③] 在中国网民的学历结构中，初中学历的人数占总人数的40.3%，是目前网民学历的主要构成；职业结构中学生和个体户/自由职业者分别占据了前两位；从收入结构来看，大多网民的收入集中在2001~5000元，这部分人群占总体的32.6%。[④] 透过具体的数据资料我们不难发现，在我国，

---

① 曼纽尔·卡斯特：《网络社会的崛起》，夏铸九等译，北京：社会科学文献出版社，2003年版，第567页。

② 约书亚·梅洛维茨：《小时的地域——电子媒介对社会行为的影响》，肖志军译，北京：清华大学出版社，2002年版，第319页。

③ 中国互联网络信息中心：《第47次中国互联网络发展状况统计报告》，2021年2月，第21页。

④ 中国互联网络信息中心：《第47次中国互联网络发展状况统计报告》，2021年2月，第20—25页。

网民总体结构主要呈现出三个特有属性,即低龄化、低学历和低收入。另外,网民自身的媒介素养偏低也是目前存在的一个问题。

在网络公共事件中,个人意志极容易受到群体意志的支配。勒庞在《乌合之众》中就指出,无意识的人格在群体事件中占据主导地位,有意识的人格在群体事件中已经消失,情绪的感染和观念的暗示会影响集群心理朝着某一个统一的方向发展。暗示的观点极有可能转变成行动的倾向。①"成都女司机被打事件"中,舆论几度反转;"于欢案"在网络曝光之初,舆论习惯性站在"弱者"的一边;"重庆公交车坠江事件"中舆论更是几经反转……上述事件都有一个共同特点,就是事件真相被完全了解之前,网民们的心态被"罗宾汉情结"占据了。类似的网络公共事件在初期阶段,网民们站在事件的"弱势方"或"受害方",舆论出现"东风压倒西风"的"一边倒"局面。

只要是涉及官民、贫富的网络公共事件,网民在真相未明的情况下一般都力挺"弱者",网络成为"仇富"或"仇官"的宣泄口。在这种背景下,"罗宾汉情结"已经成为社会公众的普遍心态,对现实的不满被带到网络虚拟空间,如"郭美美事件""杭州七十码事件""天价烟事件""魏则西事件""雷洋事件""王娜娜事件"等。陈昌凤认为,中国社会阶层在社会转型期出现了急剧的分化,社会结构形态是网络舆论"罗宾汉情结"存在的必然土壤。

网络公共事件中,关于事件本身或是关于评论,都会有解释漩涡出现,解释漩涡是人类社会的普遍现象。因此赵毅衡说意识本身就处于解释漩涡之中,因为理解意义用的元语言组合必然是杂糅的、复杂的、无法合一的、意识的精神运动,必须在两可之间找到自己然后才能认识自己。②

三、媒介文本元语言集合的离散性

离散的意思就是不连续的、涣散的。在语言学和语言符号学的语境中,离散性是指语言符号或符号的成分可以分析为有确定的边界,彼此间没有连续或渐进的过渡关系。③在语言解构的两个层面上都存在离散的语言单位,语言符

---

① 古斯塔夫·勒庞:《乌合之众:大众心理研究》,冯克利译,北京:中央编译出版社,2005年版,第19页。
② 赵毅衡:《组和元语言与解释漩涡的普遍性》,《江西社会科学》,2017(8),第88—96页。
③ 马壮寰:《精确与模糊——对语言符号离散性的分析》,《外语学刊》,2009(6),第137—141页。

号的离散性使得语言具有精确性。①

元语言集合的离散性则是指在解释行为进行时，元语言所表现出的不确定性和分散性。这也就是说，只要被当作意义文本，就必须有相应的元语言提供体系化的解释符码。②所谓符号意义，就是用另一种符号解释当前的符号。元语言不仅是符号转换完成的保证，同时也是整个文本可被翻译的保证。本书在第四章中提到了碎片化传播的现状，以网络技术为支撑的新媒体常常被认为是碎片化传播的"原罪"，但网络只是碎片化传播的一个促成因素，其出现的基础是社会价值体系的多元化，整个社会已经不再被一种价值体系垄断，换句话说，原本整体的元语言出现了离散。

随着移动互联网技术的不断完善和网络覆盖率的显著提高，信息呈现全面爆炸的态势。传播方式的日渐多样化分化了受众人群，受众自主性大大提升，并且不断参与到传播过程中，逐渐成为互联网的主角。与传统媒体时代不同的是，网络媒体的出现打破了精英垄断话语权的局面，话语权得以下放，"去中心化"的信息传播模式契合了当下社会多元化的价值观。曾经较为统一的元语言体系也被冲击开来，元语言集合开始具有离散性，这一点在网络公共事件中表现尤为突出。

公众对网络公共事件的价值判断源于媒体的报道，媒体报道均是以文本形式出现的，符号与符号形成的"合一的标一单元"就是文本。③ 在媒介研究领域，约翰·费斯克的文本理论开启了媒介文化研究的新路径。文本理论是费斯克媒介文化理论的重要组成部分，在他看来，媒介文本主要是指以电视文本为代表的大众文本。他注重运用符号学研究方法研究电视文本、电视受众和电视文化在意识形态建构中的地位和关系，格外重视传播过程中的文本、受众与"阅读过程"。网络时代媒介文本的范围应当扩大，它不仅仅是电视文本，还应当包含所有符号的表意组合。从这个角度来说，对于网络公共事件而言，媒介文本所包含的"叙事"元素由接连不断的材料组成，总是处于持续更新状态的媒介文本所产生的意义也是源源不断的。

---

① 马壮寰：《精确与模糊——对语言符号离散性的分析》，《外语学刊》，2009（6），第137—141页。
② 赵毅衡：《意识形态：文化的元语言》，《江西师范大学学报（哲学社会科学版）》，2016（1），第79—88页。
③ 赵毅衡：《符号学》，南京：南京大学出版社，2012年版，第41页。

网络公共事件的传播过程就是一个讲故事的过程和解释故事意义的过程。换言之，叙事和叙事所要表达的意义存在于文本塑造的过程之中，并对受众产生影响。当然，受众会根据自身既有经验构建叙事，并且能够用自己的方式处理相关文本信息。网络公共事件中的媒介文本叙事更是如此：受众根据媒体提供的线索构建叙事，从中获得意义，受众赋予这种"叙事"一种真实感，即相信媒介文本为自己构建的意义都是合情合理的。

费斯克的媒介文化理论试图揭示媒介再现如何将观点和信仰合法化，如何被制造成真实的。费斯克指出，受众抵制信息泛滥的唯一方式就是"只把这些形象作为能指，即新闻事件的表面来接收，而拒绝它的所指，即隐含于事件中的试图控制事件的意义"[①]。阿尔都塞对费斯克媒介文本意识形态分析有很大的影响。根据阿尔都塞的观点，个人主义和个人对世界的体验都是由具备思考能力的个人构成的，这不是自然现象，而是一种意识形态化现象。费斯克的媒介文本主要是指电视媒介文本，网络时代与电视文化时代在某些方面可能相去甚远。如果说电视的运作指导泯没了个别成员的差异，那么网络文化则将差异放大化。

随着媒介环境的变化，媒介文本从静态转化成动态，网络媒介的发展使媒介文本元语言获取了更多的解读自由，阅读媒介文本的过程也变成了创造的过程，网民根据自身认知对媒介文本进行意义的诠释，这样的诠释在很大程度上改写或者逆转了官方话语，对当下网络传播中的媒介文本产生持续性影响。

本章小结

舆论始终是处在变化之中的。普通民众在网络上成为信息的发布者与传播者，促成了从社会舆论到网络舆论的转变，成为引爆舆论的"蝴蝶效应"。自媒体的出现打破了传统媒体对议程设置的垄断，让信息获取更加便捷，让社会更为透明。然而，自媒体时代的公众议程设置在很多时候容易出现观点僭越，造成舆论失焦。自媒体时代传播方式的变革导致话语权的重构，平民话语权时

[①] 转引自胡疆锋、陆道夫：《文本、受众、体验——约翰·菲斯克媒介文化理论关键词解读》，《学术论坛》，2009（3），第79—84页。

代已经到来。在论及媒介文本的解释压力中,笔者将显性伴随文本归为静态性伴随文本,将生成性伴随文本和解释性伴随文本归为动态性伴随文本。要理解符号表意的机制,就必须明白伴随文本的作用。伴随文本是任何符号文本都不可能摆脱的背景中介。本章提出了研究网络公共事件的一对必要概念:解释漩涡和元语言集合的离散。在网络公共事件中一般会出现关于情感与法治的解释漩涡,这应当从国家与社会关系、网络和受众三个层面去阐释。在信息呈现全面爆炸态势的当下,传播方式的日渐多样化分化了受众人群,受众自主性大大提升,并且不断参与到传播过程中,逐渐成为互联网的主角。与传统媒体时代不同的是,网络媒体的出现打破了精英垄断话语权的局面,话语权得以下放,"去中心化"的信息传播模式契合了当下社会多元化的价值观。曾经较为统一的元语言体系也被冲击开来,元语言集合开始具有离散性,这一点在网络公共事件中表现尤为突出。

第六章　网络公共事件中的元语言与真相关系

贯穿整个西方思想史的对真实的追问发端于古希腊时期对本原的思考，对真实的认识和把握构成了西方哲学本体论的基础。越来越多关于社会真实的问题伴随着大众传播时代的到来，被放置在由媒体或媒介所建构的拟态环境中展开讨论。可以这样认为，对于社会真实与否的讨论离开媒介这个维度是不具有意义的。越来越多的学者开始关注媒介如何技术性地影响社会真实，以及媒介如何建构现实这个时代命题。

在有关网络公共事件纷繁复杂的研究中，真相问题一直都是一个挥之不去的存在。这个世界事实可以有很多，真相却只能有一个，媒介为我们构建的网络公共事件令我们有一种"不识庐山真面目"的遗憾。当下是一个"全民皆媒体人"的时代，在网络公共事件中，公众都会发声、讨论，通过各种媒介表达自身的利益诉求，都有自己的视域及角度，我们每个人都有自己的观点和意见，以上这些取决于社会认知，取决于元语言。面对一起事件，或许我们没有办法得到一个完整的真相，但至少要主动寻求最接近真相的事实。现代人经常看到现象却从未触及"真相"，容易被激怒、渴望正义却往往会失去理性。

第一节　媒介建构的现实与元语言关系

一、媒介建构的社会现实

在人类思想史上，人文学科的主流是意识哲学。无论柏拉图、亚里士多德还是德国古典哲学的代表黑格尔，他们都把抽象意识当作最高实在，认为抽象意识才是哲学研究的对象，在意识哲学的范畴中，人们日常生活的"现实"并非等同于人类所认识的"现实"。日常生活中的"现实"是一种既存的经验性的事实世界，也就是我们所说的物质世界，能够被人的感知获得，是物理环境下的事实存在。意识哲学中的"现实"则指向的是一种超越日常生活世界的理性现实。

现代哲学对理性哲学的现实观提出了挑战。现代哲学认为理性主义强调的是一种工具理性，在工具理性思想的支配下，世界只是被单纯地看作一种物质世界，人类所有的情感、想象和个性在单一的物质世界中是没有立锥之地的。"语言学转向"出现后，它就成为理性哲学向现代哲学转变的一个重要标志。周宪认为20世纪之所以会出现哲学和美学的语言学转向，最深刻的原因就是，哲学中对意识、精神和观念的传统探讨导致了许多混乱。①

从现代哲学起，哲学的研究中心从意识变成了语言，语言的意义也已经从单纯的表达手段变成了一种蕴含创造性的力量。语言学转向后有关语言的研究主要集中在对语言结构和对话语的研究这两个方面。其中，关于语言结构的研究以索绪尔为代表，对话语的研究以巴赫金和哈贝马斯为代表。人的认识对象在从意识哲学发展到语言哲学的进程中发生了变化。

意识哲学主要以客观世界为人的认知对象；到了语言哲学研究时期，语言开始占据社会科学研究的核心位置，理解语言成为理解日常生活的关键。② 其实柏拉图的哲学思想中就对"真实"的问题进行了探究。他在《理想国》中用了三个比喻来说明可感与理智两个领域的区分，其中"洞穴比喻"可以说是媒介建构的滥觞。囚徒因被铁锁困在洞穴中无法转身，因此他无法看到洞穴内真实的雕像，只能看到洞壁上雕像的影子。也就是说洞穴后壁上的影像只是对真实雕像的局部反映，并非雕像本身。洞穴中的火把和其他因素共同构成了洞穴的整体环境，它们都影响着影子的形成。溯及当下，大众传播时代的现代人就是柏拉图笔下被困在洞穴中的囚徒，他们不得不根据媒介对外部世界"样貌"的描述来认识这个世界。

20世纪20年代李普曼在《公众舆论》一书中延续了柏拉图的洞穴比喻，他认为个人"脑中图像"的形成是媒体在我们头脑里创造的象征性想象。后来

---

① 周宪：《20世纪西方美学》，南京：南京大学出版社，1999年版，第15页。
② 彼得·伯格、卢克曼：《现实的社会构建》，汪勇译，北京：北京大学出版社，2009年版，第32页。

有学者根据李普曼的观点进一步指出社会真实由客观真实、符号真实和个人主观真实共同构成，并且认为社会客观真实是无法验证的，媒介企图客观、完整反映社会真实也是不可能的。① 法兰克福学派认为现代传播媒介是文化物化过程最直接的手段②，影响媒介对社会真实建构的决定性因素来自国家机器和意识形态控制。霍克海默指出工业社会以后，人们思想和感情的形成大多是通过大众媒介和其他的方式形成的。③ 在这种观点的驱使下，霍克海默和阿多诺提出了他们的著名论断："技术上的合理性就是统治上的合理性。"④ 在法兰克福学派的论述中，文化工业在现代社会发挥着巨大的威力，并具有明显的欺骗性，媒介对此功不可没。⑤ 因此阿多诺就提出这样的疑问：人们是否能对大众传播媒介的功能做出正确的区分，大众传播媒介是作为新闻娱乐的工具还是作为灌输与操纵的力量。⑥ 总之，法兰克福学派认为，媒介通过对传播内容的操纵控制和对传播语言的规范化使用，来实现对社会真实的建构。

约翰·费斯克在《传播研究导论》中提出了两种传播观：过程学派和符号学派。前者研究的焦点是传播的效果与准确性，侧重研究信息的发送、接收双方如何对信息进行编码、解码，把传播视为信息的传递。过程学派把媒介当作社会现实的直接反映，认为"媒介"就是一种信息传递的工具，传播成功意味着信息传递准确；传播失败是因为信息传递发生失误。费斯克认为符号学派较为关注文本问题，尤其是文化在文本中的角色，认为传播就是意义的生产与交换，而信息发送者与接收者之间文化的差异很可能会导致传播的失败。

费斯克关于符号学派媒介观的论述符合"媒介建构"的原则，媒介建构的"现实"与人的主观世界密切相关。符号互动论者布鲁默认为人们存在的世界是由各式各样的客观世界组成的⑦，"符号之间的互动产生了客体……必须把客体（就它们的意义而言）视为社会的创造物——视为当人们的界定和解释过

---

① 王贵宾、张建忠：《媒介、社会真实与新闻文化的建构》，《当代传播》，2004（1），第30页。
② 石义彬：《批判视野下的西方传播思想》，北京：商务印书馆，2014年版，第27页。
③ 马克思·霍克海默：《批判理论》，李小兵等译，重庆：重庆出版社，1990年版，第329—330页。
④ 石义彬：《批判视野下的西方传播思想》，北京：商务印书馆，2014年版，第18页。
⑤ 石义彬：《批判视野下的西方传播思想》，北京：商务印书馆，2014年版，第27页。
⑥ 石义彬：《批判视野下的西方传播思想》，北京：商务印书馆，2014年版，第27页。
⑦ 江根源：《媒介建构现实：符号学、社会学和社会心理学范式》，《浙江工业大学学报（社会科学版）》，2014（3），第288—292页。

程在他们的互动中出现时在这种过程中形成并产生出来的东西"①。因而说人们在互动时创造的意义是人们界定活动的结果，可以肯定地认为，意义是社会的产物。②如此一来，人们通过与媒介的互动认识了"现实"，"现实"反过来又成为互动的对象，媒介与社会的互动是通过各种符号建立起来的。

江根源指出，"形象""身份""知识"三者在媒介建构现实中有重要的地位，分别对应媒介建构现实的对象（内容）、个体立场和文化背景，它们三者之间相互作用。③此外，形象、身份与知识还沟通了虚拟现实、社会现实和个体感知到的虚拟现实之间的关系。④媒介所反映的现实世界是利用各种符号和象征建构起来的"符号性的现实"，从而使人们接受媒介提供的关于外部世界的"现实图景"，以完成对社会真实的建构。

理解媒介建构社会现实有两个重要的命题：一是"谁建构了媒介"；二是"社会现实怎样被媒介建构"。劳伦斯·格罗斯伯格认为要理解"谁建构了媒介"，关键在于"分析层次"（levels of analysis）这一理念。劳伦斯指出："在一个有组织的社会中，几乎所有的生产都涉及不同的社会层次（strata），生产的结果能够反映这些层次或层级（levels）之间的差异。"⑤媒介在社会中不是孤立存在的，它是被媒介人物（群体和个人）、媒介组织、媒介产业、媒介机构以及媒介文化等共同建构起来的。媒介人物首先建构了媒介，但他们身处一个组织化的环境中。这就意味着，建构媒介需要法规、职责和作为惯例的日常事务——这些决定了媒介建构的内容。⑥而且，媒介产业又塑造并控制了特定的媒介机构。⑦然后，我们可以根据媒介人物、媒介产业和媒介各自不同的资

---

① 赫伯特·布鲁默：《论符号互动论的方法论》，霍桂桓译，《国外社会科学》，1996（4），第15页。
② 赫伯特·布鲁默：《论符号互动论的方法论》，霍桂桓译，《国外社会科学》，1996（4），第16页。
③ 江根源：《媒介建构现实：理论溯源、建构模式以及相关机制》，浙江大学博士学位论文，2013年，第46页。
④ 江根源：《媒介建构现实：理论溯源、建构模式以及相关机制》，浙江大学博士学位论文，2013年，第46页。
⑤ 劳伦斯·格罗斯伯格等：《媒介建构：流行文化中的大众媒介》，祁林译，南京：南京大学出版社，2014年版，第65页。
⑥ 劳伦斯·格罗斯伯格等：《媒介建构：流行文化中的大众媒介》，祁林译，南京：南京大学出版社，2014年版，第101页。
⑦ 劳伦斯·格罗斯伯格等：《媒介建构：流行文化中的大众媒介》，祁林译，南京：南京大学出版社，2014年版，第101页。

源分享方式来理解媒介建构,这就是所谓的资源依赖的视角。① 厘清了"谁建构了媒介"的问题后,就该着手"社会现实怎样被媒介建构"的探讨,这也就涉及本章的核心——真相与元语言。

二、真相与网络社群认同

《古今汉语词典》将"真相"解释为"事物本来的或真实的面目"。日本动漫《名侦探柯南》中有这样一句经典的台词：真相永远只有一个。德国演说家戈培尔曾在他的日记里写道：民众并不在乎真相,他们只相信他们愿意相信的真相。

皮尔斯认为传播的根本目的就是利用符号进行传播从而获取真相,然而真相却并非掌握在个人手中,所谓的真相是一种社群真相。符号表意的社群能够促使人类思维的形成,人类自己的思想皆是对先在符号的翻译,人的符号传播行为必然是一种社群行为。② 皮尔斯思想对传播最关键的启示就是"解释项",他认为"符号的目的就在于表达'事实',它把自己与其他符号相连接,竭尽所能,使得解释项能够接近完全的真相,或绝对的真相,也即接近真相的每一个领域……'真相'应当是每个符号的最终解释项,它并非抽象的,而是完整的"③。皮尔斯的论述清楚地表明,符号表意的本质目的与人类追求意义的根本动力是相同的,即符号能够表达真相。皮尔斯所谓的"真相"就是,"任何符号的'最终解释项'解释着对该符号意义的衍义与解释结果"④。

真相是与假象相对应的概念,它们都是事实性存在,都是针对事物的现象而言的。真相和本质是一致的,真实地表现了对象的实际情况或本质现象；假象正好与此相反,它遮蔽和掩盖了一定的实际现象。《真相：信息超载时代如何知道该相信什么》的作者比尔·科瓦奇（Bill Kovach）与汤姆·罗森斯蒂尔（Tom Rosenstiel）在书中对现在的媒体与1979年发生"三里岛核事故"时的

---

① 劳伦斯·格罗斯伯格等：《媒介建构：流行文化中的大众媒介》,祁林译,南京：南京大学出版社,2014年版,第101页。
② 赵星植：《论传播与社群：一个皮尔斯传播符号学路径》,《中外文化与文论》,2017（1）,第96页。
③ 皮尔斯：《皮尔斯：论符号》,赵星植译,成都：四川大学出版社,2014年版,第44页。
④ 赵星植：《论传播与社群：一个皮尔斯传播符号学路径》,《中外文化与文论》,2017（1）,第92页。

媒体相比较而提出这样一个问题:"作为消费者和公民,我们每个人该如何在下一场危机的信息中心获得真相?"① 作者认为,真正变化的不是大众媒体的终结和新的"自媒体"文化的出现,而是二者融合,共同迈向一种新的认知方式。②

真相是皮尔斯所谓的"诠释社群"在共同探究之后所达成的最终结果,它认为意义并非"存在于"媒介或其他话语之中,意义的存在离不开"诠释单位"的介入。③ 在此意义上说,真相"是命题与该极限的'融合',是前者向后者的无限接近"④。在此基础上我们认为,符号最终解释项的演绎过程其实就是真相被探究的全过程,社群在"真相"的形成过程中具有两个方面的作用,它既是最终解释项的归属地,也是最终解释项形成的前提。正是因为社群提供的传播与交流的平台,人类的求知活动才会展开,社群鼓励理性的怀疑,也对怀疑的解答与交流起到了推动性作用。⑤ 美国哲学家乔西亚·罗伊斯(Josiah Royce)将皮尔斯的"诠释社群"进一步推向了抽象理念的方向,他提出,"实在是思想或符号的集合,而思想或符号则产生于无数的心智集合的诠释过程中"⑥。延森则认为,"从当代视野看,诠释社群可以被视为一种社会构成,它参加了如学术研究、公开辩论以及其他形式的协商与讨论"⑦。

英国政治家约翰·弥尔顿 1644 年出版的小册子《论出版自由》中提出了"观点的自由市场"和"观点的自我修正",认为各种思想与观点都能够在社会上自由流行,真相和谬误只有在市场上通过竞争才能够分辨出来。然而在网络

---

① 比尔·科瓦奇、汤姆·罗森斯蒂尔:《真相:信息超载时代如何知道该相信什么》,陆佳怡、孙志刚译,刘海龙校,北京:中国人民大学出版社,2014 年版,第 7 页。
② 比尔·科瓦奇、汤姆·罗森斯蒂尔:《真相:信息超载时代如何知道该相信什么》,陆佳怡、孙志刚译,刘海龙校,北京:中国人民大学出版社,2014 年版,第 7 页。
③ 克劳斯·布鲁恩·延森:《媒介融合:网络传播、大众传播和人际传播的三重维度》,刘君译,上海:复旦大学出版社,2015 年版,第 36 页。
④ 康博文:《皮尔斯真理观评介》,《天津社会科学》,1984(6)。转引自赵星植:《论传播与社群:一个皮尔斯传播符号学路径》,《中外文化与文论》,2017(1),第 91—100 页。
⑤ 克劳斯·布鲁恩·延森:《媒介融合:网络传播、大众传播和人际传播的三重维度》,刘君译,上海:复旦大学出版社,2015 年版,第 37 页。
⑥ 克劳斯·布鲁恩·延森:《媒介融合:网络传播、大众传播和人际传播的三重维度》,刘君译,上海:复旦大学出版社,2015 年版,第 38 页。
⑦ 克劳斯·布鲁恩·延森:《媒介融合:网络传播、大众传播和人际传播的三重维度》,刘君译,上海:复旦大学出版社,2015 年版,第 38 页。

时代，真相和谬误却不能按照弥尔顿的观点那样进行分辨。网络时代，信息的病毒式传播和话语权的垄断都影响着对真相的判断。

社群的概念最早是由德国现代社会学大师滕尼斯（Ferdinand Tönnies）提出的，他于1887年在其著作《社群和社会》中提到了这样一对概念：Gemeinschaft 和 Gesellschaft，在翻译成英语的过程中，这两个词译为"Community"和"Society"。后来这对术语在被介绍到国内的时候也产生了意义上的模糊，"社群"的概念在我国学术界最早被译为"社区"，费孝通最先将"Community"翻译成"社区"，他把这对概念译为"礼俗社会"和"法理社会"。滕尼斯提到的社群存在于传统的乡村，血脉至亲与伦理是社群的连接点，滕尼斯把社群看作一个充满了信任和友爱的社会团体。社群有着相对稳定的群体结构和较为一致的群体意识，社群内部成员之间有一致的行动准则和价值规范，成员间有良好的分工协作共同目标，拥有群体意识，共享信息。[①]

莱文森认为网络上的社群成员也可以是现实生活中的人际交往对象，比如家人和朋友，两种关系都能从现实世界中"复制"或"迁移"到虚拟世界中。[②] 本质而言，社群就是由一群人长久以来共同维持的关系。就像莱文森所认为的，家庭关系和朋友关系是两种最深厚的社群关系。[③] 对现代社会而言，社群已经突破了地缘限制，网络虚拟社群不断发展并成为社群重要的存在形式，且仍然以共同利益和群体意识为核心。美国学者霍华德·莱茵戈德（Howard Rheingold）在1993年就已经提出了"网络社群"的概念："一个拥有足够数量的人、情感和社会关系，并借由计算机网络产生的社会聚合体，聚合体当中的人们基于共同认识并乐于彼此分享，从而在虚拟空间上长期互动沟通。"[④] 杜威则拓展了皮尔斯的社群理论，他认为传播或交流是社群形成的基础，语言与社会意识使人们交流，互动有可能使人们真正通过交流形成社区，进而形成共同体，共同体正是杜威的民主观念的基础。[⑤]

---

① 梁文光、李鹏志：《基于消费者价值的品牌社群营销思路与对策》，《前沿》，2011（1），第168页。
② 保罗·莱文森：《新新媒介》，何道宽译，上海：复旦大学出版社，2014年版，第17页。
③ 保罗·莱文森：《新新媒介》，何道宽译，上海：复旦大学出版社，2014年版，第17页。
④ Howard Rheingold. *The Virtual Community: Homesteading on the Electronic Frontier*. Commonwealth of Massachusetts: The MIT Press, 1993, p.54.
⑤ 胡翼青、吴越、李云耕：《西方传播学术史手册》，北京：北京大学出版社，2015年版，第177页。

皮尔斯社群论的出发点就是人的思想是社群性的，也就是说，人一旦进行思考，必然落入社群的范畴。人是符号的动物，人类的任何思考都是源自之前符号的意义解释，符号不可能单独孤立地存在，符号对先前符号的解释及被解释都是在已有的基础上展开的，符号只会呈现"珊瑚礁"式增长。也就是说，每一个符号代表一段历史和传统，符号的连续性决定了人类思想的社群性。皮尔斯指出："思想连续不断地交流，并影响那些在某种特殊的易感性关系中坚守他们的其他思想。在这种思想交流过程之中，这些思想会失去强度，特别是会失去那种影响其他思想的能力；但他们却会获得某种普遍性，而且会与其他思想观念融为一体。"[1] 这表明，随着思想之间交流的深入和继续，有关符号的意义会取得相关性或一致性。

若要理解当下媒介的运作方式，我们首先就必须要明白它是如何塑造并影响人类生活的。对于媒介历史的考察，除了认为它是一系列技术发明，还可以考察传播在塑造人类生存过程中起着怎样的作用。[2] 媒介语境具有不稳定性，它始终处在不断变化的过程中。口语文化时代，所有的交流都是面对面产生的，神话和真实交织在一起，记忆被主体化和模式化。在口语文化时代权力被集中在一小部分人的手里，只有这部分人能够掌控知识和叙事，也只有这部分人才有权力传播。书写形式的出现具有深远的意义，社会运作不再依靠口口相传的方式，社会可以拓展自己的边界，容纳更多的子民，这也就是英尼斯（Harold A. Innis）所说的"帝国的诞生"。[3] 书写文化时代，知识能够被私人占有，读写能力本身就构成了社会价值，因此这种能力不会被广泛普及。书写文化时代造就了严格的社会分层。麦克卢汉认为书写文化带来的革命在完成之时就开始转变，因为印刷机的发明引发了一系列社会后果，印刷术改变了人们的意识和思维模式，创造新知识和新文本成为可能。印刷文化强化了个体与隐私的意义，印刷术使得视觉超越了听觉成为人主流的知觉模式。[4]

---

[1] 皮尔斯：《皮尔斯：论符号》，赵星植译，成都：四川大学出版社，2014年版，第44页。
[2] 劳伦斯·格罗斯伯格等：《媒介建构：流行文化中的大众媒介》，祁林译，南京：南京大学出版社，2014年版，第34页。
[3] 哈罗德·英尼斯：《传播的偏向》，何道宽译，北京：中国人民大学出版社，2003年版，第33—34页。
[4] 劳伦斯·格罗斯伯格等：《媒介建构：流行文化中的大众媒介》，祁林译，南京：南京大学出版社，2014年版，第39页。

第六章 网络公共事件中的元语言与真相关系

19世纪电报的发明至少有两个方面的重要作用：重构了人们的时空观念和造就了新的组织控制方式。电报催生了时区的建立，并且最终确立了格林尼治标准时间，这个时间成为世界上所有地区人们校时的参考。电报开启的传播模式的飞速进步一直延续到当下，新的电子传播手段对人们的生活方式和交流方式都产生了革命性改变。电子媒介大大加快了两个趋势的步伐：社会分层和民主化进程，所以在电子传播手段发明之后，"新帝国"形式的出现成为可能。

媒介即人体的延伸，媒介传播技术的不断革新改变了传统交流方式，在不断的完善中，媒介开始逐渐脱离单纯的信息传播工具的角色，更多的是作为一种维持关系的手段而存在。汉诺·哈特（Hanno Hardt）指出：

> 网络社群是由多个具有共同的认知感的网络用户通过各种网络应用联系到一起的。在这样的网络群体中，每个用户行为都有着相似的群体意识与目标。而在这一信息共享的基础上便形成了网络社群，个人在社会中的作用，社群作为共享经验的重要性以及民主方式的可能性。[1]

网络社群突破了传统的社群划分概念，借助网络平台把有共同兴趣、爱好和话题的人集中起来，在网络空间形成虚拟群体。网络社群传播的影响力已经超越虚拟空间直接延伸至现实社会，因此这是一个十分值得重视的社会现象与社会问题。具体而言，网络群体包括以下几个特征。

首先，共同性群体意识在网络群体成员之间比较普遍，群体成员对所属群体具有比较强烈的归属感。在网络空间，任何一名参与者在虚拟的网络社群中都是以数字化形式存在的，参与者自主地参与到网络群体建构过程中。与现实社会不同的是，技术的特性决定了网络群体建构的行为逻辑。[2] "数字化生存"的方式为现代人扩大社会行动和交流的范围提供了可能，在这个相对开放的网络空间，人们能够暂时摆脱来自现实生活的束缚。

其次，网络社群群体成员之间的互动比较频繁。相较于现实中的人际互动，互联网为人们在全球范围内提供了一个互动的开放性平台，形成了真正意义上的"地球村"，"村民"之间实现了多人次的同时互动。互联网中的社群互

---

[1] 汉诺·哈特：《传播学批判研究——美国传播、历史和理论》，何道宽译，北京：北京大学出版社，2008年版，第31页。
[2] 张文宏：《网络社会的组织特征及其社会影响》，《江苏行政学院学报》，2011（4），第68页。

动不仅分离了时间与空间，也分离了空间与具体场所。依靠互联网进行的交往完全突破了物理空间的限制，在数字技术的支撑下，任何人都能够借助网络平台进行互动交流。互联网的超时空性模糊甚至消除了时间上的"现在"与空间上的"这个"地点，使得整个交流环境变成了由虚拟和真实相结合的混沌体。

最后，在网络社群中，人们可以完全隐匿自己在现实世界中的身份，凭借某种特别的符号来代表自己，试图通过塑造全新的自己，与他人实现平等交流。当然，网络空间中，个体可以同时塑造多个不同的自我。因此尽管网络空间拓展了人类社会活动的空间，提高了社会活动的自由度，但是其呈现出的虚拟性特征也给人类生活实践增加了一些不确定性。不过，通过互联网建构一个更加平等和包容的世界的观点显然过于理想化，因为这个观点忽视了其他影响因素，比如价值观的冲突、利益的冲突、民族的冲突、地域的冲突等。

总而言之，社会成员在现实生活中的互动难免会被烙刻上特定的社会活动痕迹，社会既有的组织结构与社会制度等都会对现实互动产生影响。个体在互联网中能够重新呈现自我与塑造自我。网络的匿名性能够带来一种心理上的安全感，他人的不在场能够保证网络互动的私密性，有助于消除现实交往中的障碍，能够避免现实交往中的压迫感，使得情感得以宣泄。然而在网络社群的互动中，彼此之间的沟通大都是凭借想象的，因此很难确定对方的具体身份。

数字化时代，网络成为一个"去中心化"的社会空间，这个空间中的"多中心秩序"弱化了以某个固定的中心为原点的空间生存法则，网络空间中的技术设置使得理性契约规制下的互动成为可能：单个的主体可以根据自己的兴趣或依照特定主题参与到某个网络社群中，也可以随时离开或退出这个群体。每个网络参与者都能够接受这种看似随意的进出模式，这种模式不会因为参与人员的流失而消失，保证了社群在网络空间的有效存在。当然，这也说明网络社群是一个临时社群，在这个临时社群中，个体没有外在边界。

近些年我国网络公共事件的传播力度空前增强，2016年4月5日，"和颐酒店女生遇袭事件"成为网络关注焦点，一周内新浪微博话题阅读量达27.4亿人次①，传播的热度与力度实属空前。与之相似的还有"雷洋事件""罗尔

---

① 《警方处置和颐酒店女生遇袭舆情四点启示》，http://www.legaldaily.com.cn/The_analysis_of_public_opinion/content/2016—04/22/content_6598128.htm。

事件"等。另外，网络公共事件的焦点性传播也总是伴随着更深层次的社会心理因素。处于社会转型期的中国，各种思潮涌动，与社会矛盾联系在一起，一旦出现具有较高关注度的网络公共事件就会迅速引发舆论热潮，影响网络公共事件的发展。

网络社群中一个最重要的行为就是网络社群的认同。"认同"来自社会心理学领域，指某社会行为体的自我同一性和个性，是本社会行为体区别于他社会行为体的规定性，或者说是社会行为体之所以为"我"而非"他"的规定性。[①]"认同"在建构主义范围内有三方面含义——身份、特性和认同（同一性）。社会机构带来的结果就是认同，它是一种自我表象，形成于他人的社会承认基础之上，"这种自我表象的内容要和其他行为体对该行为体的再表象取得一致性"，换言之，个人自我身份的获知需要通过他人，因为身份只存在于和他者的关系之中。[②] 施莱辛格也肯定了动态认同观，他说维系一者的认同是一个持续重组的过程，而不是已知物，在此过程中人们一再纠缠于自我认同和确认差异这两个构成元素，认同被看作动态的、自然发生的集体行为。[③]

如果根据个体加入群体的动机和情感因素来划分，网络社群认同可以分为"身份认同"和"纽带认同"。身份认同显示出比较高的忠诚度和认同感，但排他性也略强一些。现代媒介看起来似乎是朝着更加同质化的趋势发展，但实际上比以前更加分裂。这样就产生了一个矛盾：对个体而言拥有更丰富和更多样性的选择，对于群体而言，文化正在重叠以至于丢失了身份认同。纽带认同主要是基于共同的兴趣爱好，在个体间彼此吸引而展开的活动，与身份认同的高忠诚度相比较，纽带认同的人员变化要频繁一些。无论基于哪种类型的认同，网络群体成员之间通过彼此的合作与交流，彼此依赖，为完成共同的任务或共同的目标展开合同协作。自我表露与信息交流成为网络社群认同的关键行为，认同度高的群体容易在交流中产生共鸣。

在分别阐述了真相与网络社群认同后，我们回到问题的起始点：网络公共

[①] 郭树勇：《构建主义的"共同体和评论"》，《欧洲》，2001（2），第18—25页。
[②] 亚历山大·温特：《国际政治的社会理论》，秦亚青译，上海：上海人民出版社，2000年版，第285页。
[③] 戴维·莫利、凯文·罗宾斯：《认同的空间》，司艳译，南京：南京大学出版社，2001年版，第61—62页。

事件真相与网络社群认同之间有何种关系？符号现象学奠基者皮尔斯终其一生都在探求真知的各种问题，他的真知观可以被称作"社群真知"（community truth），认为真知是"社群一致同意的结果"。① 20 世纪以降，部分哲学家受到"语言学转向"和"后现代主义"的双重影响，出现了与传统真理论截然不同的真理观，哈贝马斯以形式语用学为理论依据，形成了"共识论"（Consensus Theory），"当某个命题是真的，它就永远并且对所有人而不仅是对我们是真的"②，这也就是说，命题之所以为"真"是众人同意的结果。

网络公共事件真相的扑朔迷离源于各方主体之间矛盾的交叉作用，在复杂的网络空间中信息交流有很大的便捷性，当事各方主体对信息内容的阐释也愈加多元化。事件在变成符号文本进行网络传播的初始就已经植入了与其本身相背离的意义，而这些意义已经被锁定在社会的"符码"中。不断地传播造成文本的不断变化，元语言边界也在不断扩展，元语言控制下的符号的解释规则不仅再现事件本身，也有可能创造"事件"。因此，所谓网络公共事件的"真相"就是不同的网络社群对事件达成的认同。

皮尔斯在其学术体系中一贯秉持三分法原则，符号可以被分为三个部分，再现体、对象和解释项，其中，"再现体"与索绪尔提出的能指相当，它是符号的可感知部分；"对象"就是符号所代替的部分；"解释项"为符号引发的思想。皮尔斯对解释项有进一步的解释：解释项是意义，因为只有符号才能实现对任何意义的再现，因此解释项必然是一个新的符号。③ 也就是说，解释符号的符号依旧需要另外一个符号来解释，这样一来，解释项就形成了"无限衍义"。任何具体的解释行为都必须暂时停止在某一个点，往往由于实际原因，这一点恰好出现。网络公共事件中的舆论若想要获得大部分人的支持，信息发送者就会不断地调整要发送的媒介文本，其目的就是尽量让多的目标接收者理解发送者的意图，取得"适当"的意义的期望，赵毅衡称之为"意图定点"。④

---

① 赵毅衡：《真知与符号现象学》，《华中师范大学学报（人文社会科学版）》，2016（2），第 78—84 页。
② 哈贝马斯：《对话伦理学与真理的问题》，沈清楷译，北京：中国人民大学出版社，2005 年版，第 51 页。
③ 赵毅衡：《符号学》，南京：南京大学出版社，2012 年版，第 104 页。
④ 赵毅衡：《意图定点：符号学文化研究中的一个关键问题》，《文艺理论研究》，2011（1），第 43—49 页。

"意图定点"与意图意义不同，所有的符号发出者都能够给文本植入一定的意义，意图意义与最终的实现意义可能并不相同。但是对于接收者而言，任何具体的解释行为发生与停止是必然的。"意图定点"针对的不是全部接收者，而是一个文化中规定的社群接收者。[①] 网络公共事件中对真相的认同就是针对网络社群的"意图定点"。

三、元语言对媒介建构的能动作用

网络公共事件中网民所追求的事件"真相"往往是经过网络临时社群共同认定的最终解释项。某个具体的网络公共事件的发展一般都会经历四个阶段：潜伏、发展、成熟和衰退。网络公共事件掀起的热点话题出现得快，消失得也快，特别是在当下舆论环境中，各类网络公共事件层出不穷，因此在舆论场中情绪化宣泄经常会压倒关于话题的理性探讨。尤其在自媒体传播环境下，碎片化传播大行其道，受众很难将自己的注意力长时间地集中在同一件事情上。也就是说，这种暂时性的围观、评论并不会达成理性共识。网民往往会对某个"新鲜"事件进行一窝蜂式的围观，这种充满了情绪性的围观几乎都只能是短暂的，围观热情也终将会被另外的"新鲜"事件代替。

网络社群在管理上有其独特的模式：依托层级结构，用制度设计维持社群的稳定性与活跃度，并且社群都具有一定的封闭性，进入某个社群都有相应的社群准入机制。从传播行为角度来分析，一个社群内部的传播行为可能会在短时间内形成爆炸性的传播效果。纵观近几年我国的网络公共事件，舆情基本都呈现出波浪状的发展态势，累计发生的具有一定社会影响的网络公共事件更是数不胜数。从事件发生的信息源来看，依托网络技术的新媒介成为网络公共事件传播的主要源头。比如"魏则西事件""雷洋事件""于欢案""严书记事件"等，均是通过社交媒体平台发酵和传播，并最终成为全社会的焦点事件。微博、微信、知乎社区和微视频等都可能成为下一起网络公共事件的发源地。这些新兴媒介格外受到年轻人的推崇，年轻人的媒介使用习惯已经超出了传统媒体时代的思维和逻辑。

伴随网络公共事件舆论的生成，舆论场又频频出现舆情反转的现象。舆情

[①] 赵毅衡：《符号学》，南京：南京大学出版社，2012年版，第185页。

的反转会对整体舆论的公信力产生很大的负面影响，它会改变或部分改变公众对舆论的态度与认知。网络虚假信息的病毒式传播在微博、微信、网络社区、论坛等媒介平台十分常见，网民无意间的转发行为可能就间接传播了不实信息，这种零成本的操作方式致使网络成为虚假信息的集散地。如"成都女司机被打事件""于欢案""重庆客车坠江事件"等，舆情几经反转，每一次舆情反转后生成的文本均能获得"现象级"的阅读量。但是，在经历了大量的闹剧般的网络公共事件之后，网民对此有了更加理性的反思，对于网络公共事件的态度更加中立，对虚假内容有了"抵抗力"，"暂且不表""且听下回分解"成为部分网民对于网络公共事件达成的新的集体共识。

在以网络为主的传播环境下，大多数网络公共事件的舆论生成不再依靠单一的平台或中心，不同类型媒体之间的转换与新、旧媒体的联手构成了媒体的融合化传播。这种全新的传播模式越来越成为信息传播的主流模式，它拓宽了信息传播范围，提升了信息传递的速度，并能够在最短的时间内变成公共舆论。我们不妨简单描述一下网络公共事件的这种媒体融合化传播路径：首先，事件源于并发酵于微博或网络社区；其次，转入个人社交媒体平台例如微信，开始形成封闭式讨论；最后，舆论主阵地又转入微博或网络社区，此时主流新媒体纷纷跟进，进行话题的深度探讨和及时的舆论引导。网络公共事件的跨媒体、跨平台的融合化传播呈现出"众声喧哗"的热闹景象，但是隐藏在"喧哗"背后的元语言却被掩盖了起来。

2016年的"山东问题疫苗事件"引爆了公众舆论。此次事件的信源是"澎湃新闻"官方微博，其于3月18日上午发表《数亿元疫苗未冷藏流入18省：或影响人命，山东广发协查函》。作为职业媒体机构，"澎湃新闻"的权威性比较高，这也是该事件一经曝光就引来无数关注的原因之一。国家级媒体机构随后也发布了相关信息，"人民日报"和"央视新闻"官方微博都发表了文章《数亿元疫苗未冷藏流入18省：或致人死亡》。以上三家权威媒体相继发布同样的信息，让这起事件变得广为人知。3月21日，记者郭现中于2013年发布的有关疫苗问题的文章被公布到网上，三年前的旧闻和最近的新闻引发了受众的"痛神经"，"孩子们"成为事件传播过程中的关键词。跟曾经的"地沟油"和"毒奶粉"一样，这场事件引发了公众对生存环境的拷问，事实的真相究竟如何？最后官方发布的认定结果与网民们心中"真相"的距离有多远？这些都是一种主观认定。

传统媒体时代，舆论场基本是二元对立的状态，即官方意见与民间舆论的二元对立。与传统媒体传播环境相比较，社交媒体传播环境下，网络公共事件舆论传播的一个重要特征就是因群体利益或立场问题所引发的事件逐渐呈现多发态势。2016年由牙科医生陈仲伟遇害所引发的公众舆论热潮就是一起非常典型的舆论多极化事件。2016年5月5日17时20分许，广东省人民医院口腔科主任医师陈仲伟在广州市东川路本院宿舍家中，被25年前的病人持刀砍成重伤，只是因为25年前做的烤瓷牙变色了。① "看病难"的问题向来被网友诟病，陈医生遇袭的事件可以说触动了当下社会最敏感的神经，群体情绪被点燃，医疗从业人员、普通民众和专家等多个群体纷纷站在不同的立场表达自己的意见和观点。在这些意见表达中，舆论出现了群体化分层特征。从根本上来说，医患之间的对立是一种元语言的对立。现代医学发展势头迅猛，在普通大众眼里医生能够"包治百病"，在医患关系中，医生被认为处于绝对优势，由于"看病难"问题还未能很好解决，患者及家属理所应当被视为处于弱势地位。一旦医生的治疗没有成功，患者及家属就会陷入绝望。由于医患双方权利关系的不对等和医患双方对相关疾病认识方面的差异，原本应当和谐的双方关系屡屡被大众诟病。

在很多公共议题上，舆论表现为不同阶层的社会诉求，不再是一种统一的形态。在《网络共和国》一书中，桑斯坦论述道："对异质性社会而言，相同的架构和经验很有价值。有时候我们的选择面临无数的选项，这时我们通常会放弃那些在我们看来是重要的社会价值。"② 社会建构理论将集体认同感的建构看作新社会运动的核心。大众媒介在建构网络认同感中的影响独特而重要③，贝尔特·克兰德尔曼斯（Bert Klandermans）认为，"为了形成集体认同

---

① 参见搜狐新闻，http://www.sohu.com/a/74464554_415103。
② 凯斯·桑斯坦：《网络共和国：网络社会中的民主问题》，黄维明译，上海：上海人民出版社，2003年版，第70—71页。
③ 威廉·甘姆森：《集体行动的社会心理学》，艾尔东·莫里斯、卡洛尔·麦克拉吉·缪勒：《社会运动理论的前沿领域》，刘能译，北京：北京大学出版社，2002年版，第84页。

感，一个群体必须把自我界定为一个群体"①，即把"我们"与"他们"区别开来。转型时期，个体普遍面临着旧身份的失去与新身份的建立的双重矛盾。在集体行为理论看来，个体会在丧失传统角色和身份后重新寻求新的集体认同。② 孙玮认为："集体认同感是与个体的身份认同相联系的，个体将自己感知到的不同类型的身份认同加以整合，以形成运动中的集体认同感。"③

网络公共事件中的认同，是通过人为对立制造出来的。在认同的过程中，自我和他人之间的界限会越来越模糊，它同时也是一个认知过程，在这个过程的交界处，认同会产生完全的超越。④ 这种超越就是自我身份的社会化，积极的认同关系使行为体在认知上把他者看作自我的延伸。⑤ 温特（Alexander Wendt）认为："完全的认同是很难产生的……但是，认同总是涉及扩展自我的边界使其包含他者。"⑥ 互联网因社交媒体的进一步发展而不断细化，形成于人际交往中的舆论也因细化产生分裂。不同群体之间对于社会公共话题的探讨开始制造出"圈子效应"，线下群体与线上群体的"圈子"趋于重合，极端化了的赞同性意见与反馈迎合了群体心理。当部分观点固化，成为某个圈子或群体的普遍认知之后，就很难再被打破。

其中基于"集体认同感"的抽象愤怒就是社交媒体时代"情绪爆炸"的结果。在抽象的想象中形成的抽象的、无直接相关利益的群体借助网络公共事件发泄着自己内心的愤怒，这种愤怒没有细节性描述，甚至可能没有客观的事实，只是站在道德的高地激烈地进行道德审判，没有多元的声音，一味的情绪宣泄也就无法形成关于事实的正确讨论。此时的"集体认同感"来自"那些和我一样在生活中受到不公正待遇的人"，"我们"在社会上是弱势群体，"我们"

---

① 贝尔特·克兰德尔曼斯：《抗议的社会建构和多组织场域》，艾尔东·莫里斯、卡洛尔·麦克拉吉·缪勒：《社会运动理论的前沿领域》，刘能译，北京：北京大学出版社，2002年版，第94—95页。

② 西德·尼塔罗：《运动中的力量：社会运动与斗争政治》，吴庆宏译，南京：译林出版社，2005年版，第18—19页。

③ 孙玮：《"我们是谁"：大众媒介对于新社会运动的集体认同感建构——厦门PX项目事件大众媒介报道的个案研究》，《新闻大学》，2007（3），第140页。

④ 孙溯源：《集体认同与国际政治——一种文化视角》，《现代国际关系》，2003（1），第44页。

⑤ 亚历山大·温特：《国际政治的社会理论》，秦亚青译，上海：上海人民出版社，2000年版，第287页。

⑥ 亚历山大·温特：《国际政治的社会理论》，秦亚青译，上海：上海人民出版社，2000年版，第287页。

需要维权,"我们"需要建构起统一的立场来对抗这种不公正。泰勒根据海德格尔、维特根斯坦等人的观点,提出了"社会想象"的观点。泰勒所说的社会想象有三层含义:其一,社会想象指的是一般大众对其所处社会和时代的看法,这种看法经常以想象、故事与传说的形式出现;其二,社会想象可以是大多数人的看法,具有普遍性;其三,人们根据社会想象来作为衡量公共活动以及正当性的标准。社会想象不是社会上大多数人观点的简单相加,它通常与人们对社会共同行为的期待和对集体活动的共同理解交织在一起。社会想象对人们的影响,就像是一个人身处熟悉的地域中,脑海中已经有着关于该地的清晰的图景,所以他知道身处何地,该往何处去。①

在大多数的学者眼中,互联网一般会与"公共领域"产生关联。由于网络的匿名性、公开性与公共性,它在大多数人眼中理所应当地成为意见表达的平台,甚至可能成为网民们肆意狂欢之处,因此经常表现出非理性的一面。网络公共事件的出现为网民们的狂欢提供了"由头"或借口,由话题聚集而成的临时性群体清晰地标出"我们"与"他们"之间的界限,有时甚至使用网络暴力压制反对者的意见。互联网出现以后,尤其网络技术发展到了Web2.0时代,把关人角色被前置,曾经只有记者、编辑才能是把关人的时代一去不复返。网络上每个人都拥有自己的麦克风,事件可以被随意地上传或下载,这就带来了一个较为严重的问题:想要保持事件的"话题度",就要想方设法延续其周期性活力。

笔者在梳理后发现,很多网络公共事件在传播中都采用了二元对立的策略。譬如轰动一时的"哈尔滨宝马肇事案"就是一起典型的被予以"贫富"二元对立的事件。该事件经历了私下和解、调查取证、司法审判、网上质疑、媒体监督、政府干预、当事人"辟谣"等几个阶段,终于走到了重新调查这一步②,复查重点是"操作失误还是故意为之",舆论的重点却是案件当事人苏某的身份。之所以会出现如此舆论,是因为肇事者苏某与受害人刘某之间的社会身份存在巨大差异,刺激了一部分网民的仇富心理。再比如"上海杨佳袭警事件"中采用的是"官民对立"策略,将杨佳塑造成一位"悲情的对抗者";

---

① 查尔斯·泰勒:《现代社会想象》,林曼红译,南京:译林出版社,2014年版,第60—61页。
② 蔡方华:《解析宝马撞人事件的几个关键词》,http://www.people.com.cn/GB/guandian/1034/2291844.html。

"刘俐俐事件"中,主持人和"Boss团"被嘲讽为"装",对求职者恶意刁难,是一种"强弱对立"。

纵观近几年发生的网络公共事件,比如"魏则西事件""严书记事件""雷洋事件""青岛天价虾事件"等,都是围绕民生领域发生的,在这些事件中,群体性维权成为"新常态",公众权利意识觉醒并逐渐增强,权利在均衡表现方面更加复杂化。涉及民生领域的网络公共事件与民众的日常生活息息相关,舆论背后的"推己及人"关乎全体社会成员的公平感和安全感,如若舆论失控,社会不安全感便会集体释放。

戴维·杰勒恩特于1991年提出了"镜像世界"(Mirror Worlds),他认为,"镜像世界"是对物理世界的虚拟映射,它是互联网的终极形态。就如观察者在看到一个倒映在平静湖面上小镇的感受一样,不同的人生体验带给每个人不同的观察感受。在这个湖面的倒影中,包含了观察者在现实生活中的社会、机构和家庭感受。① 这个诗意的比喻却与互联网喧嚣热闹的状况相去甚远。

社会建构理论认为,社会现象的问题性质,不是或不仅仅是客观状况所决定,它同时也是社会性地建构出来的②,在社交媒体尤其发达的今天,媒体成为建构现实的基本工具。媒体通过揭露事实或事件为人们建构相应的社会现实,引发人们对客观状况的思考。然而,媒体与受众比较容易塑造"意见气候",新闻真实性与客观性难以得到保障,网络消费主义的盛行导致网瘾、网络购物症、孤独症等问题较为突出,网络媒体社会责任的缺失导致社会信任度下降和谣言泛滥。③ 从这个角度来说,媒介为我们建构起的现实映射出了社会文化的元语言,元语言反过来又促使媒介的建构,二者在互动中形成了能动性关系。

---

① David Gelernter. *Mirror Worlds: or the Day Software Puts the Universe in a Shoebox... How it Will Happen and What it Will Mean*, Oxford: Oxford University Press, 1991, p. 16.
② 阎志刚:《试论社会问题的主观性和建构性》,《社会科学研究》,1997(4),第68—73页。
③ 蒋建国:《网络媒体的价值冲突与文化反思》,《南京社会科学》,2016(4),第105页。

第二节 信息的选择与元语言关系

一、被算法窄化的元语言

人类历史上每一次信息传播方式的变革都能导致巨大的社会变迁，变迁的社会意义不仅仅在于所传递出的信息内容，更是象征并定义了信息的传播速度与语境，甚至是对社会意识形态的再现。社交媒体时代的信息选择"窄化"了元语言，从某种程度上来说阻碍了个人对社会的真正认知。从全球范围内来说，Facebook 可以算是世界主流社交媒体平台中最早开始算法推荐的，在这个信息过载的时代，用户个性化的信息需求可以通过算法来满足。但是随之而来的，就是算法危机。

阿姆斯特丹大学教授马克·迪由泽（Mark Deuze）把网络文化与数码文化视为等同的，在他看来，世界已经从印刷文化、电力文化发展至当今的数码文化。数码文化是随着电脑的普及与互联网的介入而崛起的一种新兴文化形态，数码文化已经在线上线下扎根，并且产生了即时的影响，特别改变了我们对网络环境的意义。[①] 尼葛洛庞帝曾经预言的网络化生存所带来的巨大影响给整个人类社会带来了深层次变革，这是继数字化之后又一次重要的社会变革。

在传统媒体的新闻生产流程中，新闻大都是依赖一些相对固定的信息源，如政府的宣传部门、报社通讯员或者线人爆料等，或者是记者经由固定的环节去主动寻找新闻。随着网络的深入发展，社交媒体方兴未艾，新闻的来源由原先的专业媒体从业机构逐渐转移至公众，实现了新闻来源垄断权力的突破。在该种信息传播环境中，于民主化及下放式的运作模式作用下，信息权逐渐弥散至公众各处[②]，交流与沟通被视为重要组成部分。而随着社交网络迅速"占领"人们的全部生活，新闻的生产与传播过程逐渐由先前的集中式趋向分布式，即多重主体在某种模式下共同介入某一个话题的报道、评论、分析与信息

[①] 转引自蒋建国：《网络媒体的价值冲突与文化反思》，《南京社会科学》，2016（4），第100页。
[②] 喻国明、杨莹莹、闫巧妹：《算法即权力——算法范式在新闻传播中的权力革命》，《编辑之友》，2018（5），第5—12页。

的加工和进一步阐释。①

传统媒体时代的新闻生产依据的是新闻自身的价值观,比如新闻的五个W,依据的是新闻自身的要素以及新闻从业的职业伦理对新闻事实进行的再加工。在互联网的新要求下,过去的新闻源头的"把关者"显得力不从心,互联网的便捷性、共享性与碎片化要求"算法"成为信息的把关人,算法决定了受众该看什么、不看什么,算法取代了媒体从业机构成为互联网时代的议程设置者。算法针对不同人群有着不同的议程设置,其带来的后果就是信息的自我麻醉或自我强化——以"我"为圆点,"我以为的就是最重要的"。"我"以为"我"喜欢的明星是当下最火的明星,"我"关注的焦点是亟须解决的难题,"我""看到"的世界就是"我"以为的样子……算法分化了元语言,加速了自我微观元语言的形成,将个体拘囿于由算法织成的"互联网"中,影响了阶层固化。20世纪我们曾斥责信息冗余,但是眼下我们又不得不主动接近冗余信息来打发"精神寂寞"。

在新媒体与新技术条件的支撑下,各应用程序和互联网都相继开发了推送功能。基于算法的个性化信息推送,即利用算法来对用户行为和关系进行分析,挖掘用户对内容的偏好和潜在需求,以信息聚合的方式,自动为其生成符合其需求的信息,从而实现个性化的内容推荐和定制新闻发送。② 2016年被认为是算法超越人工编辑的"拐点",在这一年,移动新闻行业的市场格局初步形成,在众多的移动新闻客户端中,今日头条和腾讯新闻的下载比例最大,与其他客户端相比,这二者的竞争优势最为明显。③

算法以用户的社会关系网络为切入点,联合用户行为展开,这实质上就是一种精准投放的个性化信息服务,将互联网服务与社会关系网络同内容偏好嫁接在一起,生成内容推送。客观地说,算法是一个硬币的两面,有利有弊。算法的有利性在于提高了传播的精准性,主动为用户过滤了冗余信息,提高了内容分发的效率,提升了传播的有效性;算法有利于瞄准传播的着力点,能够在

---

① 喻国明、杨莹莹、闫巧妹:《算法即权力——算法范式在新闻传播中的权力革命》,《编辑之友》,2018(5),第5—12页。

② 喻国明、李慧娟:《大数据时代传媒业的转型进路——试析定制内容、众包生产与跨界融合的实践模式》,《传媒观察》,2014(12),第1页。

③ 中国互联网络信息中心:《2016年中国互联网新闻市场研究报告》,2017年,第10页。

信息传播过程中达到较高的针对性，个性化的内容定制功能极大地满足了用户的使用感。当然，算法也有其不可忽略的弊端，突出趣味性的算法无法体现内容的思想深度，即受众接收的推送信息，具有内容和旨趣上的排他性，致使他们身处信息社会而不能感受八面来风，而只能囿于一隅、固执己见，长此以往，其判断能力会逐渐下降。①

另外，算法还会令用户对其产生依赖。1976年，鲍尔－洛基奇（Sandra Ball-Rokeach）和德弗勒（Melvin L. De Fleur）在合作发表的论文《大众传播媒介效果的依赖模式》中提出了"媒介系统依赖论"，1986年，洛基奇在其主编的《媒介、受众与社会结构》一书中又进一步阐述了媒介效果的"依赖理论"，直至1989年，二人在合著的《大众传播学诸论》中再次拓展了该理论范围。媒介系统依赖理论着重强调社会系统、媒介系统与受众三者之间的关系，指出受众人生目标的实现依赖的是媒介所提供的信息，受众对社会的理解、行动方向的确定和获得娱乐都从媒介系统中寻求答案。②该理论认为作为社会结构重要组成部分的媒介系统，是被受众依赖的，受众根据媒介提供的信息来获得自身需求的满足，在这个过程中，媒介通过对传播内容的控制，与个人、组织和其他社会系统发生相互的关系。一旦个人对媒介太过依赖，其行为准则或对事物的认知都要依赖媒介来完成的时候，就会造成不好的结果。

在英国哲学家杰里米·边沁（Bentham）"圆形监狱"的基础上，福柯又提出了"全景监狱"的概念。他在著作《规训与惩罚》中通过对边沁的"圆形监狱"的分析，得出一个结论：现代社会是个全景敞视社会，社会通过实际的、但更多的是"想象的监视"来实现对人的规训和控制。福柯对全景敞视建筑反复称赞，认为其精巧之处在于它对人们的想象力进行了强烈的刺激，持续时间竟然长达两个世纪之久。福柯对"全景监狱"也有不同的看法，他认为"全景敞视建筑不应被视为一种梦幻建筑。它是一种被还原到理想形态的权力机制的示意图。它是在排除了任何障碍、阻力或摩擦的条件下运作的，因此应被视为一种纯粹的建筑学和光学系统。它实际上是一种能够和应该独立于任何

---

① 丁柏铨：《算法与内容及其关系论析》，《当代传播》，2018（1），第21—25页。
② 张咏华：《一种独辟蹊径的大众传播效果理论——媒介系统依赖论评述》，《新闻大学》，1997（1），第27页。

具体用途的政治技术的象征"①。

　　网络空间流光溢彩,其间充斥着大量真实的、虚假的、正常的、匪夷所思的新闻、图片、视频、文字,这些光怪陆离的事物通过网络传递给我们,突破空间、地域限制,进入每个人的生活。技术乌托邦早期带给人们无尽的幻想,当人们都在为网络带来的"无限"自由奔走相庆时,恰恰忽略了最重要的一点——网络服务器的终端,这个终端就是"圆形监狱"中的那座中央瞭望塔。这个终端监视、控制着网络用户,监视着你在网络上的一举一动,而你却对这个终端一无所知。圆形监狱中的"犯人"没有隐私可言,从这个意义上来说,算法系统就是网络时代的圆形监狱。算法系统在推送相关信息前,必然要获取用户的部分信息,如性别、年龄、爱好等。算法系统只有获得用户这些基本信息后才会"绘制"出满足用户兴趣的个性化内容。用户对于处在算法系统端的"瞭望者"来说,没有任何隐私可言。

　　随着互联网技术的日渐成熟,传统媒体一统江山的局面被打破,受众开始分流,传播手段同传播内容一样,也开始呈现出"碎片化"的景象。受众的分流促进了传播领域新权力的诞生,但也给传统媒体的经济收益带来致命一击。大众传播产生以后,媒体历来被认为是维护社会稳定的重要角色,起着塑造社会认同和传播主流意识形态的作用。传统媒体时代的话语权力掌握在少数人手中,是一种封闭的特殊权力,缺乏流动性,权力拥有者牢牢控制和把握着这项特权。网络时代的新权力是一种开放型权力,本质在于赋予用户生产、传播、解构和重构文本的权力,鼓励参与,注重用户体验。

　　算法系统依靠运行法则对用户的使用习惯进行预测和把握,由此对海量信息进行甄别筛选,引导用户价值判断,控制社会情感的表达,具备了影响舆论的能力。传统媒体的"把关人"角色和议程设置功能转变为根据用户个人偏好的"独家定制",突出个人的主体意志与价值取向。公众在算法编织的"信息茧房"里不仅逐渐背离社会事实,也远离了媒介接近权。

　　麻省理工学院的马歇尔·范·阿尔斯泰恩和英国剑桥大学的埃里克·布莱卓夫森早在1996年时就提出了"网络空间的巴尔干化",二者认为网络信息的

---

① 米歇尔·福柯:《规训与惩罚》(第二版),刘北城、杨远婴译,北京:生活·读书·新知三联书店,2003年版,第231页。

爆炸激化了一对矛盾，即丰富的信息资源和人类有限的注意力之间的矛盾。虽然互联网消除了信息交流与共享的时空障碍，但是互联网把头脑相似者的甚至是微弱的偏好发展成同质的小团体，其内部交往大大超过群外交往，网络用"主题空间"的方式将人群分离开来，他们把这一情形称为"网络空间的巴尔干化"①。

2016年美国总统大选最终以"媒体失败"而告终，用尼曼新闻实验室总监约书亚·本顿（Joshua Benton）的话来说，2016年的美国政治叙述，像是出现在两个毫无交集的信息圈里，彼此各说各话，直到最终交汇在投票箱中，才让人看清楚两个圈子隔得到底有多远。② 正如美国新闻聚合网站 BuzzFeed 的媒体编辑克雷格·西尔弗曼所指出的那样，Facebook 已经成为虚假信息泛滥的污水沟。③ 也就是说，在互联网上人们具有寻找头脑相似伙伴倾向的作用下，拥有相同意见或观念的人会被推荐相互关联，进而自愿形成网络社群。就像在《未来之路》中比尔·盖茨所描述的那样：

>我们确信我们会利用信息高速公路独一无二的能力帮我们找到有共同兴趣者的社团。现在你可能是当地滑雪俱乐部的一员，你可以与其他爱滑雪的人见面……加入电子社团的人越多，它就会对使用它的每一个人更有价值。将来关于全世界滑雪者和滑雪运动的最佳信息将以电子化的方式得到……如果你对滑雪感兴趣的话，那么这种信息高速公路上的社团就是你要去的地方。④

算法推送极大地实现了用户对内容的满足，这就体现了马克思·韦伯（Max Weber）所谓的工具理性。韦伯将价值理性和工具理性视为思想的两个维度，并用这两个维度来解释社会行为，即"价值合理性行为"和"目的合理性行为"。价值的合理性强调绝对不计后果地遵从某些价值信念，"他的行动服

---

① Van Alstyne M, Brynjolfsson E. Could the internet balkanize science? *Science*，1996，274(5292)，1479−1480.

② 胡泳：《随时可以获得自己想要的心态》，http://www.infzm.com/content/120915，2016−11−17。

③ FORTUNE：BuzzFeed Names Fake-News Expert Craig Silverman Its First Media，Editorhttp://fortune.com/2016/12/02/buzzfeed-media-editor/.

④ 比尔·盖茨：《未来之路》，辜正坤译，北京：北京大学出版社，1996年版，第261页。

务于他对义务、美、尊严、宗教训示、孝顺、或者某一件'事'的重要性的信念，不管什么形式的，他坚信必须这样做，这就是纯粹的价值合乎理性的行为"①。而工具理性是指能够计算和预测后果，为条件来实现目的的行为。② 从价值合理性行为角度出发，衡量某一种行为是否合理要看该行为是否符合行为者的价值体系和终极立场，而目的合理性行为的关键在于手段的运用，它将合理地选择实现目的的工具及其效用作为考量重心。③ 然而在当下拜金主义、享乐主义和功利主义等盛行的社会环境中，低级趣味往往充斥在用户中间，当算法系统把用户兴趣内容作为靶向目标进行推送，势必会造成该类内容的泛滥，在此基础上构建起来的新的媒介传播环境或许将对越来越多的人产生负面的或消极的影响。

算法或许对个人领域不会产生太大影响，但是当涉及"公共性"话题的讨论时，人们可能会因为缺乏共同视角而难以形成共识。另外，由于算法的使用，信息环境变得封闭与狭隘，这也会进一步固化人们的某些观点与立场。④ 2006年美国哈佛大学教授桑斯坦在其著作《信息乌托邦》中提出了"信息茧房"的论点，他说："我们只听我们选择的东西和愉悦我们的东西的通讯领域。"⑤ 他描述了信息茧房产生的社会后果：公司会因"信息茧房"失去内部的充分挑战而导致生意滑坡，国家会因为"信息茧房"而走向灾难，信息茧房是私人和公共机构可怕的梦魇。⑥ 当然，信息茧房也有着有利的一面，那就是在这里，每个人都能分享自己的观点。

彭兰特别指出，在传统媒体时代，就已经有类似信息茧房的现象了，"选择性接触"就是对其很好的解释，也就是说，信息茧房并非新媒体时代独有的

---

① 马克斯·韦伯：《经济与社会（上卷）》，林荣远译，北京：商务印书馆，1997年版，第57页。
② 马克斯·韦伯：《经济与社会（上卷）》，林荣远译，北京：商务印书馆，1997年版，第89页。
③ 马克斯·韦伯：《经济与社会（上卷）》，林荣远译，北京：商务印书馆，1997年版，第57页。
④ 彭兰：《假象、算法囚徒与权利让渡：数据与算法时代的新风险》，《西北师大学报（社会科学版）》，2018（5），第20—29页。
⑤ 凯斯·R.桑斯坦：《信息乌托邦：众人如何生产知识》，毕竟悦译，北京：法律出版社，2008年版，第8页。
⑥ 凯斯·R.桑斯坦：《信息乌托邦：众人如何生产知识》，毕竟悦译，北京：法律出版社，2008年版，第8页。

社会现象。① 但是在今天，社交媒体备受青睐，信息内容的个性化选择与定制成为大多数人的首选，这些都在一定程度上加剧了信息茧房现象。信息茧房所带来的严重后果就是信息的同质化，进而导致圈层固化。网络化虽然能够让整个社会看上去更加民主、选择更加多元、信息资源更加充沛，但是在"个体主导"的趋势下，人们所接触的信息环境会被自己的主体意志左右，会习惯性地接收与自己契合度高的信息或观点，这实际上是对民主的隐性破坏，是对元语言的窄化。被窄化的元语言局限了个人的认知体系，阻碍了信息获取渠道的流通，造成了社会成员之间"对话"的困境。

算法推送其实就是为用户独家定制了一份"个人日报"，它把用户的个人行为与个人特征作为筛选标准，然后将被筛选了的信息再次聚集起来进行再分配，实际上就是将用户认同的内容以各种形式推送给用户，让用户沉浸在自己编织的认同感中而不自知。算法推送的精准性给用户构建起了内容单一的信息环境，这一点毋庸置疑地会使用户沉湎于自己的回声，无法倾听不同的声音，无法涉猎不同的领域。信息茧房令现代用户"作茧自缚"，离多元化传播越来越远。

在物理学上，声波遇到障碍物反射回来再度被听到的声音被称作回声，笔者倾向于将这种现象称为"回声效应"。我们把这个概念借用于描述网络现象时就表示拥有相同观念或相似意见的言论相互支持，且拒绝、排斥听到不同的声音。因为在网络社群成员的相互作用下，相同、相似或相近的声音来回反弹，自然而然会产生"回声"。2015年的时候胡泳就提出"回声室"效应：在一个密闭的小空间内信息或观点得到不断的强调。② "回声效应"的存在是互联网最具吸引力的地方，在这个封闭的小圈子里，自己的信念被不断强化。"回声效应"避免了那些不和谐的认知信息与认知因素，加大了妥协性信息的内容，形成了认知上的趋同性。"回声"不仅影响个人与社会的互动方式，也会影响思想的交流与沟通。东汉王符的《潜夫论·明暗》中曰"君之所以明者，兼听也；其所以暗者，偏信也"。当个人信息较弱时，人们往往较依赖社会信息，当社会信息源与个人已得信息较为单一与统一时或许会导致团体迷

---

① 彭兰:《更好的新闻业，还是更坏的新闻业？——人工智能时代传媒业的新挑战》,《中国出版》, 2017 (24), 第3页。

② 胡泳:《新词探讨："回声室"效应》,《新闻与传播研究》, 2015 (6), 第111页。

思，就会"偏听则暗"。个体只有在拥有多个不同的信源时，才能够做到"兼听则明"。批判性对话或许会因为网络"回声"的存在遭到重大障碍。[1] 在线的讨论者会觉得关于某一起网络公共事件的对话似乎就是同一种观点的反复，得到的导向就是自己本身持有的信念进一步增强。"回声"也可能影响对文化变化的认知，在"回声效应"的作用下，公共领域会开始衰落，人们只选择他们偏爱的或持有相同观点的人，也只会中意他们热爱的东西，会将他们同意的意见观点无限放大。根据算法的推荐，人们逐渐接收到的都是和自己意见相似的新闻与朋友分享的信息，持不同观点的人也逐渐形成愈发封闭的小圈子。[2] 因此，"回声效应"势必会加剧网络"群体极化"，"公共领域"再封建化的趋势也将愈演愈烈。

社交媒体在中国经过近十年的发展，方兴未艾，它越来越深入到政治领域和社会生活领域，当然，伴随着社交媒体对当前人们生活方式的全面介入，其负面影响也愈发显著。在互联网兴盛之初，大批人士对此持有非常乐观的态度，认为网络化公共领域可以依靠技术实现。然而随着互联网的进一步发展，越来越多的研究者开始质疑网络化公共领域理论，因为那种所谓的"高度动态化"和"高度多元化"的网络化公共领域并不可能真正存在于现实领域。相较于传统媒体，数字媒体可以使用户轻易地过滤掉自己不感兴趣的内容，尤其是社交媒体普遍使用的算法推荐更是加剧了选择性接触，公众更不容易接触到和自己意识形态相左的信息。[3]

二、"过滤"的漏洞

算法推算会造成"过滤气泡"。美国的一家非营利组织的董事长伊莱·帕里泽（Eli Pariser）在 2011 年出版的 *The Filter Bubble* 一书中提出"过滤气泡"概念。帕里泽在接受采访时称，"过滤气泡"是一个比喻性说法，在网络中我们把给用户提供个性化信息的"过滤"装置称为"过滤气泡"，通过"过

---

[1] 胡泳：《随时可以获得自己想要的心态》，http://www.infzm.com/content/120915。
[2] 梁智勇、郑俊婷：《人工智能技术对新闻生产的影响与再造》，《中国记者》，2016（11），第 72—75 页。
[3] 史安斌、杨云康：《后真相时代政治传播的理论重建和路径重构》，《国际新闻界》，2017（9），第 54—70 页。

滤"的行为，给用户构造出完全个人化的信息世界。① 帕里泽认为最新一代的互联网过滤器除了拥有"过滤"功能还具有记录功能，它能够根据用户在互联网浏览的痕迹分析用户的使用行为，推测网络用户的使用习惯和使用偏好。也就是说，用户通过搜索引擎获取到的信息是服务器后台依据浏览习惯生成的相关性最大的信息，用户所得到的最终内容其实是经过各种整合后的结果，这个结果就像"过滤气泡"一样将每个用户隔绝开来。

帕里泽在某一次公开演讲中提到过这样一件事情，Facebook 的创始人马克·扎克伯格曾经被一位新闻记者问过这样一个问题："您为什么觉得新闻推送这么重要？"扎克伯格对此做出了如下回应："比起那些挣扎在死亡线上的人们，此刻你前院奄奄一息的松鼠可能与你的兴趣更加'相关'。"② 按照这个逻辑思维我们来回应一下现实：推送新闻下的互联网已经呈现出怎样的面貌？新闻网站为您提供个性化内容；你在搜索引擎上查找的内容也经过千挑万选；各大购物网站根据你的消费习惯给你推荐你心仪的商品……算法推送下的"过滤气泡"是以用户导向驱动，致力为用户打造一个"独一无二"的个性化世界。

当人们在享受"过滤气泡"带来的便宜性的同时，会不会产生一个小小的疑问：我们每天接触到的这些内容，究竟是不是客观世界的真实反映？客观世界真的就如我们所"看"到的这般吗？帕里泽在"当心网上'过滤气泡'"的演讲中提到了自己的两位朋友，他们都用 Google 搜索"埃及"，二人的搜索结果却截然不同。朋友 A 搜索到的关于埃及的关键词是"阳光""旅游""金字塔"；朋友 B 却看到的是"战争""暴乱""抢劫"。同一款搜索引擎为何会出现两种搜索结果？身处互联网时代，我们极有可能被置于这样一种境地，我们唾手可得的信息未必是我们需要的信息，被隔离的信息有可能是客观世界的真实反映。"过滤气泡"造成的认知隔离会导致用户与不同观点的接触明显减少，从而在认知上变得孤立。③

"过滤气泡"只是一种算法，其设计原理与多元思想南辕北辙，它只会提供给你与你相关性最大的信息。而想要网站改变信息过滤的算法是很难的。网

---

① 转引自王斌、李宛真：《如何戳破"过滤气泡"　算法推送新闻中的认知窄化及其规避》，《新闻与写作》，2018（9），第21页。
② 译自伊莱·帕里泽演讲视频，http://www.bilibili.com/video/av2459624/。
③ https://www.techopedia.com/definition/28556/filter-bubble.

站给我们显示它认为我们想要看到的信息,而未必是我们需要的信息,我们被孤立在个性化网络中,在各自定制的"现实"里生活着,就如帕里泽说的,可能我们想看的电影是《罗生门》而推送的却是《神探飞机头》。帕里泽说:"互联网向我们展示了它认为我们想看到的世界,但不一定是我们需要看到的世界。"①"过滤气泡"决定了你在网络上能够接触到什么样的信息,用户的身份、社会地位、行为习惯和特征等决定了"过滤气泡"所要涉及的方面。因此不同的用户就算搜索同一个关键词,也会产生迥异的搜索结果。

令人感到矛盾的是,尽管受众接触信息的范围较之以前有所扩大,但是"信息壁垒"却在"过滤气泡"的影响下建立了起来。从技术层面来说,算法的个性化推送是基于用户的浏览历史的,但是就目前而言,"过滤气泡"也并没有形成完全的、绝对的信息封闭环境,用户还是能够进行信息的自主选择。尽管用户选择信息的广度有所扩大,但是接触到的信息的内容质量才是最令人担忧的问题。因为用户可以自主屏蔽掉自己不喜欢的内容和与自己意见相反的观点,从这点来讲还是基于用户的选择性接触,也就是说,即使用户能够最大限度接触到丰富的网络资源,这些资源并不一定就会被用户接收和吸纳。

赛弗林与坦卡德认为选择性接触是受众与大众媒介抗衡的最外围的防卫圈②,它是指人们的一种行为本能,乐于接触那些与自身观点相符合的信息,竭力排斥与自身观点相矛盾的观点。罗杰·豪舍尔在以赛亚·伯林的《反潮流》的序中写道:"这些学科发展出来的,仅仅是一套专业术语和对经验及计算方法的运用。这些学科倾向于把人,无论是个体还是群体,视为具有普遍性的经验科学的客观对象,因而他们只是一些被遵守着统计学或因果规律的力量所左右的消极而无感情的材料。"③

当算法被引入大众传媒后,引发的行业变革在社会上产生了"多米诺效应",学界和业界认为算法所产生的影响中最关键的问题就是当前大众传媒的社会职责。媒体自从诞生以来一直被认为是整个社会的守望者,人们通过对新

---

① 转引自王斌、李宛真:《如何戳破"过滤气泡" 算法推送新闻中的认知窄化及其规避》,《新闻与写作》,2018(9),第22页。
② 李彬:《传播学引论》,北京:新华出版社,2007年版,第79页。
③ 罗杰·豪舍尔:《序言》,以赛亚·伯林:《反潮流》,冯克利译,南京:译林出版社,2002年版,第5页。

闻的接收来监测社会环境,对外部事物进行认知,从而做出判断。但是当算法介入新闻的生产和消费活动,就会影响人们对社会环境的判定。而且更加令人担忧的是,由于没有严格的审查和把关,算法推荐的信息质量堪忧,不排除包含虚假信息的可能。算法推送就目前而言亟须解决的一个最核心的问题就是如何区分"事实"与"虚假信息",否则不仅会降低传播质量,更会导致虚假信息的泛滥。媒体所创造的符号信息并没有增强公众的参与感,而是一种"单向度的给予"。①

在网络"回声效应"与"过滤气泡"的双重作用下,看似具有开阔性的网络平台其实暗藏各种限制。互联网在获得如潮的赞美后,此时的我们是时候去反思一下我们的未来:是要跳出网络限制的思想藩篱,还是继续任由它主宰我们的思想?

第三节 "后真相"时代的真相观与元语言

一、"后真相":网络时代的第三种现实

"后真相"最初是指"情感对舆论的影响力超过事实"②,与我们今天所谈论的"后真相"有所不同。其首次出现是源于一篇名为"*Post-truth and Its Consequences*:*What A 25-Year-Old Essay Tells Us about the Current Moment*,*the Nation*"的文章,刊登在1992年的美国《国家》杂志上。随后,美国作家凯伊斯(Ralph Keyes)在2004年出版的《后真相时代》(*The Post-truth Era: Dishonesty and Deception in Contemporary Life*)一书中明确指出"后真相"是一种模糊的陈述,它既不是准确的真相,也不是谎言,是介于二者之间的第三种情形。③ 笔者认为,凯伊斯关于"后真相"的界定和我们今天所言的"后真相"有着很大的关联。2010年,大卫·罗伯茨提出,事实真相

---

① 石义彬:《批判视野下的西方传播思想》,北京:商务印书馆,2014年版,第248页。
② 史安斌、杨云康:《后真相时代政治传播的理论重建和路径重构》,《国际新闻界》,2017(9),第60页。
③ 彭兰:《更好的新闻业,还是更坏的新闻业?——人工智能时代传媒业的新挑战》,《中国出版》,2017(24),第5页。

被政客们左右,媒体报道、公众舆论和相关政策讨论环节完全脱钩,他将这种情况称为"后真相政治"。尽管不断有学者提出"后真相"的相关论断,但是并未引起社会各界的重视。直到2016年,"后真相"才广泛引起关注,英国脱离欧盟和美国总统大选是"后真相"突然受到瞩目的直接原因。当年收录进英国《牛津词典》的"后真相"成为目前社会科学界的研究热点。其实在人类思想发展史中,尤其笛卡尔以降,哲学家们对于"是否存在真相"或"是否能够到达真理"这个问题上一退再退,他们开始承认真相或许不可能到达。到了当代,福柯干脆一针见血地指出,真相不过是权力的代名词,而知识只是一种社会控制术。[①]

2016年8月,威廉·戴维斯(William Davis)在《纽约时报》发表的时评中指出,传统主流媒体长期以来奉若圭臬的"真相"已经从神坛跌落,逐渐失去了主导社会共识的力量,世界已经进入了"后真相时代"。[②]"后真相"作为网络时代的第三种现实,是指介于真相与虚假之间的灰色地带,"后真相"作为网络时代的第三种现实,具有相对性、情绪性和更迭性。无论是"后真相"还是第三种现实,都可以从两个方面做出阐释。第一,情绪建构与情绪解读大于事实。客观事实在强烈的情感呼吁下被放置一边,观点的表达比事实本身更有影响力,裹挟着情绪色彩的言论的传播往往能够"一招取胜",吸引受众的关注。第二,对事实的消解成为"后真相"时期网络公共事件传播的常态。抢占关注度、轻视真相、无限放大碎片信息、无底线的戏谑等,让受众自以为对事件做出了正确的解读。在网络公共事件的演进过程中,相比于现实的风平浪静,网络空间中各种风起云涌。网民在网络公共事件的讨论中,具有明显的情绪化特征,并且裹挟了非理性因素。针对某一具体的网络公共事件发表的意见,既有理性、客观的质疑,又有感性、主观的评价。

首先,情绪的宣泄在网络公共事件的传播中十分明显,其作为网络公共事件的一部分,隐含在网络主体行为的情感中,在一定程度上左右了网络舆论。但是在社交媒体时代,网络公共事件的舆论中情绪正在发生畸变。从近几年发

[①] 胡翼青:《后真相时代的传播——兼论专业新闻业的当下危机》,《西北师大学报(社会科学版)》,2017(6),第28—35页。

[②] 史安斌、杨云康:《后真相时代政治传播的理论重建和路径重构》,《国际新闻界》,2017(9),第70页。

生的一些重大网络公共事件来看,"情绪快进,真相缓存"的现象比比皆是。在网络公共事件传播的每个阶段,事实都或多或少地被部分网民一味的情绪宣泄掩盖,在这种情况下,情绪成为唤起公众注意的利器,事实被严重"后置"。一般来说,网络公共事件中的主导情绪为愤怒、反抗与焦虑。"于欢案"挑起大众对于人伦孝道的热议,大众对死者表达出强烈的痛恨,认为其"咎由自取",对案件当事人表示出极大的同情,各种偏激言论甚嚣尘上,整个事件被舆论愤怒的情绪笼罩,声讨司法的不公与警方的不作为成为重点。然而,打着伦理道德的旗帜质问司法公正性的网民单单忽视了对事件来龙去脉的了解,以及于欢母亲苏银霞多年经营高利贷等关键信息。在"于欢案"中,舆论弥散着对司法公正的质疑,进而形成舆论审判。笔者在研究中发现,但凡网络公共事件涉及官民矛盾、拆迁问题、城市管理问题、"弱势群体"等,舆论都会呈现出二元对立的绝对化情绪。

2017年11月,北京大兴区的火灾致使民众受灾严重,为了杜绝再次发生此类事件,政府相关部门随即开展安全隐患大排查、大清理、大整治专项行动。但是在这项行动的同时,微博上关于"北京清理低端城市人口"的言论引起了广泛热议。"清退合租公寓""迫使外地人离京返乡"一度成为网络搜索关键词。北京市安委会官方发布消息说这种说法毫无根据,这次行动的目的是拆除有安全隐患的设施,保证群众生命安全。[①] 在对立与焦虑情绪的作用下,"排查安全隐患"的真实目的与真相被淡化。

其次,社交媒体时代,大众被赋予更多发言的权力,网民结合自身的理解与经验组建起的临时元语言集合成为表达自身观点、立场、倾向的依据。戈夫曼的"框架理论"认为人们通过把社会真实与社会存在转化成自己的主观认知,然后将其进行整合、处理,从而最终做出对该认知的反映与行为。网络公共事件中受众主观建构真相的预设立场也是"后真相"症候之一。网民在对待老人碰瓷事件、医患关系等问题的态度中,预设立场已经成为司空见惯的现象。2016年3月网络流传的一则短短10秒的视频一经发出就引起关注。视频中一位大妈坐地不起,不住埋怨开玩具车"撞倒"她的小女孩。这起"碰瓷"事件被冠以"碰瓷新高度",网络中又开始了新一轮的"坏人变老了"的讨论。

---

① http://www.xinhuanet.com/local/2017-11-26/c_1122010901.htm.

之后《成都商报》刊发的报道着实让那些预设的立场彻底瓦解：女孩的玩具车确实刮倒了老人，女孩的父母及时将老人送往医院就诊，老人被诊断为桡骨骨折，但是老人称自己照顾就好，并未"讹人"。就整个事件而言，老人"碰瓷"玩具车的说法断章取义，将"老人摔倒"等同于"碰瓷"的思维模式也从侧面折射出了道德素养缺失的焦虑心态。①

另外，对事实的编造和解构也是网络公共事件"后真相"的症候。从2016年开始，网络公共事件已经开始从媒介环境中"脱域"，真相被"脑补"，主观臆测大行其道，谣言蔓延。美国社会心理学家奥尔波特（Allport）和波斯曼（Postman）在第二次世界大战期间对谣言问题进行了专门的研究，他们认为谣言是"一个与当时事件相关联的命题，是为了使人相信，一般以口传媒介的方式在人与人之间流传，但是却缺乏具体的资料以证实其确切性"②。让-诺埃尔·卡普费雷（Jean-Noel Kapferer）称谣言为"在社会中出现并流传的未经过官方公开证实或者已经被官方辟谣的信息"③。

从2010年的"我爸是李刚"事件之后，网络公共事件似乎陷入了被曲意解构的浪潮中。"床前明月光，我爸是李刚""桃花潭水深千尺，不及我爸是李刚""采菊东篱下，我爸是李刚"……由该事件引发的网络造句的"偏好"保留至今，网民们以解构再造的形式娱乐着、游戏着网络公共事件。比如"榆林孕妇跳楼自杀事件"被解读为"直男癌"、婆媳关系恶化，"婆家人愚昧无知""不顾产妇死活"成了网民们口诛笔伐的借口，真相却被这些肆意的解构稀释。

在解构的话语对抗中，公众以有趣或者宣泄为目的，而没有抓住事件的本质核心进行质疑，解构实为对抗，因此在网络公共事件中，这种对抗性解构使得网民不会沿着信息建构者或者信息发布者的意图达到他们期望的"意图定点"，而是用嘲讽的方式对在场的意义进行拆解，直至形成与建构者意图完全相反的意义。④ "7·23"温州动车事故中衍生出来的"不管你信不信，反正我是信了"成为当时最火的网络用语，"北京不堵车，不管你信不信，反正我是

---

① 廖灿亮、李冉：《老人被撞应避免标签化》，《中国报业》，2016（7），第50页。
② 卡普费雷：《谣言》，郑若麟、边芹译，上海：上海人民出版社，1991年版，第6页。
③ 卡普费雷：《谣言》，郑若麟、边芹译，上海：上海人民出版社，1991年版，第18页。
④ 贺芒、张冰河：《后现代语境下公共行政话语解构研究——以网络公共事件中的流行话语符号为例》，《中国行政管理》，2015（5），第88页。

信了"等类似的语句不断出现在网络上,对官方的解释表现出非服从性。

二、作为"原罪"的后真相

戴维·温伯格（David Weinberger）在《知识的边界》（*Too Big to Know*）中,将事实的近代历史划分为三个阶段:经典事实时期（Age of Classic Facts）、基于数据的事实时期（Age of Databased Facts）和网络化事实阶段（Networked Facts）。在经典事实时期,事实是成为知识的一般基础,需要付出较大的努力才能获得,并且事实也是解决争论的最终方法。20世纪50年代后,我们来到了基于数据的事实时期。在这个时期,事实的地位一度被"数据"取代,取代造成了认知上的混乱,我们很少发现事实,却总在"下载"事实。[①] 温伯格指出现代人用算法机制和社交机制来处理如山的数据。这两种机制也就导致了接下来要谈的两个问题。

首先,我们来谈一下技术赋权与信息社会中的认知偏见问题。网络技术一方面赋予了大众信息生产、传播与选择的权力,但同时这种权力也令大众对自身所处的信息环境产生认知上的偏见。维纳早在20世纪就指出"技术发展对善和恶都带来无限可能性"[②],尤其是社交媒体出现后,以算法为支撑的搜索引擎和信息内容的精准推送使受众陷入自己编织的信息茧房中。因为这些"茧房"是基于用户个人喜好来设定的,所以受众只能频繁接触那些同质化的信息,异质信息被"茧房"自动过滤或忽视。长此以往,受众就会陷入一种封闭循环的信息社会中,对外部的认知会固化,认知偏见也随之加深。

其次,道德相对主义思潮在网络空间泛滥。道德相对主义存在两种不同的形式:基于个体的道德相对主义和基于社会的道德相对主义。持第一种观点的学者认为"对同一个行为的不同的道德判断相对于判断者各自的善恶观念是同样正确的"[③],正如庄子指出的"自我观之,仁义之端,是非之涂,樊然殽乱,吾恶能知其辨"。后一种观点认为"道德事实上是完全相对的,一切道德都相对于一定的文化和社会而存在,皆因文化和社会的不同而不同。不存在使用一

[①] 胡泳:《后真相与政治的未来》,《新闻与传播研究》,2017（4）,第10页。
[②] 诺伯特·维纳:《控制论》,郝季仁译,北京:科学出版社,2016年版,第56页。
[③] 陈真:《道德相对主义与道德的客观性》,《学术月刊》,2008（12）,第41页。

切文化、一切社会的普遍的绝对的道德"①。网络传播主体的隐匿性特征使得孕育于现代社会的道德相对主义大行其道,是网络时代人们追求"绝对理念"的附加产品。人们普遍认为,以文艺复兴为标志开启了现代社会,而后现代社会则肇始于尼采。②后现代社会中,主体分化,碎片化现象明显,思维方式的变迁将同样的社会现实从现代社会中的道德绝对主义转变为后现代社会的道德相对主义。后现代主义所蕴含的多元主义、主观主义和相对主义等强调解构一切,知识的差异性、异质性、多元性、结构性、不确定性取代了系统性、结构性、统一性、整体性,成为知识的根本特征。③

网络化事实最大的特点就是"大到未知"(too big to know),并且为我们带来了一系列后果,"首先使我们失去了得出结论的能力。其次,网络化事实混淆了事实与观点之间的界限。第三,绝对的赞成与完全的反对已经不再存在"④。网络化事实带来了"多米诺效应",胡泳认为"事实的土崩瓦解,正是造成后真相来临的最大原因"⑤。每个人都可以有他自己的观点,但不可以有他自己的事实⑥,这似乎印证了尼采那句格言:"没有事实,只有诠释。"⑦。笔者认为,与其说是"事实的瓦解",不如说是元语言的离散。在近些年的网络公共事件中,"后真相"在事件的发展中表达了部分群体的社会诉求,从侧面为人们"建构"了社会现实。2016年春节期间,"上海女因为一顿饭逃离江西农村"的帖子迅速成为当时的热点谈资,一时之间关于"上海女"的话题成为舆论热点。后来虽然被证实该事件是一起彻头彻尾的虚假事件,但是它所涉及的贫富差距与地区发展不平衡的讨论依然经久不衰,网民们凭借既有的元语言对"上海女"笔诛墨伐。

兰德尔·柯林斯和迈克尔·马科夫斯基在《发现社会》的前言中这样写道:"我们通常所经历的人类世界之种种秘密并不是显露在外的。我们所看到的、听到的和读到的世界是经过各种成见和歪曲所滤过的,我们可以把这些成

---

① 王海明:《论伦理相对主义与伦理绝对主义》,《思想战线》,2004(2),第26页。
② 王晓丽:《超越道德相对主义:生成性思维中的道德共识》,《学术研究》,2015(8),第28页。
③ 王晓丽:《超越道德相对主义:生成性思维中的道德共识》,《学术研究》,2015(8),第30页。
④ 胡泳:《后真相与政治的未来》,《新闻与传播研究》,2017(4),第7页。
⑤ 胡泳:《后真相与政治的未来》,《新闻与传播研究》,2017(4),第7页。
⑥ 戴维·温伯格:《知识的边界》,胡泳、高美译,太原:山西人民出版社,2014年版,第56页。
⑦ 转引自胡泳:《后真相与政治的未来》,《新闻与传播研究》,2017(4),第8页。

见和歪曲称作意识形态、幻象、广告炒作或者政治口号。"① 社会现实的客观性遭到后真相前所未有的冲击，随着大数据时代的到来，事实相对于主观来说，需要用数据的方式来证明自己的客观性。英国公投"脱欧"和美国总统大选特朗普获胜，让基于大数据统计的预设成为笑谈。

另外，后真相也会导致对立认同，引发信任异化。"对立认同"是双方具有某种共同的对立面而形成的联合②，在互联网社交中，信任开始发生变化，它由原本理想的社会简化机制演变成一种权力资本——姑且称它为"信任资本"。当信任资本开始被用来制造隔离后，就会形成对立认同，而此时的信任资本也极有可能转化为网络暴力，阻碍认知，这就是所谓的信任异化。也就是说原来从属于道德层面的信任在社交网络中开始"画地为牢"。信任一度被作为衡量社会进步和提升人类文明的重要手段，在正常社会的信仰体系中，个体化信任和社会化信任构成了该体系的两大核心要素。尽管在社会的现代化进程中信任危机屡被提及，但它依旧起着维系人类命运共同体的重要作用，是社会美德的重要组成部分。吉登斯说自我认同的基础来自对可信任性的交互培育，他人的信任与内在的信任共同构成了这种可信任性。③ 然而，信任在"后真相"时代到来后发生了变化，信任被情绪化取代，信任的发生不需要理性证据或持续观察④，信任双方之间的关系也不再是恒定不变的。

信任的异化首先体现在情感信任的被操纵上。在社会交往行为中，一旦情感关系占据主要位置时，信任就很可能会发生异化。社交网络中，个体用户主要依据对他人的好感度来决定是否给予信任，从宏观层面来讲，这一点符合后现代哲学发展趋向。后现代哲学领域中将情感与情绪看作人对世界认知的肇始，人们愈发将自己的情感体验作为社会关系中判断信任关系的准绳。被异化的信任以反权威、反精英的姿态出现，并在社交网络中结成了临时性"情绪共同体"。笔者注意到，虚假信息在一些网络公共事件中有时甚至比真实信息更能赢得信任，官方发布的信息反而可能引发更加激烈的抵触，对"官方消息"

---

① 兰德尔·柯林斯、迈克尔·马科夫斯基：《发现社会——西方社会学思想述评》，李霞译，北京：商务印书馆，2017年版，第1页。
② 陈龙：《对立认同与新媒体空间的对抗性话语再生产》，《新闻与传播研究》，2014（11），第75页。
③ 安东尼·吉登斯：《现代性的后果》，田禾译，南京：译林出版社，2011年版，第18—19页。
④ 全燕：《"后真相时代"社交网络的信任异化现象研究》，《南京社会科学》，2017（7），第113页。

的不信任也是网络公共事件中信任遭到异化的重要表现。

三、元语言视域下的真相观

我们讨论后真相，除了英国《牛津词典》的议程设置，还有着更深层的焦虑，这种焦虑来自观念变革后的深度怀疑。李普曼在《幻影的公众》一书的开篇就写道：

> 当今的公众就像坐在剧院后排的一位聋哑观众，他本该关注舞台上展开的故事情节，但却实在无法使自己保持清醒。他能感觉到自己正受到周围所发生时间的影响……然而没有证据证明这些公共事务关他什么事，那几乎是他无法触及的。如果它们确实存在，那么，一定是在远离他生活的地方，被无从知晓的幕后力量掌控着。①

也就是说，李普曼早就预料到了公众与传播者之间存在着微妙且复杂的联系。现代社会中，被大众传媒报道的新闻大多与公众日常生活关联并不是很密切，因此真相其实对于公众来说并不是特别重要，相比而言，寻找真相的过程更加重要。我们所论及的后真相不是假象，它并不是与真相对立的，它也并不是由谎言构成的，其判断依据是信息提供主体是否有足够的善和诚意。② 概括地说，后真相是对原有社会信息体系和秩序的一种颠覆。③

学者汪行福认为后真相现象产生的根本原因，是真相的生产和传播所依赖的社会共识的瓦解。④ 言至于此我们不禁要追问，社会共识的瓦解为什么会改变人们对真相的看法？彼得·斯洛特戴克（Peter Sloterdijk）在他的《犬儒理性批判》中认为西方社会在解体后，犬儒主义普遍流行。斯洛特戴克认为"犬儒主义"是一种启蒙了的虚假意识，它是现代化的不幸意识，启蒙运动在它身上的作用既是成功的，又是不成功的。它在启蒙运动中吸取了一些教训，但它并没有，或许也不可能把它学到的付诸实践。既能活得很好，也有可能活得悲

---

① 沃尔特·李普曼：《幻影的公众》，林牧茵译，上海：复旦大学出版社，2013年版，第3页。
② 胡翼青：《后真相时代的传播——兼论专业新闻业的当下危机》，《西北师大学报（社会科学版）》，2017（6），第29页。
③ 胡翼青：《后真相时代的传播——兼论专业新闻业的当下危机》，《西北师大学报（社会科学版）》，2017（6），第30页。
④ 汪行福：《"后真相"本质上是后共识》，《探索与争鸣》，2017（4），第4页。

第六章 网络公共事件中的元语言与真相关系

惨不堪,这个意识不再受到意识形态批判的影响,它的虚假性已经自反式地受到保护。① 通过斯洛特戴克的描述我们可以推断出,后真相时期,对事实的判定准则不是对事实的肯定或者否定,而是按照个人的喜好进行判断。

哲人时代已经离我们远去。大众传播时代,媒体与意见领袖、公共知识分子等共同承担起了传播真相的主要任务。在今天,真相究竟是什么,真相能否被完整报道,或真相是否能够被信赖,这些问题在很大程度上取决于报道真相的机构与人员是否被大众信任,但这恰好就是以上问题的症结所在。自启蒙运动以来,真相问题成为批判学派不断质疑的焦点。福柯甚至断言,"真相是最深刻的谎言"。学者蓝江认为真实的真相永远会和我们保持一定的距离。② 换言之,真相只能是再现的而非本真的。③ 20世纪60年代后期,精确新闻开始流行,运用定量的数据采集方法做新闻报道是它与传统新闻最大的区别。精确新闻的出现,一度让数据成为真相的再现,从某种意义来说,数字成为揭示真相的不二法门。然而,越来越多的事实表明,数据只不过是用来攻击对方论点的一种武器。④

法兰克福(Harry G. Frankfurt)在《论扯淡》(*On Bullshit*)里有这样一段描写:

> 当一个人有责任或有机会,针对某些话题去发表超过了他对该话题的了解时,他就开始扯淡。这种矛盾在公共生活里非常普遍,人们常常被迫高谈阔论一些他们自己并不熟悉的东西,不管是由于自己的嗜好还是应别人的要求。当今人们普遍相信,作为民主社会之公民,有责任要对所有的事或至少有关国家的任何事都发表意见,这就导致大家纷纷扯淡。⑤

正是社交媒体出现后,公众开始质疑专业的新闻媒体是否在准确传递真相。由于事件真相被不断质疑,网络公共事件经常在情节上发生反转。

---

① Peter Sloterdijk. *Critique of Cynical Reason*, translated by Michael Eldred, University of Minnesota Press, 1983, p.5.
② 蓝江:《后真相时代意味着客观性的终结吗?》,《探索与争鸣》,2017(4),第11页。
③ 胡翼青:《后真相时代的传播——兼论专业新闻业的当下危机》,《西北师大学报(社会科学版)》,2017(6),第31页。
④ 蓝江:《后真相时代意味着客观性的终结吗?》,《探索与争鸣》,2017(4),第12页。
⑤ 哈里·G. 法兰克福:《论扯淡》,南方朔译,南京:译林出版社,2008年版,第77—78页。

真相不再是与生俱来的本质，原本他希望借此本质来鉴别事物的真实性，如今他只好自个儿努力忠于自己的本质。也就是说，"忠于真实"已经不再有意义，于是他以"忠于自己"来代替。①

"反转新闻"已经成为否定大众传媒具有界定真相的权威和具有揭示真相的能力的最佳明证。② 在这样一个"麦克风"时代，每个人都想在公共平台上表达自己的意见和看法，尽管他可能并不了解事情的来龙去脉，也并不知晓事件的真相，但是他还是觉得"自己有责任来评论全世界各个角落的事件与情势"③。

无论权威崩塌也好、共识坍塌也罢，离散的元语言为当下这个时代的真相贴上了"后真相"的标签，统一的宏观元语言被打破，分裂成了多个微观元语言。元语言下的真相观步入"后真相"时代后，认知方式产生新的变革，真相也就变得没有那么重要，重要的是"我"认为什么是真相。

本章小结

媒介传播技术的不断革新改变了故有的传统交流方式，媒介成为人体的延伸，媒介不再单纯作为信息传播的工具，更是作为一种维持关系的手段而存在。网络社群中的传播行为是一个十分值得重视的社会现象，网络社群传播的影响力已经超越虚拟空间直接延伸至现实社会。皮尔斯认为人利用符号进行传播的根本目的就是获取真相，它是一种社群真相，不掌握在个人手中。这就是为什么人的符号传播行为是一种社群行为。人类历史上每一次信息传播方式的变革都能导致巨大的社会变迁，变迁的社会意义不仅仅在于所传递的信息内容，更是象征并定义了信息的传播速度与语境，甚至是对社会意识形态的再现。社会现实的客观性遭到后真相前所未有的冲击，随着大数据时代的到来，事实相对于主观来说，需要用数据的方式来证明自己客观性。在这个信息过载的时代，算法可以说是能够很好地满足用户在海量信息中的个性化需求。但是

---

① 哈里·G. 法兰克福：《论扯淡》，南方朔译，南京：译林出版社，2008年版，第79—80页。
② 胡翼青：《后真相时代的传播——兼论专业新闻业的当下危机》，《西北师大学报（社会科学版）》，2017（6），第35页。
③ 哈里·G. 法兰克福：《论扯淡》，南方朔译，南京：译林出版社，2008年版，第78页。

随之而来的，就是算法危机，它印证了托马斯·霍布斯关于"利维坦"的比喻：算法在方便人类的同时，也会吞噬人类。在算法的作用下，元语言被窄化。2016年"后真相"引起了广泛关注，"后真相"已经成为区别于真实和谎言的第三种现实，它在事件的发展中表达了部分群体的社会诉求，从一个侧面为人们"建构"了社会现实。后真相还会导致对立认同，引发信任异化现象。在今天，真相究竟是什么，真相能否被完整报道，或真相是否能够被信赖，这些问题在很大程度上取决于报道真相的机构与人员是否被大众信任，但这恰好就是以上问题的症结所在。无论权威崩塌也好、共识坍塌也罢，离散的元语言为当下这个时代的真相贴上了"后真相"的标签，统一的宏观元语言被打破，分裂成了多个微观元语言。元语言下的真相观步入"后真相"时代后，认知方式产生新的变革，真相也就变得没有那么重要，重要的是"我"认为什么是真相。

结　语

　　狄更斯在《双城记》的开头说："这是最好的时代，这是最坏的时代；这是智慧的时代，这是愚蠢的时代；这是信仰的时期，这是怀疑的时期；这是光明的季节，这是黑暗的季节；这是希望之春，这是失望之冬；人们面前有着各样事物，人们面前一无所有；人们正在直登天堂，人们正在直下地狱。"①这一段话犹如晨钟暮鼓警醒着思想者，它见证了世界的发展潮流。

　　网络公共事件中的元语言不仅影响着社会话语权的建构，同时也反映了网络化生存时代的人的全面发展诉求。将网络公共事件本身作为核心的研究早已经屡见不鲜，而将元语言纳入网络公共事件研究的还并非主流。网络公共事件中的元语言问题研究将研究焦点投向了网络公共事件话语权建构的背后力量，从符号学角度阐释了网络公共事件解释生成背后的主导因素。

　　黑格尔以降，一批批杰出的思想家与理论家从不同角度反思现代性问题。西方思想界在20世纪80年代发生了现代与后现代之争，至今都未尘埃落定。要想正确理解这个时代，我们需要以历史的眼光审视过去。齐格蒙·鲍曼直接指出："我们可以把现代性当做是一个时期，在这一时期，人们反思世界的秩序，人类生存地的秩序，人类自身的秩序，以及前三方面的关联之秩序。"②

　　早在20世纪90年代尼葛洛庞帝就对数字化社会做出预言："在广大浩渺的宇宙中，数字化生存能使每个人变得更容易接近，让弱小孤寂者也能发出他们的心声。"③媒介的每一次嬗变对社会的政治、文化、经济都会产生深远的

---

① 狄更斯：《双城记》，罗稷南译，北京：生活·读书·新知三联书店，1950年版，第1页。
② Zygmunt Bauman. *Modernity and Ambivalence*, Cambridge: Polity Press, 1991, p. 5.
③ 尼古拉·尼葛洛庞帝：《数字化生存》，胡泳、范海燕译，海口：海南出版社，1997年版，第7页。

结 语

影响，媒介不仅是社会的镜子，也会引领社会走向进步。技术改革通过科学的促成，对社会产生了重要的作用。它还通过思想的力量，直接地和自觉地对社会产生作用。[1] 互联网作为一个相对平等、开放和自由的空间，迅速成为一个聚集公众和表达意见的平台，并极大地推动着民众权利意识的提升。互联网从来不缺乏变化，伴随社会化媒体的深入发展，网络社会逐渐成熟，网民的意见表达更加多元，讨论内容也愈渐丰富。学者孙立平指出："在一个断裂的社会中，这个社会中最先进的那部分与整个社会已经失去了联系。"[2] 网络公共事件的大规模出现与社会转型密切相关，研究网络公共事件中的元语言问题的却凤毛麟角。综合一些学者的观点和研究成果，以网络公共事件中的元语言作为研究对象，分析其产生的原因、影响以及带来的社会影响与应对网络公共事件的机制都是普遍研究的重点。

互联网产生的影响波及生活的方方面面。本书在绪论部分已经说明，网络公共事件中的元语言问题是具有中国特色的社会问题，国外没有与之完全对应的现象。在一些西方发达国家，公众在互联网上获得的参与性"快感"并不是十分强烈，而在我国，互联网相对宽松的表达环境让民间话语找到了释放的出口。就行动空间而言，国内人们倾向于在网络集结，而国外的社会运动几乎都是发生在现实空间。

如第三章所述，所有的事件都要有一个"符号化"的过程，网络公共事件是一个符号事件和话语事件，里面充满了符号意义的对抗、协商和共享，也充满了符号主体之间权力和利益的争夺。[3] 网络公共事件更多以渗透了主体情感的"文本"形式存在，"文本"本身的多义性和模糊性导致了解读的多样性。网络时代的"自我赋权"体现在社交媒体上，通过网络实现的信息传播与互动就是"赋权"的具体方式，使主体能够扭转自己所面临的不利局面，同时，赋权也意味着主体自我权力的提升会对整个社会的权力分配产生影响。

网络公共事件传播本身就是一种信息传播现象，信息技术与手段都决定着

---

[1] J. D. 贝尔纳：《科学的社会功能》，陈体芳译，桂林：广西师范大学出版社，2003年版，第449页。

[2] 孙立平：《断裂——20世纪90年代以来的中国社会》，北京：社会科学文献出版社，2003年版，第8页。

[3] 李红：《网络公共事件：符号、对话与社会认同》，北京：中国社会科学出版社，2015年版，第266页。

它的传播速度和传播范围。媒介的技术变迁、社会的转型、个体思想方式与生活方式的变化都在一定程度上体现了社会文化的转向，网络改变着社会的生活方式。作为技术手段和环境因素的新媒介时刻体现着"媒介即人的延伸"这个命题。在我国发生的众多网络公共事件中，社会公众的积极表达与行动参与在逐步加大，传播主体的多样性与异质性决定了网络公共事件元语言研究的重要性。我们总是把"公共性"看作网络公共事件讨论的根本立足点，因为事件所呈现的冲突与问题都要通过互联网公之于众。网络公共事件中各方的争论不是简单的互相劝服与妥协，也不是简单的符号能指问题，而是有关元语言层面的意义的认知，具有深刻的符号性。

技术把我们推到了一个"万众皆媒""万物皆媒"的时代，但是，这样的时代，会使我们更容易触及真相还是相反？[①] 每个人在当今社会都可以成为信息的传播者，受众和媒体可以一道在公共空间内针对某个焦点问题表达意见、阐述见解。如果说网络是一个类社会结构，那么多元主义就是它的主线，网络公共事件中的多元话语建构可能会令公众产生疲劳，进而消解网络公共事件中最本质的部分。网络公共事件中也会出现极端的话语建构，这就使得偶发性事件在短时间内转变成网络公共事件，对事件相关方产生巨大的压力，迫使政府参与到事件发展的进程中。

互联网的快速成长既不像乐观者预想的那样完全颠覆旧有规则，也没有如同悲观者的诉说那样只是提供一种被叫作"公共领域"的幻觉。[②] 从表达角度来说，互联网比任何一种传统媒介都开放，却也更混乱。无论门户网站还是专业的讨论组，网络社会内更容易"众声喧哗"。安德鲁·基恩说：

> web2.0 曾向世界许诺：它将给更多的人带来更多的真理、更深刻的信息、更丰富的全球观念和冷静观察者所得出的偏见更少的观点。这一切都是幻想。web2.0 革命真正带来的是肤浅与无聊。信息世界已经成为成

[①] 彭兰：《更好的新闻业，还是更坏的新闻业？——人工智能时代传媒业的新挑战》，《中国出版》，2017（24），第 8 页。

[②] 转引自李永刚：《我们的防火墙：网络时代的表达与监管》，桂林：广西师范大学出版社，2009 年版，第 1 页。

结　语

千上万的博主同时在网络上发布自己信息的天堂。①

塞缪尔·亨廷顿指出："一个高度传统化的社会和一个已经实现了现代化的社会，其社会运行是稳定而有序的；而一个处于社会急剧变动、社会体制转轨的现代化之中的社会，往往充满着各种社会冲突和动荡。"② 网络公共事件往往成为社会在转型过程中各种社会关系的缩影，成为各利益主体对自身利益诉求的彰显。由于网络信息环境的多元化，社会文化结构也由中心文化转向多元文化，社会元语言的统一性与完整性受到挑战。互联网被乐观主义者视为"电子乌托邦"，认为网络的发展会将人类带入一个高度自由、民主、平等的社会，人们可以通过互联网享受"直接民主"。悲观主义者则认为互联网上依旧充斥着谎言、虚伪与错觉。虽然互联网被证明是自我表达的有力工具，但也如社会学家哈里·克里弗所说的那样，虚拟的运动空间好比"水圈"，"变化不停，只能暂时地形成我们叫做'组织'的凝固体。这些凝固体常常被周围不安分的水流所侵蚀，直到它们被重新融入水中"③。要知道，网络本身的建构并不仅仅依靠技术，还有其他的影响因素。脱离社会语境对互联网做狭隘的分析会导致对互联网的误读，也会导致对网络公共事件的误读。

网络催生了异于真实生活的网络虚拟生活，改变了人的生存状态。网民可以通过社交媒体展示自己理想化的特征或者理想化的生活，就如戈夫曼在《日常生活中的自我呈现》中表达的内容：

> 社会生活是一个大舞台，这个舞台分前台和后台；前台是个体在表演期间有意无意地使用标准类型的表达设备，按照社会主流秩序和交往规则进行舞台"表演"、扮演正式角色的场所；而后台则是人们得以放松，并借以宣泄情绪，充分表现自我行为风格的地方，这与他们在前台循规蹈矩的行为举止截然不同。④

---

① 安德鲁·基恩：《网民的狂欢：关于互联网弊端的反思》，丁德良译，海口：南海出版公司，2010年版，第15页。
② 塞缪尔·亨廷顿：《变革社会中的政治秩序》，李盛平等译，北京：华夏出版社，1989年版，第40页。
③ 转引自胡泳：《众声喧哗：网络时代的个人表达与公共讨论》，桂林：广西师范大学出版社，2008年版，第17页。
④ 欧文·戈夫曼：《日常生活中的自我呈现》，冯钢译，北京：北京大学出版社，2008年版，第28页。

网络公共事件则是把"后台前台化",网络给"前台"和"后台"分别提供了新行动的机会,它的匿名性、开放性、公开性让个体能够被冠以"网民"的称号,从而最大限度地发挥着个人的自主性。

伴随着网络科技的进一步发展,我们或许正在步入"后元语言时代"。如果说"前元语言时代"的解释规则是可见的、真实的,那么"后元语言时代"的控制隐藏于文化幻象中:看似开放,但思想和认知都被文化幻象牢牢束缚。坦率地说,任何关于"后"的概念都不好界定。笔者在本书中对"后元语言"的解释,认为它不仅仅是解构或者消解,而是一种认知上的不统一。过于分散和多元的话语表达构成了"后元语言时代"最基本的特征,即"一人一世界"。社会想象和文化幻象共同勾勒出的"后元语言时代"也可能会是当下乃至往后很长一段时间的社会元语言存在期。

网络公共事件的层出并不能彻底改变社会中的诸多问题,在元语言层面把握社会元语言的方向,改变过去对元语言的单一的控制,让人们更理性客观地去看待事件,将会是我们处理网络公共事件的大体方向。

参考文献

阿尔都塞，2003. 哲学与政治［M］. 陈越，译. 长春：吉林人民出版社.

阿伦森，2007. 社会性动物［M］. 邢占军，译. 武汉：华中师范大学出版社.

艾柯，1990. 符号学理论［M］. 卢德平，译. 北京：中国人民大学出版社.

安德森，2012. 思想的谱系——西方思潮左与右［M］. 袁银传，曹荣湘，等译. 北京：社会科学文献出版社.

鲍德里亚，2001. 物体系［M］. 林志明，译. 上海：上海人民出版社.

鲍德里亚，2008. 消费社会［M］. 刘成富，全志钢，译. 南京：南京大学出版社.

鲍德里亚，2015. 符号政治经济学批判［M］. 夏莹，译. 南京：南京大学出版社.

贝尔，1989. 资本主义文化矛盾［M］. 赵一凡，等译. 北京：生活·读书·新知三联书店.

贝克，1992. 风险社会［M］. 何博闻，译. 南京：译林出版社.

本雅明，2002. 机械复制时代的艺术作品［M］. 王才勇，译. 北京：中国城市出版社.

彼得斯，2003. 交流的无奈：传播思想史［M］. 何道宽，译. 北京：华夏出版社.

波寇克，1991. 文化宰制权［M］. 田心喻，译. 台北：远流出版有限公司.

波斯特，2001. 信息方式［M］. 范静哗，译. 北京：商务印书馆.

波斯特，2015. 福柯、马克思主义与历史——生产方式与信息方式［M］. 张金鹏，译. 南京：南京大学出版社.

波兹曼，2007. 技术垄断：文化向技术投降［M］. 何道宽，译. 北京：北京大学出版社.

波兹曼, 2015. 娱乐至死 [M]. 章艳, 译. 北京: 中信出版社.

布尔迪厄, 2004. 国家精英 [M]. 杨亚平, 译. 北京: 商务印书馆.

布鲁默, 1996. 论符号互动论的方法论 [J]. 霍桂桓, 译. 国外社会科学 (4).

陈卫星, 2004. 传播的观念 [M]. 北京: 人民出版社.

德波, 2007. 景观社会 [M]. 王昭凤, 译. 南京: 南京大学出版社.

德里达, 2005. 论文字学 [M]. 汪堂家, 译. 上海: 上海译文出版社.

迪尔凯姆, 1995. 社会学方法的准则 [M]. 狄玉明, 译. 北京: 商务印书馆.

迪克, 2003. 作为话语的新闻 [M]. 曾庆香, 译. 北京: 华夏出版社.

迪克, 2014. 网络社会——新媒体的社会层面 [M]. 蔡静, 译. 北京: 清华大学出版社.

丁未, 2000. 网络空间的民主与自由 [J]. 现代传播 (6).

杜鲁瓦, 1998. 虚伪者的狂欢节 [M]. 边芹, 译. 北京: 时事出版社.

段京肃, 2004. 社会的阶层分化与媒介的控制权和使用权 [J]. 厦门大学学报 (哲学社会科学版) (1).

法兰克福, 2008. 论扯淡 [M]. 南方朔, 译. 南京: 译林出版社.

凡勃仑, 2007. 有闲阶级论 [M]. 蔡受百, 译. 北京: 商务印书馆.

菲奥里, 1983. 葛兰西传 [M]. 吴高, 译. 北京: 人民出版社.

菲德勒, 2000. 媒介形态变化: 认识新媒介 [M]. 明安香, 译. 北京: 华夏出版社.

费尔克拉夫, 2003. 话语与社会变迁 [M]. 殷晓蓉, 译. 北京: 华夏出版社.

费瑟斯通, 2000. 消费文化与后现代主义 [M]. 刘精明, 译. 南京: 译林出版社.

费斯克, 2001. 理解大众文化 [M]. 王晓珏, 宋伟杰, 译. 北京: 中央编译出版社.

费斯克, 等, 2004. 关键概念: 传播与文化研究辞典 [M]. 李彬, 译注. 北京: 新华出版社.

费斯克, 2008. 传播研究导论: 过程与符号 [M]. 许静, 译. 北京: 北京大学出版社.

冯月季, 2017. 符码与元语言：媒介文本意义生成的符号学阐释[J]. 江汉大学学报（社会科学版）(4).

福柯, 2003. 词与物[M]. 莫伟民,. 上海：上海三联书店.

福柯, 2003. 知识考古学[M]. 谢强, 等译. 北京：生活·读书·新知三联书店.

戈夫曼, 2008. 日常生活中的自我呈现[M]. 冯钢, 译. 北京：北京大学出版社.

葛兰西, 1990. 实践哲学[M]. 徐崇温, 译. 重庆：重庆出版社.

葛兰西, 2000. 狱中札记[M]. 曹雷雨, 等译. 北京：中国社会科学出版社.

谷少杰, 2011. 试论无产阶级文化领导权理论及其当代启示——从马克思恩格斯、列宁到葛兰西[J]. 天府新论（3）.

哈贝马斯, 1999. 公共领域的结构转型[M]. 曹卫东, 译. 南京：译林出版社.

哈贝马斯, 1999. 作为"意识形态"的技术与科学[M]. 李黎, 郭宣义, 译. 上海：学林出版社.

哈布瓦赫, 2002. 论集体记忆[M]. 毕然, 郭金华, 译. 上海：上海人民出版社.

胡春阳, 2007. 话语分析：传播研究的新路径[M]. 上海：上海世纪出版集团.

胡翼青, 2015. 西方传播学术史手册[M]. 北京：北京大学出版社.

胡翼青, 2017. 后真相时代的传播——兼论专业新闻业的当下危机[J]. 西北师大学报（社会科学版）(6).

胡泳, 2008. 众声喧哗：网络时代的个人表达与公共讨论[M]. 桂林：广西师范大学出版社.

扈海丽, 2003. 解读大众文化：在社会学的视野中[M]. 上海：上海人民出版社.

黄旦, 2005. 传者图像：新闻专业主义的建构与消解[M]. 上海：复旦大学出版社.

霍尔, 2004. 文化：社会学的视野[M]. 周晓红, 等译. 北京：商务印书馆.

霍尔, 2003. 表征——文化表象与意指实践[M]. 徐亮, 陆兴华, 译. 北京：

商务印书馆.

霍克海默,阿多诺,1987. 启蒙辩证法［M］. 洪佩瑜,等译. 上海：上海人民出版社.

基恩,2010. 网民的狂欢：关于互联网弊端的反思［M］. 丁德良,译. 海口：南海出版公司.

基特勒,2010. 走向媒介本体论［J］. 胡菊兰,译. 江西社会科学（4）.

江作苏,黄欣欣,2017.《第三种现实："后真相时代"的媒介伦理悖论》［J］. 当代传播（4）.

卡斯特,2001. 网络社会的崛起［M］. 夏铸九,等译. 北京：社会科学文献出版社.

卡西尔,2004. 人论［M］. 甘阳,译. 上海：上海文献出版社.

凯尔纳,2004. 媒体奇观［M］. 史安斌,译. 北京：清华大学出版社.

凯尔纳,贝斯特,2015. 后现代理论——批判性的质疑［M］. 张志斌,译. 北京：中央编译出版社.

凯瑞 Z,2005. 作为文化的传播［M］. 丁未,译. 北京：华夏出版社.

康纳顿,2000. 社会如何记忆［M］. 纳日碧力戈,译. 上海：上海人民出版社.

柯兰,芬顿,弗里德曼,2014. 互联网的误读［M］. 何道宽,译. 北京：中国人民大学出版社.

科斯洛夫斯基,1999. 后现代文化——技术发展的社会文化后果［M］. 毛怡红,译. 北京：中央编译出版社.

孔飞力,1999. 叫魂：1768年中国妖术大恐慌［M］. 陈兼,译. 上海：上海三联书店.

拉克劳,莫非,1991. 文化宰制权和社会主义的战略［M］. 陈璋津,译. 台北：远流出版有限公司.

莱文森,2001. 数字麦克卢汉——信息化新纪元指南［M］. 何道宽,译. 北京：社会科学文献出版社.

莱文森,2014. 新新媒介［M］. 何道宽,译. 上海：复旦大学出版社.

蓝江,2017. 后真相时代意味着客观性的终结吗?［J］. 探索与争鸣（4）.

勒庞,2015. 乌合之众：群体心理研究［M］. 胡小跃,译. 杭州：浙江文艺出版社.

勒薇尔, 2015. 福柯思想辞典 [M]. 潘培庆, 译. 重庆: 重庆大学出版社.

李红, 2015. 网络公共事件: 符号、对话与社会认同 [M]. 北京: 中国社会科学出版社.

李蔚, 2009. 网络信息传播与网络话语权控制 [J]. 南京政治学院学报 (3).

林琼, 1994. 浅析塔尔斯基的语言层次论 [J]. 暨南学报 (哲学社会科学) (3).

刘海龙, 2008. 大众传播理论: 范式与流派 [M]. 北京: 中国人民大学出版社.

陆学艺, 2004. 当代中国社会流动 [M]. 北京: 社会科学文献出版社.

罗钢, 刘象愚, 2000. 文化研究读本 [M]. 北京: 中国社会科学出版社.

罗素, 2004. 西方哲学史 [M]. 马元德, 译. 北京: 商务印书馆.

洛根, 2012. 理解新媒介——延伸麦克卢汉 [M]. 何道宽, 译. 上海: 复旦大学出版社.

洛西科夫, 2013. 当下的冲击 [M]. 孙浩, 赵晖, 译. 北京: 中信出版社.

马特拉, 2005. 世界传播与文化宰制权 [M]. 陈卫星, 译. 北京: 中央编译出版社.

麦克里兰, 2003. 西方政治思想史 [M]. 彭淮栋, 译. 海口: 海南出版社.

麦克卢汉, 2011. 理解媒介: 论人体的延伸 [M]. 何道宽, 译. 南京: 译林出版社.

麦奎尔, 温德尔, 1990. 大众传播模式论 [M]. 祝建华, 武伟, 译. 上海: 上海译文出版社.

毛旻铮, 李海涛, 2007. 政治文明视野中的网络话语权 [J]. 南京社会科学 (5).

毛斯, 2003. 社会学与人类学 [M]. 余碧平, 译. 上海: 上海译文出版社.

梅洛维茨, 2001, 消失的地域: 电子媒介对社会行为的影响 [M]. 肖志军, 译. 北京: 清华大学出版社.

尼葛洛庞帝, 1997. 数字化生存 [M]. 胡泳, 范海燕, 译. 海口: 海南出版社.

尼塔罗, 2005. 运动中的力量: 社会运动与斗争政治 [M]. 吴庆宏, 译. 南京: 译林出版社.

聂敏里, 2017. 西方思想的起源——古希腊哲学史论 [M]. 北京: 中国人民大学出版社.

帕累托, 2001. 普通社会学纲要 [M]. 田时刚, 译. 北京: 生活·读书·新知三联书店.

潘西华, 赵军, 2009. 从"政治领导权"到"文化领导权"——列宁与葛兰西无产阶级领导权思想的比较 [J]. 科学社会主义 (6).

彭兰, 2012. 社会化媒体、移动终端、大数据: 影响新闻生产的新技术因素 [J]. 新闻界 (16).

邱林川, 陈韬文, 2011. 新媒体事件研究 [M]. 北京: 中国人民大学出版社.

荣格, 1991. 分析心理学理论与实践 [M]. 成穷, 王作红, 译. 北京: 生活·读书·新知三联书店.

荣格, 1997. 荣格文集 [M]. 冯川, 译. 北京: 改革出版社.

瑞泽尔, 2003. 后现代社会理论 [M]. 谢立中, 等译. 北京: 华夏出版社.

桑斯坦, 2003. 网络共和国: 网络社会中的民主问题 [M]. 黄维民, 译. 上海: 上海人民出版社.

桑斯坦, 2010. 极端的人群: 群体行为的心理学 [M]. 尹宏毅, 郭彬彬, 译. 北京: 新华出版社.

石义彬, 2014. 批判视野下的西方传播思想 [M]. 北京: 商务印书馆.

史安斌, 杨云康, 2017. 后真相时代政治传播的理论重建和路径重构 [J]. 国际新闻界 (9).

史蒂文森, 2001. 认识媒介文化——社会理论与大众传播 [M]. 王文斌, 译. 北京: 商务印书馆.

舒尔曼, 1995. 科技文明与人类未来 [M]. 李小兵, 等译. 北京: 东方出版社.

斯塔夫里阿诺斯, 2016. 全球通史——从史前到21世纪 [M]. 吴象婴, 等译. 北京: 北京大学出版社.

孙晶, 2000. 文化宰制权理论研究 [M]. 北京: 社会科学文献出版社.

孙立平, 2004. 失衡: 断裂社会的运作逻辑 [M]. 北京: 社会科学文献出版社.

孙立平, 2004. 转型与断裂: 改革以来中国社会结构的变迁 [M]. 北京: 清华大学出版社.

索绪尔，2003. 普通语言学教程［M］. 高明凯，译. 北京：商务印书馆.

汤林森，1999. 文化帝国主义［M］. 冯建三，译. 上海：上海人民出版社.

唐小林，2015. 符号媒介论［J］. 符号与传媒（2）.

唐小林，2015. 媒介作为符号叙述学的基础［J］. 符号与传媒（2）.

唐小林，2017. 论罗兰·巴尔特符号学的社会面向［J］. 重庆广播电视大学学报（3）.

唐小林，程天悦，2018. 大众媒介与意识形态的炼金术——重审符号学家巴尔特的神话理论［J］. 福建论坛（人文社会科学版）（1）.

汪行福，2017. "后真相"本质上是后共识［J］. 探索与争鸣（4）.

王一川，1994. 语言乌托邦［M］. 昆明：云南人民出版社.

威廉斯，1991. 文化与社会［M］. 吴松江，等译. 北京：北京大学出版社.

威廉斯，2008. 马克思主义与文学［M］. 王尔勃，周莉，译. 开封：河南大学出版社.

韦伯，1987. 新教伦理与资本主义精神［M］. 于晓，陈维纲，译. 上海：上海三联书店.

谢小平，2011. 符码、分类与架构：符码理论的主要思想及学术争辩［J］. 南昌大学学报（人文社会科学版）（5）.

谢新洲，2013. 舆论引擎：网络事件透视［M］. 北京：北京大学出版社.

延森，2015. 媒介融合：网络传播、大众传播和人际传播的三重维度［M］. 刘君，译. 上海：复旦大学出版社.

仰海峰，2003. 商品社会、景观社会、符号社会——西方社会批判理论的一种变迁［J］. 哲学研究（10）.

仰海峰，2005. 葛兰西的霸权概念研究［J］. 山东社会科学（11）.

于海，2016. 西方社会思想史［M］. 上海：复旦大学出版社.

张咏华，2002. 媒介分析：传播技术深化的解读［M］. 上海：复旦大学出版社.

赵星植，2017. 论传播与社群：一个皮尔斯传播符号学路径［J］. 中外文化与文论（1）.

赵毅衡，2012. 符号学［M］. 南京：南京大学出版社.

赵毅衡, 2017. 哲学符号学：意义世界的形成 [M]. 成都：四川大学出版社.

赵毅衡, 2015. 论重复：意义世界的符号构成方式 [J]. 河南师范大学学报（哲学社会科学版）(1).

赵毅衡, 2017. "表征"还是"再现"？一个不能再"姑且"下去的重要概念区分 [J]. 国际新闻界 (8).

赵毅衡, 2017. 组合元语言与解释漩涡的普遍性 [J]. 江西社会科学 (8).

Baudrillard, 1983. In the Shadow of the Silent Majorities or, the End of the Social and Other Essays [M]. New York：Columbia University Press.

Castells, 2007. Communication, Power and Counter-Power in the Network Society [J]. International Journal of Communication (1).

Eastin M S, et al, 2016. Living in A Big Data World：Predicting Mobile Commerce Activity Through Privacy Concerns [J]. Computers in Human Behavior (58)

Ershov Y, 2015. National Identity in New Media [J]. Procedia-Social and Behavioral Sciences (200).

Goodman-Deane, Mieczakowski, Johnson D, et al, 2016. The Impact of Communication Technologies on Life and Relationship Satisfaction [J]. Computers in Human Behavior (57).

Hall S, 1986. Gramsci's Relevance for the Study of Race and Ethnicity [J]. Journal of Communication Inquiry10 (2).

Kockelman, 2013. Information Is the Enclosure of Meaning：Cybernetics, Semiotics, and Alternative Theories of Information [J]. Language & Communication33 (2).

Jenkins H, 2006. Convergence Culture：Where Old and New Media Collide [M]. New York：New York University Press.

Menéndez, 2014. Cultural Industries and Symbolic Violence：Practices and Discourses that Perpetuate Inequality [J]. Procedia-Social and Behavioral Sciences (161).

Mitchell W, Bohrer, 1994. Picture theory：Essays on Verbal and Visual Representation [M]. Chicago&london：University of Chicago Press.

Oliver J, 1977. Media imperialism: Towards An International Framework for the Analysis of Media Systems, In M. Gurevitch, J. Curran & J. Woollacott (Eds.), Mass Communication and Society [G]. London: Edward Arnold.

Scheufele, 2000. Agenda-Setting, Priming, and Framing Revisited: Another Look at Cognitive Effects of Political Communication [J]. Mass Communication & Society3 (2-3).

Wardecker, Chopik, Boyer, et al, 2016. Individual Differences in Attachment Are Associated with Usage and Perceived Intimacy of Different Communication Media [J]. Computers in Human Behavior 59 (C).

后　记

在一整部书中，我独爱后记环节。这一部分能让我脱开学术的"束缚"，天马行空。九层之台，起于垒土。想写一部关于网络公共事件的书的想法由来已久。我们身处网络时代，每天都会面对形形色色的网络事件。作为一名有着相关学术背景的"吃瓜群众"，我总想把这些看似纷繁的事件用理论提炼出来，因为我始终觉得，学术，应当始于"问题"。

无论是我的博士生导师唐小林教授，还是符号学授业恩师赵毅衡教授，二位先生一再告诫我，人生有涯，能做好一件事就不容易。不学而求知，犹捕鱼而无网。出于对符号学的热爱，2015年我选择进入四川大学文学与新闻学院，跟随唐小林教授学习符号学。当时的我雄心勃勃，想象自己能够在博士就读期间大有所为。就在我还没有来得及施展抱负的时候，一个小生命的到来让我原先设定好的学习计划戛然而止。这个甜蜜的"小负担"让我在三年多的博士求学生涯中有近一半时间都分身乏术，无暇他顾。幸运的是，我的导师——我愿称他为我最敬爱的导师——唐小林先生对我"不抛弃""不放弃"，始终指引着我的学术道路，督促我不断前进。恩师宽广渊博的学识深深影响了我，同时恩师也在我事业的发展上提出中肯的意见，他的帮助和启迪令我受益终身。

本书是在博士论文基础上修改而成的，倘若我的毕业论文中还有些许可取之处，那都是恩师悉心指导的成果。我在博士毕业后的两年中也遇到了一些学术困境，我也试图在困境中摸索出一条新的学术路径，但是至今还不甚清晰，下一步的研究也似乎举步维艰。目前就只能将这个还很粗糙的作品提供出来，算是对自己多年学术经历的一个小小安慰。

抚今思昔，良多感慨。感谢那些一直帮助我的长辈、领导、老师、朋友。感谢赵毅衡教授。赵老豁达幽默的人生态度、严谨的治学风格、笔耕不辍的学

后 记

术创作激情令我们这些晚辈自叹不如。衷心感谢赵老在符号学专业课上对我的指点，在他的帮助下我完成了博士期间的第一篇论文。感谢蒋晓丽老师、陆正兰老师、胡易容老师和饶广祥老师对我博士期间的学习提出的宝贵意见，求学路上能有幸结识这些优秀的老师们，对我而言真的是莫大的荣幸。

感谢给予我安逸与温暖的家人和爱人。感谢双方父母无条件的支持，让我少了很多后顾之忧，让我能有更多时间投入教学、写作、学术研究中。我的父母为我操心了一辈子，总是给我提供生活保障，让我能够专心治学。感谢我最爱的小石头，他让我体会到为人母的美好，他伴我走过了整个博士学习生涯。那时尚在腹中的小石头，陪着妈妈听完了博士期间所有的必修课。当然，如果不是他后来的甜蜜"骚扰"，我想我的论文质量可能会更好一些，字数也可能会再多一些，研究也会更深入一些。最后，我想把我三年里的最终收获和我的丈夫一起分享，因为有他，我才会觉得"人间很值得"。学术生涯中的第一本专著，送给我的爱人。

希望我以后继续沿着这条学术之路，走得再稳一些，走得再远一些。

2021 年 7 月
于成都家中